講談社選書メチエ

607

戦国大名論

暴力と法と権力

村井良介

MÉTIER

はじめに

戦国大名というのは、多くの人にとって聞き慣れた言葉だろう。中学校や高校の授業でも学ぶし、何より歴史小説や大河ドラマの題材としてもよくとりあげられる。近年では『信長の野望』や『戦国ＢＡＳＡＲＡ』といったゲームソフトで馴染みがあるという人も多いだろう。たいていの人は、武田信玄、上杉謙信、毛利元就……といった人物の名前も浮かんでくるのではないだろうか。

一五世紀の半ば以降、日本列島は一〇〇年以上も戦争が打ち続く戦国時代に突入する。川中島の合戦、厳島の合戦、桶狭間の合戦……。戦国大名が今も人気の題材であるのは、こうした数々の合戦の逸話によってであるだろう。

戦国時代とは、その名のとおり、戦争の常態化によって特徴づけられた時代である。しかし、戦国期の社会が暴力がすべてを決する、法や秩序が失われた「自然状態」であったわけではない[1]。戦国時代には、暴力が前景化すると同時に、流動化した秩序が、戦国大名などによって再構築されていくという側面もある。既存の秩序が流動化し、新しく秩序が再編される。そうした先行きを予想するのが困難な時代に、戦国大名は多くの難問に直面したに違いない。安芸国を本拠地とし、中国地方に広大な分国（戦国大名の支配領域のことを分国という。安芸国や相模国といった律令制の令制によって定められた国の枠組みとは異なり、場合によっては複数の国にまたがることもある実質的支配領域を指す）を築き上げた毛利元就は、その悩みを率直に語っている。

元就は多くの自筆書状を残している。その大部分は、長男隆元に宛てたプライベートなものであり、決して他人には聞かせられないような本音が綴られている。元就は、内容が外に漏れないよう細心の注意を払いながら、[2]隆元宛の自筆書状の一通で悩みを吐露している。[3]それは、大略次のような内容である。

戦争には勝っているが、家来に五ヵ国、一〇ヵ国という広い分国の統治を担える人材が少ない。興元《おきもと》（元就の兄）が急死して幸松丸《こうまつまる》（興元の子）が跡を継いでいた頃は、当主が幼少だったため、家中の者の態度や行いも悪くなった（「ならいわるく成行候」）。とはいえ今に比べれば、雲泥の差である。当時は、安芸国の領主たちはことごとく出雲国の尼子《あまご》氏の側についてしまい、毛利家は孤立していたが、上野介（志道広良《しじひろよし》）をはじめとして昔のことをよく知る家来たちがいたから、「ならいわるく」なったといっても、しっかりしていた。今はこうした者たちもいなくなり、子供のような家来たちばかりである。不思議なめぐりあわせで大内氏と戦争になり、戦いには勝ったが、それによって家来たちの所領が大きくなり、心持ちも変わってしまった。みな上っ面ばかりで、内実が乏しい。戦争には勝っているのだから、あるべきように法を定めて、政治をおこないたいが、まだ尼子氏や豊後国の大友氏なども強敵であるばかりか、味方の安芸国や備後国の領主たち（「備芸衆」）でさえ、同格であった毛利家の下に従属させられていることを不本意に思っており、毛利家のことをよかれと思っているものなどいない。表向きは戦争に勝っているけれども、まったく安心できず、政治や法のこと（「政道法度《はっと》」）も滞っており、残念なことだ。せめて、兄弟三人（隆元と、吉川《きっかわ》家を継いだ次男元春、小早川家を継いだ三男隆景）と宍戸《ししど》隆家（元就の娘婿）

とが何事についても協力するようにすれば、毛利家を侮《あなど》る者はいなくなるだろうし、元春、隆景、隆家のそれぞれの家中に対する支配もうまくいくだろう。なお、この書状は読み終えたら返却するように。

戦争には勝って軍事的な成功を収めているが、こと統治の面や法を定めて分国を支配するということについてはうまくいっていない。しかも、昔と引き比べ、今の家来たちは、広がった分国を統治する能力もないのに、所領は大きくなって慢心している。味方の備芸衆でさえ毛利家のことをよく思っていないなど、なるほど読み終えたら返却を求めるだけの内容が続いている。

元就が本音を披瀝したこの書状には、広域化した分国の問題（この当時の毛利氏の勢力範囲は五ヵ国程度なので、一〇ヵ国は誇張であるにせよ）、「家中」の問題、「備芸衆」と呼ばれる自立的な領主（このあと本書でとりあげる「戦国領主」にあたる）の問題、「昔」と「只今」の変化、戦争と「政道法度」の関係と、戦国期や戦国大名の特質を考える上で、重要な要素が詰まっている。

元就が家督を継いだのは大永三年（一五二三）のことだった。兄興元が急死し、その子幸松丸が跡を継いでいたが、これもまた幼くして死去し、元就にお鉢が回ってきたのである。この頃の毛利氏は、安芸国内では有力な部類とはいえ、吉川氏や小早川氏、宍戸氏など他の安芸国の領主と肩を並べる一領主にすぎなかった。当時の安芸国は、周防国・長門国の守護で、室町時代以来西国で最大級の勢力を有していた大内氏と、出雲国から力を伸ばしてきた新興の尼子氏という、二つの大きな勢力が進出してきていた。元就は当初、尼子方であったが、大永五年以降は一貫して大内方に属している。元就は、大内氏のもとで数々の戦功を挙げ、大内氏から所領を与えられて勢力を拡大していった。また次男の元春と三男の隆景を、それぞれ吉川氏と小早川氏に養子として送り込み、宍戸氏にも娘を嫁がせるなど、安芸の領主たちを味方に付けていった。

こうした毛利氏と大内氏の力関係が逆転したのが、有名な厳島合戦である。天文二〇年（一五五一）、陶《すえ》隆房（のち晴賢《はるかた》）が、当主の大内義隆を攻めて自害に追い込み、豊後国から大友晴英《はるふさ》（のち大内義長）を迎えて新当主に擁立し、実権を握った。毛利氏は当初、陶氏と協力関係にあったが、天文二三年には対決に踏み切った。元就は最初、陶氏との対決に消極的だったが、安芸国の領主たちの後押しがあったという。[4] 弘治元年（一五五五）、毛利氏は、安芸国厳島（現広島県廿日市市）で、奇襲によって陶晴賢を破り、自害に追い込んだ。これによって形勢が逆転し、毛利氏は周防・長門に侵攻する。そして弘治三年には、ついに大内義長を自刃させ、大内氏を滅ぼしたのである。

こうして安芸国の一領主にすぎなかった毛利氏は、数ヵ国を支配する戦国大名へと飛躍を遂げた。先の元就の書状は、大内氏を滅ぼしたあと、間もない時期に書かれたものである。

書状の中で元就はしきりと「昔」と比較して「只今」の状況を嘆いている。元就は他の書状でも愚痴をこぼすことが少なくなく、この場合も「昔はよかった」とか「近頃の若者は」という、いつの時代にもありがちな慨嘆を割り引かねばならないが、元就がそれまでにない大きな秩序の変化に直面していたという、戦国期特有の背景を考えるべきだろう。

たとえば、元就のいう「家中」の変化は、もちろんそれは所領が大きくなったことによる慢心もあるだろうが、本書で述べるように、戦国期に、「家中」の性質自体が変容していくことと軌を一にしている。したがって、このような変化に悩んでいるのは何も毛利氏だけではなかった。元春が継いだ吉川氏も、隆景が継いだ小早川氏も、娘婿の宍戸氏も、「家中」支配には悩みを抱えている。だからこそ元就は、三兄弟と宍戸氏が結束すれば、それぞれの「家中」支配もうまくいくはずだと、その解決策を示しているのである。

「昔」と「只今」の対比に加えて、書状の中で、もう一つ対置されているのが、戦争に勝っていること、「政道法度」が滞っていることである。いわば暴力と法の関係という問題がここには現れている。

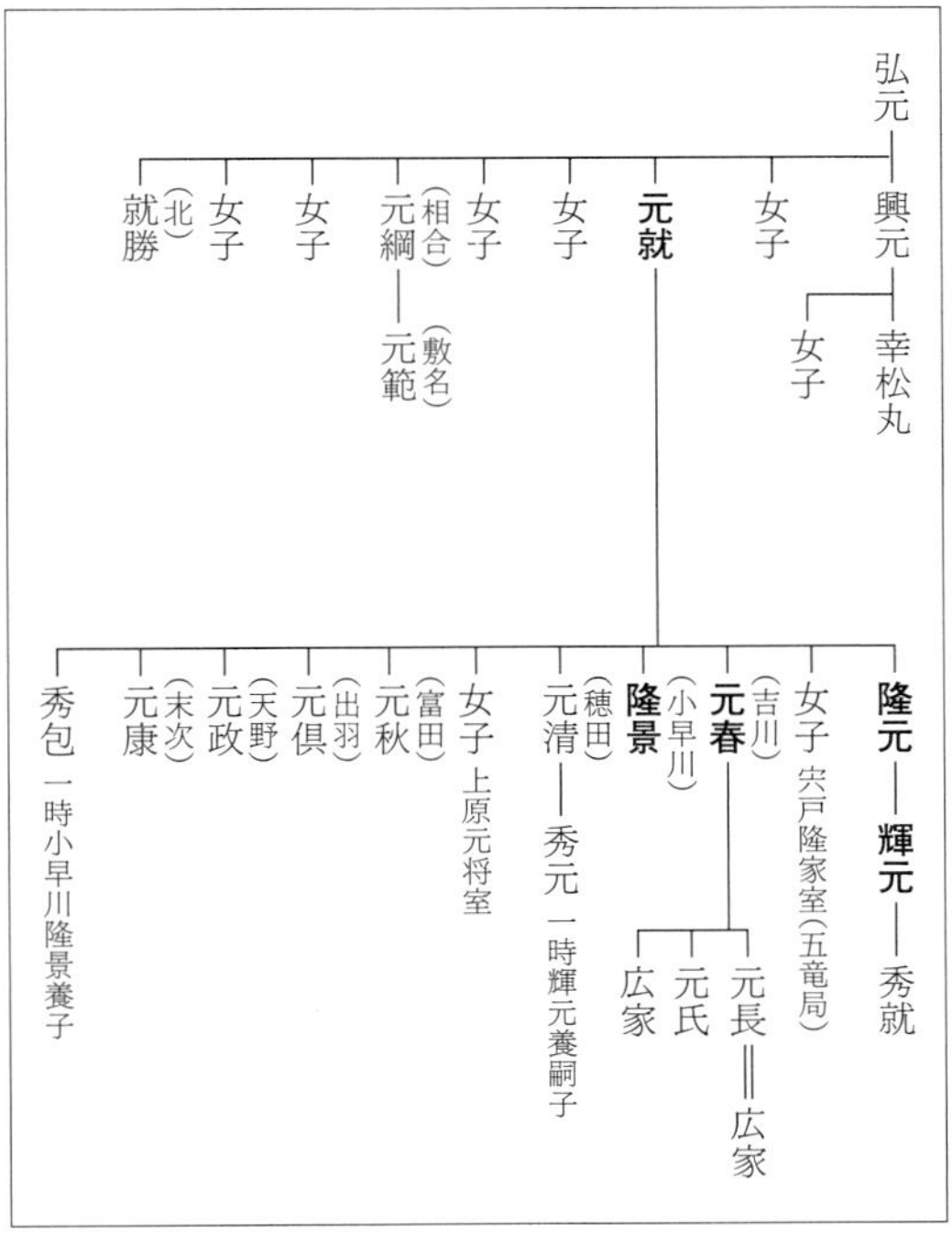

毛利氏関係系図
＝は養子をあらわす。本書で頻繁に登場する人物はゴチック体とした。

戦国期には旧来の秩序が流動化し、実力による改変が頻繁に起こるようになる。しかし、軍事的成功によって得られたものは、軍事的な情勢次第で変化しうる不安定なものにすぎない。思慮深い元就はこのことをよく自覚していた。元就は、毛利氏が大内氏を滅ぼしたのも、たまたまそういうめぐりあわせであっただけだという認識を示している。だからこそ軍事的成功によって得た成果を、法や制度として安定させること、つまり秩序を改めて構築し直すことに腐心しているのである。

しかし、それは尼子氏や大友氏といった強敵の存在、また、味方にはなっているもののいまだ自立性を保ち、内心では毛利家のことをよかれとは思っていない備芸衆の存在によって、なかなかうまくいかない状態にあるというのもまた事実である。この軍事的・政治的情勢に左右される不安定性、流動性、可動性こそが戦国期の特質であろう。

本書では、元就の書状にも現れていた暴力と法の問題、またそれらを含む権力のあり方から戦国時代を捉え直してみたい。果たして戦国大名とは、この時代のどういう特質を体現する、どのような権力なのだろうか。

法や暴力、あるいは権力という課題については、もちろん歴史学でも、対象とする時代・地域を問わず議論されているし、哲学や社会学、政治学といった他の学問分野でも研究が積み重ねられている。本書では、そうした他分野との架橋も意識しつつ、戦国時代、戦国大名の特質を論じていきたい。

目次

はじめに　3

序章　ひきさかれた戦国大名像　15

二つの起請文／戦国領主と「家中」／暴力と正当性／変奏される二元論／暴力の中世、法の近世？／在地領主の否定／「戦国大名」という概念をめぐって／連続と断絶／戦国大名独自の構造／問いを立て直す

第一章　戦国領主とはどういう存在か　39

一　「家中」と「領」　40

甲斐国の戦国領主／戦国領主の「発見」／戦国期を考える鍵としての戦国領主／在地領主

のイエ支配／新しい「家中」の成立／知行地支配を超える領域支配／「家中」と「領」の公共性／戦国領主の誕生と消滅

二　戦国大名についての二元論　62

花押と印／公的・法的・非人格的権力／戦国大名の官僚制／上杉氏の文書発給体制／老臣と側近／変化する奉者／払拭できない人格性

第二章　戦国大名と戦国領主　79

一　戦国領主の「家中」　80

不安定な「家中」／内部集団としての「衆」／「三子教訓状」／吉川氏、小早川氏の「家中」と毛利氏／戦国領主の「家中」と毛利氏／軍事組織としての「家中」

二　戦国大名と支城主　98

支城主とは／支城主化した戦国領主／立花城督戸次氏／家来と与力／寄親の裁量／軍事力確保の必要性／支城主と戦国領主の共通性からみた戦国期の特質／中核としての「家中」

三　戦国領主の「領」　118
「上から」か、「下から」か／一円的な領域支配／「領」形成の過程／新しい地域秩序／領域支配権の形成／「領」の安定化／豊臣期における展開／戦国大名にとっての「領」

第三章　暴力と正当性

139

一　戦国期守護論　140
正当性重視の研究動向／戦国大名概念は不要？／戦国期権力の権限／室町幕府－守護体制の秩序体系／幕府による支配の保証／守護職について／「権力」と「権威」／権限の問題／自分の力量を以て／「権力」と「権威」の関係

二　「自力の村」論と「豊臣平和令」説　161
自力の村／領主の責務／自力の惨禍／戦国大名の和平と国分／「惣無事体制」の成立へ／惣無事令はなかった？／権力の存在意義／戦国大名の紛争調停／戦時の論理／押しつけられる国分／「豊臣平和令」と「設立による国家」／ホッブズの矛盾／法を措定する暴力／戦争のない近世と暴力

第四章　権力関係の流動と固定 ―― 193
一　構成的支配　194
新領主制論における論争／主従制的支配と統治権的支配／論争の再検討／構成的支配概念の拡張／新しい権力観と構成的支配／法と暴力の位置づけ／秩序の固定と流動
二　戦国期における秩序の流動化と再構築　216
主従制的支配とイエ支配／戦国大名支配の「二重構造」／「家中」という擬制／「家中」以外に対する支配／知行宛行状・安堵状／秩序共有の範囲の変化／「家中」や「領」に対応する秩序の再構築／戦国大名分国における秩序の再構築／「北条氏給人所領役帳」の意義／秩序の共有化の進行
終　章　戦国を見る目、現代を見る目 ―― 241
可動性を残した秩序／法の根源にある暴力の露出

おわりに　248

註　251
索引　283

序章　ひきさかれた戦国大名像

二つの起請文

本書がおもに扱うのは戦国大名や「戦国領主」と呼ばれる領主権力である。

戦国大名はともかく戦国領主（国衆《くにしゅう》とも呼ばれる）は馴染みの薄い用語かもしれない。まずは戦国領主がどのような存在を指しているのか具体的に見てみよう。

安芸国を本拠地とした戦国大名として知られる毛利氏に伝わった文書《もんじょ》群「毛利家文書」のなかには、弘治三年（一五五七）一二月二日の日付を持つ、二つの起請文《きしょうもん》がある。起請文とは、遵守《じゅんしゅ》すべき誓約条項を書き、その後に神仏の名前を列挙して、もし誓約を破ったならば、それらの神仏から罰を受ける旨を記し、誓約者が署判（署名と花押《かおう》〔サインのようなもの〕、場合によっては血判）したものである。

この二つの起請文のうち一つは、毛利元就ら一二名の領主が円を囲むように署名する、いわゆる傘《からかさ》連判《れんぱん》形式をとっている（以下、これを傘連判契状《けいじょう》と呼ぶ）[1]。署判者一二名は、一二時の方向に毛利元就、そこから時計回りに吉川《きっかわ》元春、阿曾沼《あそぬま》広秀、毛利隆元、宍戸《ししど》隆家、天野元定、天野隆誠、出羽《いずは》元祐、天野隆重、小早川隆景、平賀広相《ひろすけ》、熊谷《くまがい》信直となっている。出羽氏以外はいずれも安芸国の領主である（出羽氏は石見国）。毛利氏からは元就と隆元の二人が署判しているが、これはこの時点で元就は、すでに家督を長男の隆元に譲っているものの、実権は引き続き握っていたためであろう。[2] 天野氏も三名見えるが、元定は志芳東《しわひがし》（現広島県東広島市）を、隆重は志芳堀《しわぼり》（同）を本拠地とするそれぞれ独立した勢力である（天野隆誠は関係史料が少なく不詳）。[3] なお、先にも述べたように吉川元春は元就の次男、小早川隆景は元就の三男である。

通常の縦書きの署判では、並び順が序列を表してしまうが、傘連判という形式は、そこに署判している人々が対等の関係であることを表す。したがって、これらの領主たちは同格であるということになる。

この傘連判契状は、冒頭に「申合条々事」とあり、それぞれが率いている軍勢において、「家人《けにん》」が狼藉を働いたり、勝手に陣払い（戦陣から離脱すること）をしたりといった軍規違反をした場合に、署判者各々がそれを処罰することを申し合わせたものである。

一方、同日付のもう一つの起請文は、傘連判契状を受けて、福原貞俊《ふくばら》以下、毛利氏の「御家中」二四一名が、毛利氏に対して軍規の遵守を誓ったものである。[4] こちらの署判は通常の方式である。なお、「家中」の構成員は、傘連判契状では「家人」と呼ばれているが、別の史料では御家来とも称しているから、以下、本書では「家中」という集団に属する個々の構成員を示す用語を「家来」に統一する。「家中」については、のちに詳しく論じる（ここではひとまず家臣団のことだと考えておいていただきたい）。

つまり、これら二つの起請文は、前者が同格の領主相互の申し合わせであるのに対して、後者は家来たちが主君に誓約をしているという違いがある。毛利氏が周防国・長門国などを支配していた大内

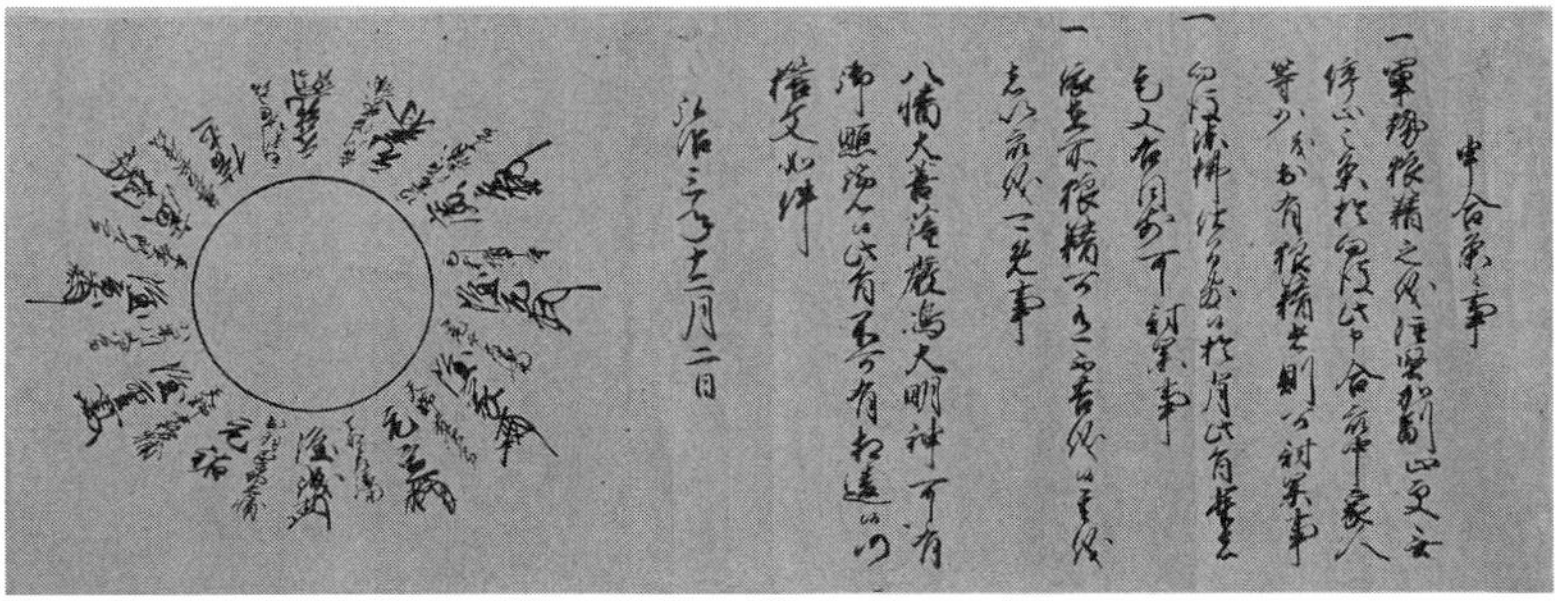

毛利元就外11名連署契状（毛利博物館蔵）

氏を滅ぼすのが弘治三年四月であるから、この二つの起請文が書かれたのは、毛利氏がすでに中国地方で最大クラスの勢力にのし上がった段階であり、傘連判契状に名を連ねる吉川氏、阿曾沼氏、宍戸氏などの領主たちは、毛利氏の配下にあった。にもかかわらず、署判の形式からすれば、彼らはこの時点でもなお毛利氏と同格であったことになる。

元就は、「はじめに」でも紹介した長男隆元宛の書状の中で、「備芸衆も当家よかれと内心ともに存じ候衆は更に覚えず候く、我々等輩の毛利にしたがいまいり候事、偏《ひとえ》にく口惜しやけなましく、日夜存じ居らるべく候」（読み下し。以下、引用史料は基本的に読み下しにして掲載する）と述べている。[5] つまり、「備芸衆」は、「等輩」である毛利氏に従属させられて日夜口惜しく思っており、内心では毛利家のことをよかれと思うものなどいないと元就は考えていたのである。

現実の力関係としては毛利氏への従属を余儀なくされながら、毛利氏の家来とは異なり、「等輩」として毛利氏と同格で連署する。この傘連判契状は、戦国大名の配下に、こうした一定の自立性をもつ有力な領主が存在したことを如実に示している。

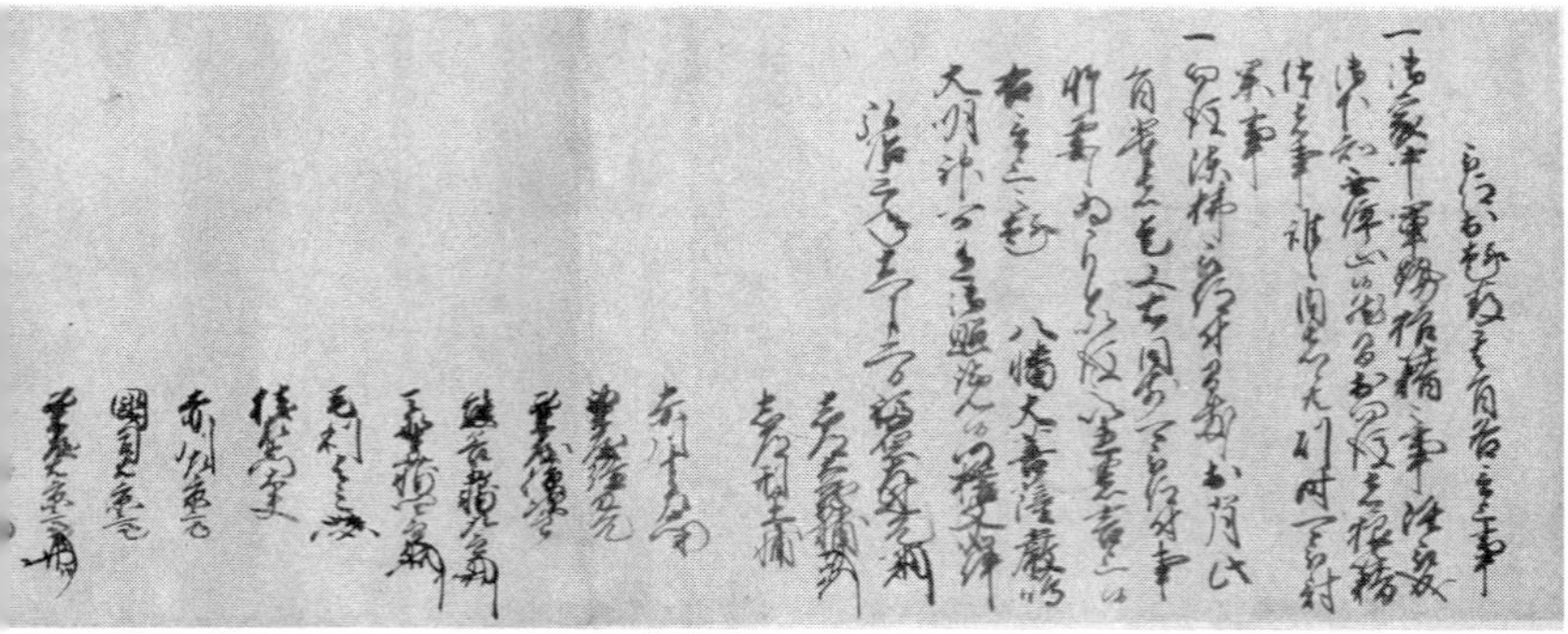

戦国領主と「家中」

もう一つ、この二つの起請文からわかることがある。毛利氏が、一二名の領主たちの申し合わせを受けて、軍規の遵守を自身の家来たちに誓わせたように、吉川氏ら他の領主たちも、それぞれ自身の「家中」があり、それぞれに軍規の遵守を命じたであろうということである。つまり、彼らは毛利氏と同じく、独自の「家中」を持つ存在である。こうした領主はそれぞれの「家中」を率いる軍団の長であり、毛利氏の軍勢は、これらの領主が率いる軍団の寄せ集めであったといえる。このような独自の「家中」を持ち、一定の自立性を有する領主のことを戦国領主あるいは国衆などと呼ぶ。

先の毛利家来二四一名は、弘治三年の時点での毛利「家中」の大部分を示すものと考えられているが[6]、「毛利家文書」には、このような起請文が、これ以外に三つ存在する。享禄五年（一五三二）のもの[7]と、天文一九年（一五五〇）のもの[8]、そして慶長一〇年（一六〇五）のもの[9]である。署判者の人数は順に三二名、二三八名、八二〇名である（ただし、享禄五年の署判者は毛利家来全体ではなく、また慶長一〇年の署判者に

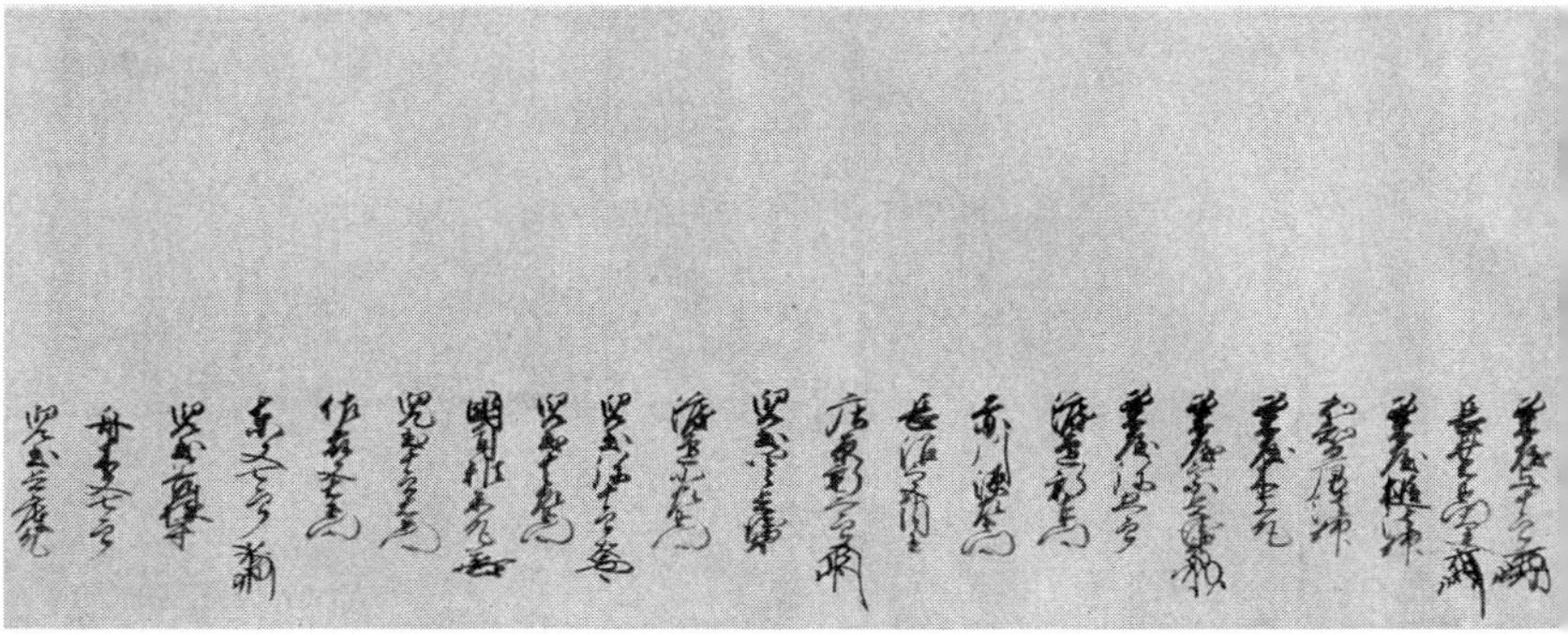

毛利家来241名連署起請文（部分、毛利博物館蔵）

は寺社も含んでいる）。このうち、弘治三年の起請文から約五〇年後の慶長一〇年に作成された起請文は、慶長五年の関ヶ原合戦の結果、毛利氏が領地を周防・長門の二ヵ国に削減された後のもので、すでに江戸時代に入っている。署判者の数が、寺社も含むとはいえ、二四一名から大幅に増加しているのが目に付くが、弘治三年のときには傘連判契状で、毛利氏と同格に連署していた宍戸氏や阿曾沼氏なども、慶長の起請文には名を連ね、毛利氏の家来になっている。

戦国領主が戦国大名と同格で、家来ではないとすれば、戦国大名の戦国領主に対する支配はどのようにして成り立っていたのだろうか。そしてどのようにして江戸時代には大名の「家中」に吸収されるのだろうか。そもそも「家中」とは何だろうか。

このように戦国大名と戦国領主の関係は、戦国期の権力構造や支配体制の特質を考える上で、重要な論点となり得る。これが本書が戦国領主に注目する理由である。

暴力と正当性

さて、一般に戦国時代といえば、下克上のイメージが強い。旧来の秩序や制度を破壊して、実力によってのし上がった戦国大名が割拠して争い、その勝者として織田信長や豊臣秀吉が登場する。こうして新しい勢力が、新しい支配体制、新しい時代をつくりあげていくというイメージである。

支配体制の成り立ちについて分析する際、暴力による支配と、正当性を帯びた法的、公的な支配という二つの側面が論じられることが多い。つまり、支配者が暴力によって被支配者を押さえつけているという側面と、支配者の持つ何らかの正当性によって、被支配者が自発的に支配を受容しているという側面、ということである。実力によって旧来の秩序を破壊する下克上のイメージは、暴力による支配を想起させるが、しかし、戦国大名の支配は単に暴力のみによるものではなかった。のちに詳しく見ていくが、とくに一九八〇年代前後からは、戦国大名の公権的性格を重視する研究が盛んになっている。

水林彪《たけし》氏は支配関係が存立するための要件として、①物理的な強制力（暴力）、②社会にとって有意義な職務を果たしているという正当性（実質的正当性）、③所与の法秩序に適合的に支配権を獲得しているという正統性（法的正当性）、という三つを挙げる。

ここではさらに正当性が実質的正当性と法的正当性に分けられている。前者は、支配者が、たとえば治安の維持やインフラの整備、福祉政策のような社会にとって有意義な職務を果たしていることによって、その支配が正当なものとして被支配者から受け入れられるということであり、後者は、最も典型的には、法や制度に基づいて、継承権のある者に王位が継承されているとか、選挙によって選出されたというような正統性である（ただし、水林氏によれば、ここでいう「法的」とは、制定法秩序に限定されるものではなく、慣習法や成文化されていないような人々に共有された規範意識も含む）。

水林氏は「支配関係を妥当させる究極の手段は物理的強制力にほかならない」が、支配関係の安定的継続のためには、被支配者の同意が必須であるとしており、暴力と正当性という二つの組み合わせによって、支配成立の原理が説明されている。したがって、暴力か正当性かという二者択一ではなく、水林氏も述べているように、通常はこの両側面があって、支配が成り立っていると考えられる。問題は、多くの場合、この二つの側面は対極的なものと考えられているということである。

たとえば永原慶二氏は、中世の領主制支配には、「私的・実力的支配」と「公的権力として、制度的なものに依存」した支配という二つの道があり、両者は相互補完するとしつつも、前者が一貫して中世社会の前進的かつ基本的な担い手となったと評価している。[11] 公的権力として、制度的なものに依存した支配というのは、戦国大名に即していえば、幕府から、ある国の守護に任命してもらい（守護職《しき》を獲得し）、その職権によってその国を支配するというようなことである。たとえば、安芸国を本拠地とする毛利氏の支配は、大内氏や尼子氏などとの戦争によって領地を獲得した点では私的・実力的支配であるが、毛利隆元が幕府から安芸国と備後国の守護に任命されている点では、公的権力として制度的なものに依存した支配ともいえる。

永原氏は、戦国大名の支配体制（大名領国制）を中世の在地領主制の最高の発展段階と位置づけているから、[12] 戦国大名は、たとえば守護職を利用しつつも、主として私的実力の拡大によって、支配を築き上げたと考えるのである。ここでは、暴力と正当性とが対として示され、両者が相互補完するとしながらも、暴力がより重視されているといえよう。

ただし、永原氏の大名領国制論も一九七〇年代以降には変化を見せることが指摘されている。[13] たとえば、永原氏は、戦国大名の支配について「新たに服属させた国人領主たち、またつぎつぎに成長、数を増してくる村々の小領主層をどのように編成するか、また自律性を強める百姓層をいかに支配するか。それらのための現実的な軍事・権力組織、支配のための制度と法、正統性と『合意』の確保等々、荘園公領制下には見られなかった新しい事態がきびしく要求されるのである」と述べている。[14] ここでは、「現実的な軍事・権力組織」と「制度と法」、「正統性と『合意』の確保」は並列されている（ただし「合意」にカギ括弧が付けられている点は注意される）。

そして、前にも触れたように、一九八〇年代頃以降は、永原氏の大名領国制論を批判して、逆に支配の正当性を重視する議論が活発になる。それは、たとえば、戦国期守護論、あるいは「自力の村」論といった学説であるが、これらについてはのちに詳しく論じる。

変奏される二元論

注意しておかなければならないのは、この〈暴力／正当性〉という二元論のモチーフは、多くの研究において、様々に形を変え、変奏されながら、支配の説明に用いられているということである。

一例を挙げれば、前近代の支配原理を説明するものとして、主従制的支配と統治権的支配という概念がある。佐藤進一氏は、鎌倉幕府や室町幕府の分析から、主従制的支配権と統治権的支配権という二つの支配権の概念を析出し、前者は人格的・私的支配、後者は領域的・公的支配とした。[15]

鎌倉幕府の場合では、征夷大将軍という役職にある源頼朝が、各地に地頭という役職をおいて支配をおこなっている。これは、役職にともなう権限＝職権（この場合は統治権）に基づく支配であり、つまり統治権的支配である。そして、征夷大将軍という国家的な役職にともなう権限を源泉としている点で公的支配であり、また、たとえば何々荘の地頭という形で権限の及ぶ範囲が定められるから領域的である。

しかし、この地頭制度は同時に、主人である源頼朝が、自身の従者である御家人を、地頭に任命することで実現している。この頼朝と御家人との関係は、私的・個人的に取り結ばれた主従関係であり、つまり頼朝の御家人に対する支配は主従制的支配である。したがって、こちらは人格的支配であり非領域的ということになる。佐藤氏は、鎌倉幕府の支配は、こうした二つの原理が組み合わされることで成り立っているとするのである。

永原氏のいう公的権力として制度的なものに依存した支配とは、佐藤氏のいう統治権的支配であり、私的・実力的支配とは、実力に基づく私的な主従関係の拡大、すなわち主従制的支配である。したがって〈暴力／正当性〉という二元論は、〈主従制的・私的・人格的／統治権的・公的・非人格的〉という二元論に変奏される。このモチーフは、形を変えながら、戦国大名をはじめ、さまざまな前近代の支配体制の分析について用いられている。しかし、そもそも暴力と正当性（あるいは法や制度）は、果たして対極にあるものなのだろうか。

ニクラス・ルーマンは、権力について論じ、「正当性と暴力や、合意と強制を対立させたり、一次元的な両極におく見解が広まっているが（中略）このような見解は誤りにつながるということを確認しておかなければならない」と述べている。[16] もし暴力と正当性を対極におくことが疑問視されるなら、このモチーフが変奏された他の二元論にも疑問が生じてくる。本書では、こうした二元論をいったん「宙吊り」にし、その上で戦国大名、あるいは戦国領主の支配について考えてみたい。

暴力の中世、法の近世？

このニ元論のモチーフについては、もう一つ、戦国期研究に特有の問題がある。それは、戦国期が、中世と近世の転換点にあたっているということと関係がある。

日本史の時代区分については、一般的には、古代・中世・近世・近代（近現代）と四つの時代に区分されることが多い。このうち中世は、平安時代の末期から始まり、鎌倉時代を経て、室町時代までとされており、その室町時代の末期が戦国時代と呼ばれている（なお、本書では便宜上、応仁・文明の乱のある一五世紀半ば頃をおよその目安として、それ以前を室町期、以後を戦国期と呼ぶ）。また、おおむね鎌倉幕府の滅亡（建武政権の成立）を境として、それ以前を中世前期、以後を中世後期という。そして、その次の安土・桃山時代（織田政権と豊臣政権の時代なので織豊《しょくほう》期と呼ばれる）と江戸時代が近世とされる（近世と近代の時代区分にもさまざまな見解がある）。つまり、戦国時代は中世から近世へという時代の転換期なのである。したがって、戦国期における社会の変化が、なぜ、どのような過程を経て起きたのかについては、中世社会を理解する上でも、近世社会を理解する上でも、重大な関心が寄せられることになる。

このことと二元論の問題がどのように関わっているかというと、それは、中世と近世とでは大きな転換があったということを前提に、これらのニ元論が、〈中世／近世〉という対に対応させられる傾向が強いということである。

中世史研究者の藤木久志氏は、近世史研究者の深谷克己氏の見解について、「安良城盛昭氏の『恣意』論を継承しつつ、家康期における百姓直目安制の成立に注目し、これを農民闘争ないしは農民の全体的な力量に対応した恣意的暴力的支配（中世）から法的機構的支配（近世）への推転つまり法度支配の成立と評価することで、土一揆敗北論や歴史の暗転観の克服を目ざそうとしている」[17]と述べ、肯定的に評価している。

ここでは、〈恣意的暴力的支配＝中世／法的機構的支配＝近世〉という構図が出現している。中世は自力救済の社会であった。自力救済とは、自分（たち）の権利は、自分（たち）の実力によって守る（あるいは勝ち取る）という、中世の人々が抱いていた観念である。したがって、何か利害対立があれば、それは容易に双方の実力行使に発展した。これに対して近世は、自力救済による（つまり私的実力による）紛争解決が否定され、紛争を公権力による裁判で解決する社会になった。藤木氏は、豊臣政権が出した一連の法令（藤木氏は「豊臣平和令」と呼ぶ）によって、これが実現したと考える。つまり中世の恣意的暴力的支配から、近世の法的機構的支配への転換である。

ただし藤木氏は先に引用した文章の直後に、「ただ中世を恣意的暴力的支配と単純化するのでは（中略）かえって中世農民の全体的な力量を正当に評価する道を閉ざす」としているから、藤木氏自身は単純な二元論に立っているわけではない。

なお、深谷氏のもとの文章は、「法的機構的支配に近世的統一をみる幕藩体制論の見地は、それが中世以来の在地領主の恣意的暴力的支配の克服の結果であるという見方とつながって」[18]いるというもので、深谷氏自身が単純な二元論を主張しているわけではないし、むしろ深谷氏は別の箇所で、歴史を単純な二元論で理解することには批判的な見方を表明しているから[19]、藤木氏のまとめ方はあまり適切とはいえない。

結局のところ、藤木氏も深谷氏も、単純に中世＝恣意的暴力的、近世＝法的機構的と割り切ってしまう二元論ではないが、重要なのは、暴力と法が対極的なものととらえられていること、また（中世社会も暴力一辺倒ではないにしろ）近世が法的機構的支配となったことに中世との一定の変化を見ていることである。

中世から近世への転換は、戦国大名が推し進めたという見方と、戦国大名には限界があり、転換を実現したのは織田政権や豊臣政権（織豊政権）であるという見方があるが、いずれにしても戦国期には何らかの転換が起きている。その帰結として、近世には法的・公的・非人格的な支配が成立したという見方が広くおこなわれている。そこから、それ以前は、暴力的・私的・人格的な支配であったと、その対照が強調される。

在地領主の否定

さらにもう一つ、考えておかなければならない問題がある。それは、なぜ、このような転換が可能になったのかということだ。その理由は、多くの場合、近世においては在地領主が体制的に否定されたということに求められてきた。

在地領主の定義については複雑な問題があるが、ごく単純化していえば、ある土地を支配するにあたって、その現地で支配をおこなっている領主を指す研究用語である（京都や奈良などの都市に在住し、地方の荘園を支配している公家や寺社などの荘園領主に対比される）。近年では、在地領主が都市で活発に活動していることが明らかにされており、かつての草深い農村に土着した武士というイメージは変わりつつあるが、ともあれ、基本的には、村落に居館を構え、その周囲において自身も農業経営をおこない、村や荘園などの所領を支配する、その土地に根ざした領主であると考えていいだろう。

自力救済の中世を生きた在地領主は、永原氏が「私的・実力的支配」を重視していたように、所領を維持するための武力、すなわち家来・家人などの配下を抱えている。そして戦国大名は、こうした在地領主を配下に編成することで支配をおこなっていた。言い方を換えれば、こうした個々の在地領主が構築している所領支配があることを前提として、その上に戦国大名の分国支配は形成された。また、戦国大名の軍事力は、こうした個々の在地領主がそれぞれに抱える軍事力の寄せ集めである。その意味で戦国大名分国の権力構造は割拠的・分権的である（先に見た傘連判契状における毛利氏と戦国領主の関係を想起されたい）。

これに対して、近世にはこうした在地領主が原則的には消滅する。江戸時代には、大名が代官機構などを通じて土地を支配し、徴収した年貢から家臣に蔵米を給与する形態が一般的になり、大名の家臣たちは土地から切り離されることになった（江戸時代にも地方《じかた》知行制といって、大名が家臣に領地を給与する形態もあるが、もはやそれは中世の在地領主のような、自己の実力によって構築・維持される自立的な支配ではない）。土地から切り離された武士たちは、原則として、大名の城下町に集住するようになる。そもそも大名自身も、一部の例外を除いて、戦国時代まで支配していた土地からは切り離され、別の土地に移されていることが多い。こうした領主のあり方は、「鉢植え化」と表現される。土地に根を下ろして自立しているのではなく、鉢植えのようにどこにでも移動させられるということである。このようにして、現地で自立的な所領支配をおこなう在地領主は体制的に否定された。

在地領主の自立性が失われ、一律に大名の家来となり、一元的な大名家臣団が形成されることによって、大名による集権的な支配が実現する（戦国領主をも毛利「家中」に吸収した慶長一〇年の起請文のような状況を想起されたい）。大名権力は、他の家来たちから隔絶した地位を獲得し、絶対的な公権力（公儀）となる（「絶対的な」というのは、大名が家来たちと同じ平面にいて、その中での力関係の強弱ということではなく、大名が他の家来からは隔絶した別の次元におり、したがって家来がいくら有力であっても、取って代わることはできない地位にいるという意味である)。もちろん、在地領主が有していた「自力」(私的な実力行使)も否定され、紛争解決は公権力である大名の裁判に委ねられる。こうして、近世の大名権力は絶対的・公的・法的な支配をおこなう権力となる。

では、こうした在地領主の否定、大名家臣団への一元的な統合は、なぜ起こったのだろうか。これまでは、戦国期における領主間矛盾の激化とその止揚という説明がなされてきた。つまり、戦国期には、それぞれ「自力」で自己の権利を維持・獲得しようとする在地領主間の矛盾が激化することによって戦乱が多発する。そうした対立の激化は、領主階級の存立を、あるいは社会全体の存立を危機に陥れる。よって、それらの上に立って公共的な利害調整をする権力(自力の行使を否定し、裁判によって解決する権力)が必要となり、それを可能とするより広域的に領主層を統合した権力を成立させる。この結果、戦国大名が成立し、さらに最終的には全国を支配する統一政権の成立に帰着する。こうして、在地領主の個別的な支配は否定され、公共的な利害調整を担う公権力であるところの大名権力の下に統合される。これが戦国期における領主間矛盾の激化とその止揚ということである。

整理すれば、暴力的・私的支配がおこなわれていた中世に対して、近世は法的・公的支配が成立する。それは在地領主の自立的な支配が否定され、絶対的な公権力としての大名権力の下に統合されることによって実現する。つまり、二元論のモチーフは、中世から近世への転換に当てはめられ、それは在地領主の体制的否定ということと結びつけられる。戦国期はこの転換が進行していく過渡期と位置づけられるのである。

しかし、先に述べたように、二元論を疑問視するならば、戦国期を単純に暴力的・私的・人格的支配から、法的・公的・非人格的支配へ変化していく過渡期とすることも、再検討してみなくてはならない。

「戦国大名」という概念をめぐって

戦国期を単なる過渡期と見なしてしまうことで、そこから一つの問題が生じる。

ここまで戦国大名という言葉を当たり前のように使ってきたが、実は戦国大名という用語の定義は十分に定まっているとはいえない。

一般にも広く知られ、研究の蓄積も分厚い戦国大名であるが、それにもかかわらず、「戦国大名とは何か」という問いには、いまだ十分な答えが与えられていない。当然のことながら、戦国時代に戦国大名という言葉があったわけではなく、研究者が戦国時代に存在したいくつかの有力な領主権力を指して、「戦国大名」と呼んでいるわけであるが、この戦国大名という概念には、いまだ十分な規定がなされていないのである。あるいは研究者によって規定がまちまちであるという方が正確であろうか。

もちろん辞書で「戦国大名」の項目を引けば説明がある。たとえば、『角川新版日本史辞典』[20]を見てみれば、「戦国期に広域の領土を一円的に支配した大名」とある。この規定自体はもちろん間違いではない。しかし、この規定によって、戦国大名と、そうでないものを類別できるかというと、それはなかなかに困難である。たとえば「広域の領土」とあるが、ではどのくらい広ければ「広域の」といえるのだろうか。

試みに、手元にある東京書籍と実教出版の『日本史B』の教科書に掲載されているおもな戦国大名

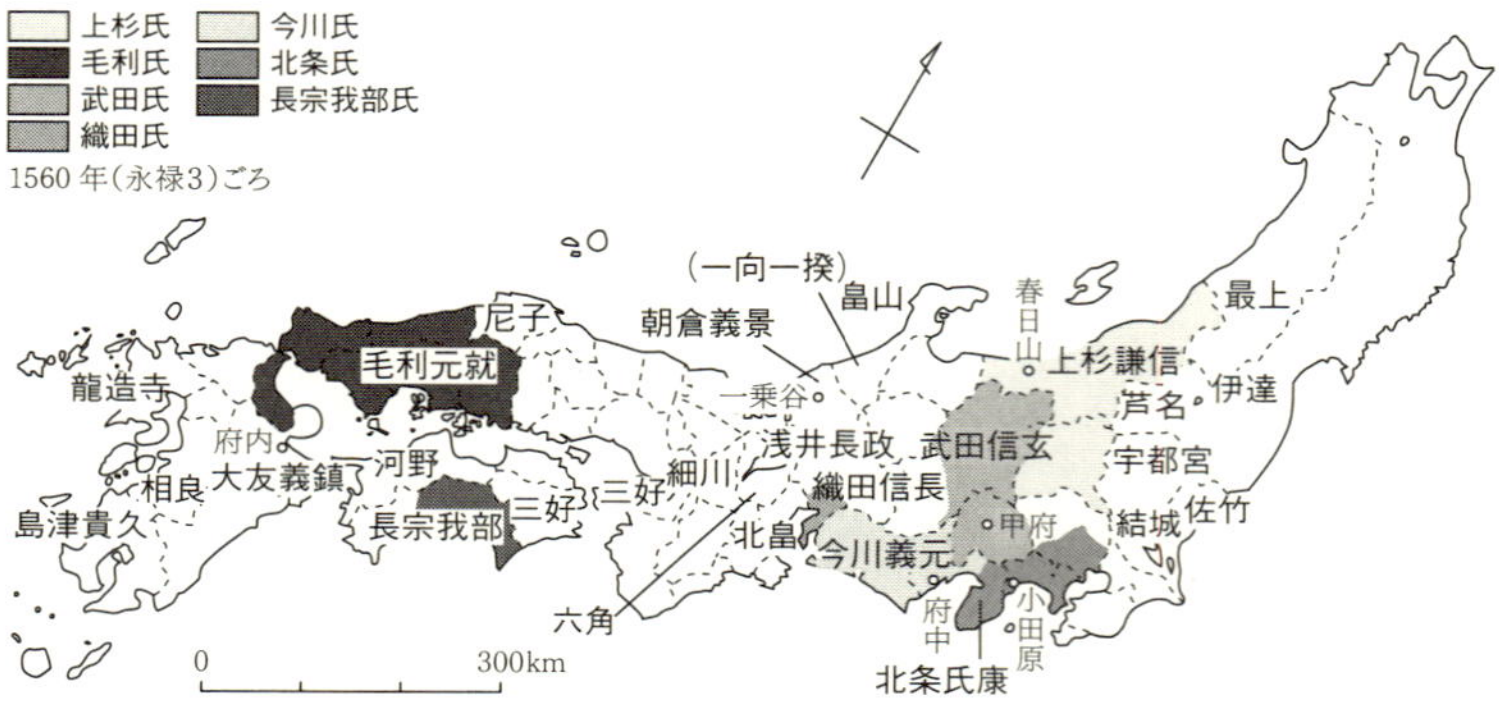

「おもな戦国大名　1560年（永禄３）ごろ」（東京書籍『日本史Ｂ』）より

とその支配地域を示した日本地図を比べてみよう（いずれも二〇〇三年に検定を通過したものである）。図が示している状況は、東京書籍が永禄三年（一五六〇）頃、実教出版が一六世紀中頃のものとしている。ここに名前が挙がっている領主は、多くが両者に共通しているが、若干の違いも見られる。

　このうち、たとえば毛利氏は、のちの最大時には一〇ヵ国以上にまたがる分国を築いている。相模国を本拠地とする北条氏[21]や、甲斐国を本拠地とする武田氏なども数ヵ国にまたがる分国を支配する。こうした大名権力はまさしく「広域の領土」を支配しているといっていいだろう。

　一方、たとえば近江国の浅井《あざい》氏や六角氏はどうだろう。両者は規模からいえば、おおよそ、浅井氏は近江の北半分、六角氏は南半分を支配しているにすぎないが、どちらも戦国大名として扱われることが多い。この両者と同程度の規模である、下野国の宇都宮氏や下総国の結城氏、備前国の浦上氏などはどうかというと、戦国大名として扱われることもあるし、そうでない場合もある（実教出版の図には宇都宮氏は出てこない）。

「群雄割拠図　16世紀なかごろ」（実教出版『日本史Ｂ』）より

先に見たように、戦国領主は、一般に戦国大名と呼ばれている毛利氏と同格に連署する存在であり、毛利氏が「家中」を有しているのと同様に、独自の「家中」を有する自立的な領主であった。このため、水林彪氏は、こうした領主を「戦国郡大名」と呼称している。[22] これは国規模の支配領域を持つ戦国大名に対して、郡規模の支配をおこなう大名という意味だが、戦国大名とされていても、浅井氏や六角氏のように一国規模に満たないものもいるし、その線引きは明確にはできない。宇都宮氏などは「郡程度の領域を支配し『国衆』と呼ばれていた中小の戦国大名」とも表現されている。[23] また市村高男氏は、武蔵国の忍城《おし》（現埼玉県行田市）を本拠地とした成田氏を「与力大名」と規定している。[24] 成田氏は、北条氏の配下にあるが、複数の郡にまたがる支配領域を築き、しかも一定の自立性を維持しており、その点では大名と遜色ないということであろう（なお、市村氏は、毛利氏や北条氏のような数ヵ国を支配する大名を「地域的統一権力」と呼んで、戦国大名一般と区別すべきだとしている）。

このように「広域の領土」という一事をとってみても、

どの領主権力が戦国大名で、どれがそうでないかという基準については、統一的な見解がない（実教出版の図が「戦国大名」という言葉を使っていないのはこうした問題に対する配慮だろう）。このように規模や性質にかなり幅のある多様な戦国期の権力が、さまざまな研究者によって、戦国大名として分析対象とされたため、戦国大名概念が拡散してしまったのである。このため、あとで詳しく検討する戦国期守護論のように、戦国大名というような十分に規定されていない概念は不要である、という説も提出されている。

ならば、ひとまず分析対象を毛利氏や北条氏などの、数ヵ国を支配する大規模なものだけに絞ればそれでいいかといえば、話はそう簡単ではない。毛利氏と北条氏を比較しただけでも、たちまち問題が生じるのである。ここに、戦国期を中世から近世に転換する過渡期と見なす傾向が関係してくる。

連続と断絶

先に、中世から近世への支配のあり方の転換を、戦国大名が推し進めたとする見解と、逆に、戦国大名には限界があり、転換を実現したのは織豊政権や幕藩権力だとする見解があると述べた。池享《すすむ》氏は、これまでの研究を分析し、戦国大名と近世の権力との断絶面を強調する見解（断絶説）と、連続面を強調する見解（連続説）に整理した[25]。

基本的に史的唯物論では、社会の矛盾が高まることで変革が生じ、新しい社会が生み出されると考える。つまり、戦国時代には中世社会の矛盾が限界に達し、社会の変革が生じて、近世社会が到来するということになる。断絶説では、戦国大名はそうした矛盾を克服できない限界を有していたと評価され、それを突破する織豊政権の画期性が強調される。逆に連続説は、戦国大名に画期性を見出し、戦国大名を織豊政権以降の近世権力の先駆的形態と見るのである。前者は戦国大名を中世的な権力ととらえ、後者は近世的な権力ととらえているといえるが、ここで論者によって戦国大名の評価が大きく分かれることになり、「戦国大名とは何か」という問いへの答えも定まらなくなるのである。

たとえば池上裕子氏は、戦国大名北条氏と織田政権の政策には共通性・連続性があると評価する。[26]そして、その共通性が生まれる土台として、織田政権が権力基盤とした畿内近国（現在の近畿地方とその周辺地域）と、北条氏が基盤とした関東地方では、ともに在地領主が衰退しているという共通性があるとする。つまり、在地領主の自立性が失われているため、北条氏や織田氏は検地などの政策を貫徹できたということである。

ところで、同じ戦国大名でも、毛利氏や越後国の上杉氏の分国では、いまだ在地領主層が強固に存在している（戦国領主が傘連判契状で毛利氏と同格に連署しているように）。このため、池上氏は、北条氏と、毛利氏や上杉氏のどちらを戦国大名の典型と見なすべきかと問い、一般的状況としては在地領主は衰退過程にあるから、北条氏を典型とすることができると結論している。このようにして池上氏は、戦国大名と近世権力の連続性を重視している。

ここでは、毛利氏と北条氏は、双方とも戦国大名と規定されていながら、性質の違う権力であると認識されている。北条氏は近世的な権力への転換を推し進めたが、毛利氏には限界があり、そうした転換ができていない。しかし、どちらも戦国大名として代表的な存在と見なされているから、結局、戦国大名概念は定まらなくなる。毛利氏と北条氏を比較しただけでも問題が生じると述べたのは、こういうことである。

池上氏はこの問題に対して、北条氏を典型とする――したがって毛利氏や上杉氏は例外ということになる――ことで対処した。しかし、この典型的戦国大名という説明にも難点がある。毛利分国や上杉分国のように在地領主が強固に存在しているという状況は、実はほとんどの大名分国に共通する様相であって、だとすれば、大半の大名権力は例外だということになってしまいかねない（なお、北条分国にも、先の成田氏のように戦国領主は存在する）。また、池上氏は、北条氏について、かなり早い時期から広範な検地を実施し、家臣への軍役賦課基準の確定をおこなっていることや、豊富な農民支配史料があることなどから、「多くの他の戦国大名から抽《ぬき》んでた特質をもっている」と評価しているが、[27]抽んでているということは、突出しているということで、むしろ北条氏の方が例外的だということにもなりかねない。問題はそもそもどちらが典型かという問いの立て方にある。

戦国大名独自の構造

こうした難点が生じてしまうのは、近世には在地領主が消滅することを前提に、在地領主の衰退が趨勢であることを理由として、北条氏を典型的戦国大名としたからである。これは結局のところ、近世のあり方をゴールとして予定し、そこから遡及して戦国大名を評価することになっている。

一見正反対の立場のように見える断絶説も連続説も近世を到達点として、それとの比較で戦国大名権力を評価しているという点では同様である。近世の権力は、在地領主を体制的に否定し、それによって法的・公的・絶対的な支配を実現している。このことを到達点とした上で、戦国大名がそれにどこまで近づいているかを測る。より近づいているとみれば「連続説」になるし、離れているとみれば「断絶説」になる。いずれにしても、近世という最終的なゴールが予定されており、戦国期はそこに行き着くまでの過渡期だと位置づけられていることになる。

しかし、こうした近世との比較で戦国大名を位置づける方法には問題がある。かつて村田修三氏は、戦国大名の過渡性──すなわち近世への連続性──を強調する見解に対して、「近世大名の諸属性を戦国大名の中に検出していくという、近世史に寄生した研究方法」であると批判し、戦国大名独自の構造を分析する必要があると説いた[28]。池氏も、近世を基準として設定することで、それと戦国大名の実態との乖離が生まれ、その実態を政策の不徹底や限界と評価してしまうことになったと批判している[29]。

近世権力を基準として、戦国期をそれに向かう過渡期と位置づけてしまうと、戦国期の権力に、近世権力とは違う性質が見出されたとしても、それはいずれ解消され、近世権力へと発展していく——それが戦国大名の自生的な発展によるか、織豊政権によって変革させられるのかは別として——とされるか、あるいは例外的事象だとされてしまう。つまり、近世権力とは異なる性質が見出されたとしても、それは戦国期の権力の独自の特質だとは考えられず、早晩解消されるべき非本質的なものとされてしまうということである。また、毛利氏と北条氏といった個々の権力の性質の違いも、いずれ発展して同じになるか、あるいは一方が例外と考えられ、それぞれの特質とはとらえられない。

もちろん、中世から近世への転換がどのようにしてもたらされたのかということ自体は重要な研究課題である。しかし、すべての戦国大名があらかじめ決められたゴールに向かう一本道を、ただ一直線に、不可逆的に進んでいったわけではない。戦国時代の社会には、近世社会とは異なる、その時代に固有の特性があったはずであり、戦国大名もそれに応じた権力構造の特質を持っていたはずである。当然それは近世権力と同じであるとは限らない。そうした戦国時代において、戦国大名権力が持っていた特質の追究なくしては、近世への移行の説明も十全なものとはならないであろう。

連続説／断絶説という整理をおこなった池氏は、連続か断絶かを二者択一的に論じるのではなく、「連続と断絶を多次元的に総合した大名領国制構造論・中近世移行論が必要である」[30]としているが、本書の目的も、連続か断絶かを論じることにはない。

近世権力を基準として断絶／連続を論じるのみでは、戦国大名の独自の特質を明らかにできない。もし、戦国大名に固有の特質が認められないのであれば、わざわざ戦国大名という概念を設定することの有効性は乏しいということになってしまう。

また、近世の法的・公的・絶対的な支配を到達点として、戦国大名がどれだけそれに近づいているかを測るという方法は、裏を返せば、どれだけ戦国大名が暴力的・私的な支配を克服できているかを測ることになる。本章の先に述べた権力の二元論の再検討という観点からすれば、こうした手法を見直していく必要があるだろう。

問いを立て直す

先に「戦国大名とは何か」という問いには、いまだ十分な答えがないと述べた。これは結局、戦国時代に出現した、いくつかの有力な（ように見える）領主権力を、無前提的に「戦国大名」と名付けた上で、戦国大名とは何か、それは近世権力にどれだけ接近しているのか、と問うてきたことに一因がある。そのように問うても、毛利氏と北条氏のように、個々の領主権力には当然違いがあるのだから、その答えはバラバラになってしまう、あるいは例外として捨象したり、発展段階の差に置き換えたりして、その差異を事実上消去する処理をしなければならなくなる。

したがって、問いの立て方を変えなければならない。個々の領主権力は当然、それぞれに違う性質を持っている。にもかかわらず、それらを「戦国大名」という一つの概念でくくって分析することで、何が見えてくるのか。どういう課題に応えるために有効なのか。このように問いを立てることが必要である。とすれば、問題の焦点は戦国大名概念を精密に定義することにはない。本書もそれは目指さない。焦点は、何が見えてくるのか、どういう課題に応えられるのか、というところにある。

近年、権力の概念をめぐっては、さまざまな分野で、権力とは誰かがそれを握っていて、別の誰かに対して行使しているものという見方ではなく、社会全体に張り巡らされた関係性のなかで権力が作用するという見方がされるようになっている。当然、社会の状況が異なれば、関係性のあり方も変化する。では、戦国期の社会において、戦国大名の支配を可能にした関係性、権力の作用の仕方はどのような特質を持っていたのか、法や暴力の問題はそのなかにどのように位置づけられるのかを、本書では考えていきたい。そして、これらを説明する上で、戦国大名という概念を設定することが有効かどうかということになる。つまり、戦国期の権力関係が特有のあり方をしており、また戦国大名がそれを体現する存在であるのかどうかということである。ここでは、有効であるとの仮説的な見通しに立って論を進めることになる。そして、戦国大名の特質を考える際、戦国期に特有の存在である戦国領主がキーになる。次章から戦国大名や戦国領主の検討を通して、戦国期の権力関係のあり方を考察し、この課題を考えてみたい。

第一章　戦国領主とはどういう存在か

一　「家中」と「領」

甲斐国の戦国領主

甲斐国の武田氏の配下には小山田氏と穴山氏という有力な領主がいた。天正一〇年（一五八二）、織田氏と徳川氏の軍勢が武田領に侵攻すると、あらかじめ織田方に内通していた穴山梅雪（信君《のぶただ》）は即座に降伏して、徳川勢を先導した。追い詰められた武田勝頼は、最後は小山田信茂の裏切りにあい、自害して果てる。こうして戦国大名武田氏はあっけなく滅亡した。小山田氏や穴山氏の名を、このエピソードによって知っているという方も多いかもしれない。従来、この小山田氏や穴山氏は、武田氏の家臣であるととらえられてきた。しかし、矢田俊文氏は、小山田氏や穴山氏は、武田氏の家来ではないと指摘した[1]。

戦国期の甲斐国は国中・郡内・河内《かわうち》と呼ばれる地域に分かれている。矢田氏によれば、武田氏は国中を支配する領主であり、同様に小山田氏は郡内を、穴山氏は河内を、それぞれ独自に支配する領主であった。

このことは伝馬《てんま》手形や過所《かしょ》の発給から論じられている。伝馬制度とは、街道に沿って、馬を常備する宿駅（伝馬宿《てんまじゅく》）を配置し、利用者は宿駅で馬を乗り継ぎながら目的地へ向かうというものである（旅客だけでなく荷物の輸送にも利用された）。もちろん無条件で伝馬を利用できたわけではなく、戦国期においてはそれぞれの伝馬宿を設置した領主から利用の許可証をもらう必要があり、これが伝馬手形と呼ばれた。また、街道上には役所と呼ばれる施設も設置されている。ここを通過する際には過所銭などと呼ばれる通行税が徴収される。過所とは、過所銭の支払いを免除する許可証であり、やはり役所を設置した領主によって発給された。

そして、戦国期の甲斐国においては、国中において伝馬宿や役所を設置し、伝馬手形や過所を発給するのは武田氏であったが、郡内においてはそれは小山田氏であり、河内においては穴山氏であったというのが矢田氏の指摘である。つまり、小山田氏や穴山氏は、武田氏が国中を支配しているのと同じレベルで、それぞれ郡内や河内を独自に支配しているのである。[2]こうした独自の支配領域を「領」という。さらに、武田氏が「家中」を有しているのと同様、小山田氏や穴山氏も独自の「家中」を有している。したがって、小山田氏・穴山氏は、武田氏の「家中」には属していないという意味で、彼らは武田氏の家来ではなかった。

そして、小山田氏や穴山氏は、これまた武田氏と同じように、判物《はんもつ》あるいは印判状を発給して、「家中」や「領」の支配をおこなっている。判物や印判状の内容は、先の過所や伝馬手形のような免許、領地を与えるという文書（知行宛行状《あてがい》）、既得の権益や地位を保証する文書（安堵状）などである。判物とは一般的に、発給者の花押を据えた直状《じきじょう》形式の下達文書をいう（判物、印判状や直状といった用語については、のちに改めて説明する）。判物を発給しているということは、発給者がその件について最高の決定権者であるということを示している。

つまり、小山田氏や穴山氏は、独自の「家中」と「領」を持ち、判物などを発給してそれらを支配する自立的な領主であり、矢田氏はこれを「戦国領主」と名付けた。その上で矢田氏はこれを戦国期の基本的領主と位置づけたのである。

こうした戦国領主の存在は、畿内中心部など一部を除いて、ほぼ全国的に見出される（畿内中心部においても、「領」支配をともなわない「官僚型戦国領主」という類型が提起されているが[3]、これを戦国領主概念に含めるかどうかは議論の分かれるところだろう）。たとえば毛利分国では、先の傘連判契状に見える領主のほかに、「家中」や「領」の形成、判物発給などを指標とすれば、主だったものだけでも、備後国の山内《やまのうち》氏、上原氏、木梨氏、杉原氏（神辺《かんなべ》城主）、多賀山《たかのやま》氏、三吉氏、和智氏、石見国の小笠原氏、佐波《さわ》氏、周布《すふ》氏、都野《つの》氏、益田氏、吉見氏、周防国の杉氏（伯耆守家）、冷泉氏、長門国の内藤氏、出雲国の赤穴《あかな》氏、古志氏、宍道《しんじ》氏、多賀氏、三沢《みざわ》氏、三刀屋《みとや》氏、備中国の庄氏、伯耆国の南条氏などが挙げられ、ほぼ分国全域に分布している[4]。

前章で在地領主が衰退しているといわれていた北条分国でも、北条氏から「他国衆」と位置づけられていた武蔵国の岩付城主太田氏、松山城主上田氏[5]、上総国の土気《とけ》城主酒井氏、下総国の臼井城主原氏、小金城主高城《たかぎ》氏などは、判物や印判状を発給する戦国領主であった。確かに、北条氏にとって分国の最も中枢部にあたる相模国や伊豆国では戦国領主の存在は顕著ではなく、毛利分国などと比べると相対的に在地領主が衰退しているとも見えるが、それ以外の地域では戦国領主は広範に分布している。つまり戦国領主はごく一部に例外的に存在していたのではなく、戦国期には広く一般的に見られる領主であったことがわかる。

戦国領主の「発見」

この矢田氏の提起以降、一九八〇年代頃から戦国領主（国衆）研究は本格化する。こうした戦国大名配下にありながら、自立的な有力領主の存在はそれ以前から知られていたが、それらはあくまで戦国大名の家臣団編成を分析する枠組みのなかで論じられてきたにすぎない。

たとえば河合正治氏は、近世大名の家臣団がおおむね均質であるのに対し、戦国大名の家臣団は系譜によって質を異にしているとした上で、戦国期毛利氏の家臣団を、その出自から庶家・譜代・国衆・外様に分類した。国衆については、「毛利氏と同じ惣領体制をくずさずそのまま独立した姿で毛利氏の旗下に入った」ものであり、「毛利氏はかれらと同盟関係をつくることには成功したが、かれらを家臣団化することが容易にできずその統制に苦しむ」としている。[6] 河合氏が国衆として念頭に置いているのは、宍戸氏、阿曾沼氏、熊谷氏、平賀氏など、本書でいう戦国領主である。

河合氏は、国衆が「完全に家臣団化するのは慶長五年の萩打入り以後のことと思われる」ともしている。慶長五年（一六〇〇）というのは関ヶ原合戦の年であり、つまり毛利氏が関ヶ原合戦の敗戦によって、徳川氏の支配下に組み込まれた後の段階であることを言っている。したがって、河合氏は国衆が戦国期において毛利氏の家臣になったとは言っていないのであるが、にもかかわらず、これ以後も国衆の問題は、戦国大名の家臣団編成の問題として論じられていたのである。言い方を換えれば、国衆は、その時点では家臣化していないとしても、いずれ家臣になることが予定された存在と考えられていたといえる。

これは、戦国大名はこうした有力な領主の統制に苦しむが、最終的にはそうした領主も大名家臣団に吸収されていき、近世の一元的な家臣団に行き着くという見通しと関係している。河合氏の議論も、もともと近世大名の家臣団との比較を前提としていた。こうした見方においては、前章で確認したとおり、有力な領主の自立性は、一元的家臣団に行き着くまでの、一時的な、過渡的状態にすぎないのであって、戦国大名の権力構造を考える上で本質的に重要な問題とは理解されない。

しかし、矢田氏の提起以降、こうした有力領主についての研究が進み、それらが戦国大名の家臣（家来）ではないということは、現在ではもはや共通認識となっているといってもいいだろう。重要なのは、矢田氏がこれを「戦国期の基本的領主」としたように、単に事例としてそうした自立的な領主がいるというだけでなく、その存在こそが戦国期の社会や権力を考える上で本質的な問題であるという認識が高まったことである。

ところで、このような独自の「家中」と「領」を持つ自立的な領主を指す用語は、戦国領主、国衆などが用いられ、研究者の間でも不統一であるが、おそらく最もよく使われる語が国衆である。このほかにも、地域的領主、地域領主、与力大名、戦国郡大名、有力国人《こくじん》領主などさまざまな用語が提唱されているが、本書では基本的に戦国領主の語を用いる。国衆という言葉は、戦国期の史料上にみえる語であるが、必ずしも「家中」と「領」を持つ領主のみを指して用いられているわけではなく、もっと小規模な領主を国衆と呼んでいる事例もある。このため史料用語の国衆を、研究用語としてそのまま使うと混乱が生じかねない。また、戦国期に固有の大名権力を戦国大名という用語で呼ぶなら、それに対応して戦国期に特徴的に出現する領主を戦国領主と呼ぶのがより適切と考え、この語を用いることにしたい。ただし引用文中や、文脈によっては国衆の語を用いることもある。

戦国期を考える鍵としての戦国領主

さて、戦国領主をめぐる問題は、序章で述べた課題と深く関わっている。

まず、戦国領主の支配は在地領主の私的な所領支配が単に拡大したものではなく、戦国領主は地域的公権力だと理解されている。こうした公的権力としての戦国領主に戦国大名との共通性を認め、私的な所領支配から公的な領域支配への転換に、近世への移行の画期を見出す見解もある。[7]もう一つは、戦国大名の戦国領主に対する支配も、戦国領主が家来ではない以上、私的なイエ支配を超えた公的な支配（統治権的支配）だと考えられているということである。

したがって、戦国領主について論じることは、〈暴力的・私的・主従制的／法的・公的・統治権的〉という支配をめぐる二元論的枠組みを見直すことと関わっている。

また、池上裕子氏は、北条分国では在地領主層が衰退しているのに対し、毛利分国や上杉分国では在地領主層が強固に残存しているとしたが、このとき主として念頭に置かれているのは、この戦国領主の存在であろう。独自の「家中」と「領」を持つ自立的な戦国領主が存在しているということは、大名権力が一元的で絶対的な分国支配をできていなかったということである。近世においては、こうした戦国領主も大名「家中」に吸収されて消滅することで、大名権力の支配は一元化される。この転換を必然的とみる立場に立てば、戦国領主は、大名「家中」に吸収され、消滅しなければならない。となると、大名の視点からすれば、戦国領主の存在は、近世に向けて克服すべき障害であり、早晩消滅するであろうものと位置づけられることになる。

しかし、矢田氏が戦国領主を戦国期の基本的領主として位置づけたように、戦国領主が、戦国期に成立し、近世には原則として消滅するとすれば、それは戦国期に固有の存在である（ただし織豊期にはまだ多く存在しているし、江戸時代の初期にも城持ちの家老といった形で残存しているので、近世にただちに消滅するわけではない）。戦国領主が戦国期に固有の存在であるとすれば、それは本来克服されるべき、非本質的存在としてではなく、むしろ戦国期の権力のあり方の特質を解く鍵と考えてみることもできるのではないだろうか。また、その戦国領主を配下に編成し、その上に支配を築いている大名権力も、戦国期に固有の特質を帯びることが予想される。そうすると戦国大名を、室町期の守護とも近世大名とも異なる、戦国期の独自の特質を有する大名と規定することが有効である可能性が高まることになろう。

さて、戦国領主は戦国期に固有の存在だと述べたが、それでは以前の在地領主とは何が異なるのだろうか。戦国領主は独自の「家中」と「領」を持ち、判物などを発給してそれらを支配する領主と規定されているが、まさにこの「家中」と「領」の形成、そして判物発給こそが、戦国領主とそれ以前の在地領主との違いであると考えられる。「家中」と「領」の語にはここまでカギ括弧を付けて用いてきたが、これは一般的な意味での家臣団や所領を指すのではなく、戦国期に特徴的に成立する、つまり戦国期的な「家中」や「領」であるということを意味する。

以下ではこの「家中」や「領」の問題から、戦国領主や戦国大名についての議論を進めていきたい。

在地領主のイエ支配

「家中」とは家の中ということであるから、元来イエ支配に関係するものである。

石井進氏は、地頭級武士団（在地領主）の支配について、①中核にある家・館・屋敷、②周囲にひろがる直営田、③さらにその周辺にひろがる荘・郷・保・村といった地頭の職権を行使して支配する地域単位、という三重の同心円のモデルを示した。その上で、在地領主の支配は①の拡大発展により、③の外円部全体の吸収を目指すものと評価した[8]。

①は文字通り武士の「家」の中であって、家長（家父長）の支配権によって支配されている。これ

は「イエ支配」と表現される（建造物としての家と区別してカタカナで表記されることが多い）。また中世の武士は、直接農業経営をおこなっており、②の直営田というのはこれを指す。ここでは、家父長によるイエ支配に属している家内奴隷などによって耕作がおこなわれている。家内奴隷は、主人の家産の一部であって、自立したイエを持っていない。つまり、①と②は、ともに在地領主のイエ支配の原理で支配がおこなわれている。そして、在地領主は、それを③（何々荘という荘園や、何々郷、何々村といった地域単位全体）にまで押し広げていくと石井氏は主張する。つまり在地領主の発展をイエ支配の拡大と評価したといえる。

　これに対して大山喬平氏は、石井氏のいう③の部分では、百姓のイエの自立性があり、在地領主の家父長制的な私的支配（つまりイエ支配）の外部にあると批判した。[9] その上で、佐藤進一氏が、鎌倉幕府や室町幕府の分析から、主従制的支配権と統治権的支配権という二つの支配権の概念を析出し、前者は人格的・私的支配、後者は領域的・公的支配とした[10]ことを踏まえて、石井氏のいう①と②は「《中核にある》主従制的支配権」、③は「《それをとりまく》公的・領域的支配権（統治権的支配権）」によっているとした。そして、この統治権的支配とは構成的支配の階級的転化形態であるとした（構成的支配については第四章で詳しく論じる）。

中世武士の所領支配の構造（石井進『日本の歴史12　中世武士団』1974年）

　ただし大山氏も、中世後期については（したがって戦国期についても）、石井氏の見解を肯定的に引用し、「イエ支配＝主従制的支配権を基軸として成立した日本の領主制が、中世を通じて公的・領域的支配を一貫して強化していく順当な過程」としている。

この石井氏と大山氏との論争については第四章でもう一度立ち戻るとして、ここで重要なのは、イエ支配と主従制的支配が同一視されていること、また、それによって覆えない部分の支配をどう説明するか――イエ支配の拡大か、統治権的支配か――が問題になっていることである。

このことを念頭において、次に戦国期の「家中」について見てみよう。

新しい「家中」の成立

松浦義則氏は、戦国期の毛利「家中」は、もともとの毛利惣領家（本家）の譜代家臣（室町時代以前から惣領家のイエ支配に服していた家人）に加え、毛利氏の庶家（惣領家から分かれた分家）や近隣の国人領主（国人領主という用語をめぐってはさまざまな議論があるが、ここではさしあたって室町期の有力な在地領主というぐらいに考えておいていただきたい）が、毛利惣領家の家父長的家産制支配に包摂されることにより成立したとする。[11]
たとえば、享禄五年（一五三二）、福原広俊ら三二名が毛利氏に提出した連署起請文[12]において、この三二名は自分たちのことを毛利氏の「家来」と位置づけており、これが毛利「家中」の構成を具体的に示すものとされている。この三二名の家来の出自は、福原氏のような毛利庶家、粟屋氏や赤川氏のような毛利惣領家の譜代家臣、そして井上氏のような周辺の国人領主から成っている。とくに井上氏は三二名中に九名もいるのが目立つ。
福原氏はもともと南北朝内乱期に毛利惣領家から分かれた一族である。惣領家が安芸国高田郡吉田（現広島県安芸高田市）を本拠地としたため吉田殿と呼ばれているのに対し、福原村（同）を拠点としたので福原殿と呼ばれていた。室町期には、こうした庶家は惣領家の統制下にあるとはいえ、惣領家に比肩するほどの実力を持つ自立的な存在であった。

また井上氏は、室町期においては毛利氏と同様、惣領家があり、その統制下にいくつもの分家が存在する、毛利氏と同様の国人領主であった。しかし、明応八年（一四九九）、惣領家の井上元兼は、毛利氏に対して今後「近習弁《なみ》」の奉公をすることを誓っている[13]。近習とは、主人に取り立てられ、側近くに仕える武士であるから、非自立的な存在である。もちろん、これは修辞的な言い回しだろうが、それにしても、元来は毛利氏と同じ自立的な領主であったものが、戦国期には毛利氏の「家中」に包摂されているのである。つまり、戦国期には、国人領主のうち有力な者が、他の国人領主を家来に編成して、戦国領主へと成長していったのである。

松浦氏は同時に、戦国期にはもともとの毛利惣領家の譜代家臣と毛利氏の関係にも変化が生じているという[14]。一六世紀になると、毛利氏は譜代家臣に対して給所宛行状《あてがい》を発給しはじめる。それ以前から毛利氏が家来に所領を与えることはあったと考えられるが、それを書面で確認することはなかった。元来、主人のイエ支配に服する家人は、主人の家産によって養われる存在であり、自立していない。やがて、主人が家人に対して、家産から直接給養する代わりに領地を与え、家人はそこからの収入で生計を立てるように変化していくが、わざわざこれを書面で確認しないのは、まだ元来の性質が残っているということであろう。しかし、戦国期になるとこれを書面で確認するようになる。つまり譜代家臣の給所に対する権利がそれだけ確立してきたということである。これを松浦氏は、譜代家臣の給所が、毛利氏の家産から相対的に自立したものと評価し、この変化を家産制から封建制へと表現している[15]。つまりイエ支配自体が変質しているのである。

当然ながら、もともと毛利氏のイエ支配には属していなかった庶家や近隣の国人領主の所領は毛利氏の家産からは自立している。その意味では、譜代家臣の給所が毛利氏の家産から相対的に自立することで、こうした新たに家来となった存在との差が平準化したともいえる。

以上の二つの変化によって、それ以前とは質的に異なる、戦国期的な新しい「家中」が成立したのである。したがって、この「家中」は、「家」という字が用いられているが、本来的なイエ支配そのものではなく、その擬制である。

井上元兼が、毛利氏に「近習幷」の奉公を誓ったと述べたが、この「～並（幷）」という表現は、こうした「家中」の拡大が擬制的なものであることをよく示している。

石見国の戦国領主小笠原氏は、永正五年（一五〇八）、高橋又三郎に与えた石見国吉永の給地に対して、「五分一役銭」という銭貨役を賦課している。そしてこれは「此方惣親類次《なみ》」とされている。[16] つまり小笠原氏の親類と同じ基準で役を納めるように命じているのである。この給地は、永正三年に与えられたものだが、その際、小笠原長隆は高橋又三郎に対して、「近年御頼み候間、契約申し候」と述べているので、[17] 高橋氏はこの頃になって新たに小笠原氏の配下に入った領主である。その高橋氏に対して、親類並みに位置づけることで、小笠原「家中」が擬制的に拡大しているのである。さらに天文一九年（一五五〇）、小笠原長雄《ながかつ》は、横道出羽守と同藤左衛門尉に対して、諸役等を「惣次」に（皆と同じように）務めるよう命じている。[18]「惣親類次」が単に「惣次」に変化しているというのは、親類に限定せず、他の小笠原氏の家来たちと同等にということであるから、この間の小笠原「家中」のさらなる拡大を示しているだろう。

このように、もともとの譜代の家人から、かつては同格であったような周辺の国人領主まで、出自も、配下に入った経緯も多様な存在を一律に「家中」という擬制で包み込んだものが、戦国期的な「家中」であるといえよう。しかも、それが所領の授受によって成立する関係であるとすれば、先のイエ支配＝主従制的支配ということも裏付けているように見える。しかし、これについては第四章でもう一度検討しよう。

知行地支配を超える領域支配

次に戦国領主の「領」について見ていく。戦国期には、とくに関東で、史料上に「新田領」や「館林領」といった、「〜領」という表現が散見されるようになる。「〜領」という表現自体は、戦国期以前から単に「誰々の所領」という意味で使われているが、戦国領主の研究が進むなかで、この戦国期に特徴的に出現してくる「領」には、単なる領地一般とは異なる、特定の意味づけがなされていった。これまでの研究で言われているところを概括すれば、「領」は、一円的・排他的で公権的な領域支配がおこなわれる、一〜二郡規模の領域である[19]（なお、一〜二郡規模というのは、あくまで規模のおおよその目安である。そもそも、同じ郡といっても地域によって大小があるし、実際の「領」の範囲が必ずしも郡の領域と重なるわけではない）。黒田基樹氏はこれを知行地支配とは異質な領域支配と規定している[20]。

知行というのは、必ずしも土地（土地に関連する権益）であるとは限らないが、土地について用いられることが最も多いので、ここでは土地についての説明に限定する。中世の領主は領地を支配し、そこから年貢などの収入を得ている。そうした支配権および、それにともなう権益は多くの場合「職《しき》」として表現された。中世前期ではたいてい、一つの土地に複数の権益（職）が重層的に設定されている（領家職、預所職、地頭職……というように）。さらに室町期には段銭《たんせん》の取得権など、新たな権益も生じている。段（反）は田の面積の単位である。段銭（反銭）とは、公田（年貢などの課税対象となる田）に対して反あたりで賦課される銭貨役（税）であり、室町期にはもともと幕府が賦課して、各国の守護がその徴収にあたったが、やがて守護も独自に賦課するようになる（守護段銭）。さらに守護は、この段銭の取得権を恩賞などとして配下の領主に与える場合がある。次に見る備後国の領主山内氏が持つ「信《しの》敷東西段銭」という権益も、備後守護山名氏が備後国に賦課する段銭のうち、信敷荘（東と西に分かれている）の分の取得権を山内氏に与えたものである。

室町期の国人領主層は、こうした個別的な権益をいくつも手に入れることで所領を形成している。たとえば備後国の有力国人領主である山内豊通は、文明一五年（一四八三）の譲状で、子の山内直通に譲与する「本領給分地」（山内氏のもともとの所領と、守護山名氏から新たに給与された所領）を書き上げているが、それは「地毘《じび》庄本郷」のように地名だけの記載もあれば、「下原地頭領家」のような「職」（地頭職・領家職）、「信敷東西段銭」のような段銭の取得権などもあり、多様な権益を書き上げている。[21] 田端泰子氏は、こうした文明一五年段階の山内氏の所領は、諸権利の寄せ集めとして表現されているとする。[22] 黒田氏のいう単なる知行地支配というのは、こうした個別の土地（権益）支配にあたるだろう。

これに対して、戦国領主の「領」とは、そうした個別的な知行支配を超えた領域支配の枠組みであると考えられている。個別の知行支配が、その領主の私的な支配であるとするならば、それらを超えた支配はいわば公的な支配である。知行地支配とは異質な領域支配というのは、このような意味である。「家中」が戦国期的な、拡張されたイエ支配であったように、「領」も室町時代までの領主の知行地支配一般とは異なる、新しい領域支配と評価されたのである。

上野国の「新田領」について分析した峰岸純夫氏は、これが「新田衆」と呼ばれる集団の筆頭にいる横瀬氏（のち由良と改称）の支配領域であること、由良氏は、新田郡平塚《ひらづか》郷・八木沼郷（以上、現群馬県伊勢崎市）・大根郷や山田郡矢場郷（以上、現群馬県太田市）などにおいて、長楽寺などの知行地に対して、裁判権を行使し、城普請・池普請にともなう役賦課（課税）をおこなっていることを明らかにした[23]。裁判や役賦課をおこなっているということは、由良氏の支配は、長楽寺などの個別知行主の上位にある。このことから峰岸氏は、「領」は領主権の及ぶ地域的・排他的・一円的な領域を意味し、「職」の一定の克服の上に形成されたものと評価した。峰岸氏は、こうした「領」を支配する由良氏のような領主を「地域的領主」と規定したが、これがのちの戦国領主論（国衆論）につながっていく。

もう一つ、戦国領主の「領」研究の前提となったのが、藤木久志氏による武蔵国の鉢形領の研究である[24]。鉢形領というのは、戦国大名北条氏が任命した支城主である北条（藤田）氏邦の統治する支城領である。氏邦は、北条氏康の四男（氏政の弟）で、武蔵国の戦国領主藤田氏を継承し、のち鉢形城主になった。以下の藤木氏の議論は、直接的にはこの支城領についてのものであり、戦国領主を扱ったものではないが、のちの戦国領主の「領」研究は、ここから着想を得ている。なお、支城主と戦国領主の共通性については第二章で述べる。

さて、藤木氏が検討したのは、鉢形領内の秩父谷地域における市の問題である。中世の市は、常設ではなく、特定の決まった日に開かれる。現在でいえば植木市や陶器市、あるいはフリーマーケット（蚤の市）のようなものを思い浮かべてもらえばいいだろう。市の開かれる日（市日）は、たとえば毎月一の日と六の日というように決められている。この場合だと、一日、六日、一一日、一六日、二一日、二六日と月六回、市が開催される。これを六斎市という。

そして戦国期の秩父谷地域における各市場の市日は、秩父大宮郷が一の日と六の日、贄川《にえがわ》が二の日と七の日、吉田が三の日と八の日、大野原（以上、現埼玉県秩父市）が四の日と九の日、上小鹿野《かみおがの》（現埼玉県小鹿野町）が五の日と十の日となっている。一見してわかるように、この五つの市は市日の重なりがなく、この地域では毎日いずれかの市が開催されるようになっている。このことから藤木氏は、これら五つの市が一つのユニット（六斎市場圏＝秩父谷経済圏）を形成しているとみる。そしてさらにこのようなユニットが三つ集まって鉢形領経済圏が形作られているとした。藤木氏は、このようなユニットの編制は、鉢形城主によるものと考える。そして鉢形城主の経済統制政策などがこうした領域経済圏を形作っているとし、戦国大名の分国は大名城下町（この場合であれば、北条氏の本拠地である相模国小田原）を中心とした一元的な構造ではなく、このような領単位の構造であったと位置づけた。

以上の峰岸氏や藤木氏の研究を踏まえて、矢田俊文氏は、甲斐国の戦国領主である小山田氏の郡内支配について、交通路支配や裁判、郡規模に効果を及ぼす経済対策などをおこなっていることを明らかにした。矢田氏は戦国領主は「領」に対して裁判権や立法権、銭貨役収取権などを有し、またそれを寺社などに対しても行使しているとし、「領」を「法圏」と評価している。[25]

つまり「領」は、室町期までの単なる個別所領支配の集合体ではなく、個別の知行主の上に立って、裁判や諸役賦課、経済政策をおこなう対象となる、戦国期に新たに成立する支配領域であるということになる。

黒田基樹氏も戦国領主の「領」支配は、寺社なども対象として知行安堵権（上位者が下位者の持つ権利や地位を引き続き認めることを安堵という）を有しており、一円的土地所有権であるという点で、単なる知行地支配とは峻別される領域支配であるとする。ここでも、寺社なども対象としているということが強調されるのは、寺社は戦国領主の家来ではない、つまり主従制的支配下にはない存在だからである。佐藤進一氏が主従制的支配は人格的・私的支配、統治権的支配は領域的・公的支配であるとしていたことを思い出していただきたい。つまり、「領」は私的な主従制的支配を超えた、公的な領域支配として位置づけられているのである。ここに序章で述べた支配の二元論が顔を出している。

「家中」と「領」の公共性

以上、これまでの研究で戦国領主の「家中」と「領」がどのようなものと考えられてきたかをみてきたが、ここでは二つの点に注目したい。

まず一つは、戦国領主による「家中」支配や「領」支配が公的な支配と位置づけられていることである。もう一つは、第一の点ともかかわるのだが、こうした「家中」や「領」が近世には解消されることをめぐる論点である。

第一の問題からみてみよう。「領」が公的支配だと考えられている点についてはすでに述べたが、「家中」についても、たとえば勝俣鎮夫氏は、毛利氏を例に、国人一揆の「共同の場」という性格を、毛利氏の「公の場」（公儀）に転換させることで「家中成敗権」が確立したとしている。[26]

一揆というと、江戸時代の百姓一揆がイメージされるかもしれないが、もともとは、特定の目的のためにお互いに対等の関係で盟約を結ぶこと、またその盟約を結んでいる集団をいい、したがって国人一揆は国人領主層が結成した一揆を指す。一揆を結成するにあたっては、通常、相互の誓約事項を取り決めて一揆契状が作成される。一揆契状は起請文の形式をとり、国人一揆を構成する個々の領主は、現実の力関係には強弱があるとしても、一揆においては、あくまで対等の関係で盟約を結ぶという点が重要である。

勝俣氏は、この国人一揆について、「領主間対立による危機の克服のため、(1)個々の成員の自立性・平等性を媒介としてつくりだされた無縁の『共同の場』、(2)そこに機能する強い規制力をもつ法規範としての誓約条項、(3)その保証機関としての一揆の絶対性」という特徴を指摘する。これについて少し説明しておこう。

たとえば、国人一揆の取り決めとしてしばしば見られるのが用水問題や人返《ひとがえし》問題である。用水は複数の領主の所領にまたがって存在しているため、修理を含めて維持・管理がしばしば問題になる。また、人返問題とは、主人のもとから逃亡して、別の領主の所領に逃げ込んだ下人《げにん》（隷従の度合いの強い従者、主人の家産であるところの家内奴隷）などの返還の問題である。いずれも、複数の在地領主を巻きこんで利害関係が生じるテーマである。こうした問題について、領主が個別の利害を優先して対立を深めれば、武力衝突に発展することも多く、全体の利益が損なわれ、共倒れになってしまいかねない。そこで、こうした問題についての解決のルールを、一揆として共同で取り決めておくのである。「領主間対立による危機の克服のため」というのはこのような意味である。

したがって、一揆が「共同の場」であるというのは、こうした個別の利害を超えた（個別の利害よりも上位にある）、構成員の共同の利益のための場であるということである。したがって、用水問題や人返問題について取り決めた一揆契状の誓約事項は、構成員個々の行動を規制する法規範として働く。また、一揆は構成員全員による「衆議」によって意思決定をおこなうが、その決定は個々の構成員の個別的な意思を超越した絶対的なものとされる。

勝俣氏は、このような国人一揆から戦国大名が成立すると考えている。その際、典型例として挙げられているのが毛利氏である。

先にもとりあげた享禄五年（一五三二）の毛利家来三二名連署起請文[27]は、起請文であるから、この三二名はここに書かれた内容を誓約しているのであるが、その内容はまさに用水の修理や人返に関する事柄である。この連署起請文という形式やその誓約内容は、先に述べた一揆契状と共通するものであるが、この起請文が一揆契状と大きく異なるのは、この三二名が、誓約事項の違反に対する処罰を毛利氏に要請し、またこの起請文を毛利氏に提出していることである（宛所の粟屋孫次郎は毛利元就の側近である。元就を直接の宛所にせず、配下の者を宛所にして主人への披露を依頼する形をとることで、敬意を表すことになる）。この起請文の中には「御家来」、「御家中」という言葉が見え、この三二名は毛利氏の家来として、毛利氏に対し誓約をおこなっているのである。対等の関係で互いに誓約をおこなう一揆との違いは明らかだろう。

勝俣氏はこの変化について、国人一揆の持っていた前記(1)〜(3)の性格を、(1)共同の場＝毛利氏権力の「公」の場（公儀）、(2)誓約条項＝毛利氏権力の法、(3)一揆の絶対性＝大名毛利氏の絶対性へと転換させたものとする。勝俣氏は、こうして毛利氏の家中成敗権が成立したとする。

つまりもともと国人一揆は、私的な利害を超えた公的な利害調整をおこなう場であり、それを「家中」へと転換させた毛利氏は、「家中」構成員の共同の利害を調整する公的な権力であるということになる。

矢田氏は戦国領主の成立について、戦国期には一村規模の領主支配が立ちゆかなくなり、一郡規模の戦国領主による支配が成立するとした[28]。矢田氏が、これを説明するために挙げているのは、毛利氏の家来志道広良の、毛利隆元に対する言上状[29]である。

毛利氏の本拠地吉田のある安芸国高田郡では、郡内を通って石見銀山へ行き来する商人から、毛利氏、井上氏、北氏という三つの領主がそれぞれ自身の所領で駒足銭《こまのあし》という通行税を徴収していた。しかし、高田郡内で通行税が徴収されるところが三ヵ所もあるとなると、商人たちはこのルートを忌避して他へ行ってしまう。つまり、これらの領主が旧来からそれぞれに持つ一村規模の流通支配権を行使すると、いわば「共倒れ」になってしまうということである。志道広良はこれを懸念して、「上」＝毛利氏だけが駒足銭を徴収するようにすべきであると進言している。

天文一九年（一五五〇）の毛利家来二三八名連署起請文[30]では、「井手溝道ハ　上様之也」として、毛利氏の家来たちが、用水（井手溝）や道路などの支配を、「上様」＝毛利氏に委ねている。「家中」支配者であるところの「上」＝毛利氏が、用水や道路といった、個別領主（家来）の支配を超えた公共的な利害にかかわるものを支配することになっている。この起請文に連署している毛利「家中」の分布範囲はほぼ高田郡一郡規模である。

こうしたことから矢田氏は、一村規模の領主経営は、分業流通が郡規模に拡大したことで危機を迎え、毛利氏に流通権や水利権などを委譲することで危機を脱したとする。つまり、戦国期には、流通など秩序の広域化によって、より広域的な利害調整が必要となり、それに対応して「家中」や「領」——すなわち戦国領主——が成立すると考えるのである。池享氏もこうした戦国領主のような地域権力の成立を、戦国期における矛盾の深化にともなう広域的結合の必要性から説明している[31]。

さらに黒田基樹氏は、こうした戦国領主の公的な機能は、領主層だけにとどまるものではなく、百姓（あるいは村）にとっても公的な権力であったと考えている。たとえば黒田氏は「村々は、本来、成り立ちを自力で果たすために生み出された組織であり、そのために村人の私権を規制する、公権力として存在していた」とした上で、「その村々の成り立ちを、大名が一定の部分において担い、そのために村々の実力行使が抑止されたということは、大名は、村々の公権力をその部分において代替していたことになる。それこそが、大名の存在を正当化し、またそれを公権力として存在させた本質的な要因であった」とする[32]（ここで述べられているのは戦国大名についてであるが、黒田氏は戦国領主と戦国大名を基本的に同質の権力と見ている[33]）。

戦国領主の誕生と消滅

続いて第二の点をみていきたい。

近世には戦国領主は原則として消滅する。つまり戦国領主の「家中」や「領」も、原則として解消されることになる。

序章で見たように、弘治三年の傘連判契状では毛利氏と同格に連署していた阿曾沼氏や宍戸氏なども、江戸時代のはじめの慶長一〇年（一六〇五）に作成された毛利氏の家来ら八二〇名が連署した起請文に名を連ねており、これは戦国領主が毛利「家中」に吸収されたことを示す。こうして、大名分国内に、大名「家中」以外にも戦国領主の「家中」が並立している状況は解消され、大名「家中」への一元化がなされる。

「領」についても、たとえば、藤木氏は、戦国期における「領」単位の構造は豊臣期には解消されていくと考える。豊臣期になって毛利氏は本拠地を広島に移し、広島城下町を建設するとともに、分国内の多くの市に市目代《もくだい》という市を管理する役人を置いたが、これを藤木氏は「地域土豪の拠点たる市を大名権力の規制下に編制し、それらに新たに城下町広島の分枝の役割を果たさせ」たとして、ここに領単位の構造を克服し、大名城下町を中心に一元化された近世の大名領国の成立をみるのである。[34]つまり、戦国領主の独自の「家中」支配、「領」支配は、大名の支配の下に一元化されることで解消する。

すでに見たように戦国領主の「家中」や「領」は、戦国期における矛盾の深化に対応し、より広域的な利害調整の必要から成立するとされていた。では、その「家中」や「領」の大名権力への一元化はなぜ、どのようにして進行すると考えられているのだろうか。

序章でも述べたように、戦国領主論が本格化する以前から、なぜ近世の一元的な大名家臣団や一元的な大名領国が成立したのか、あるいはまた、なぜ統一政権が成立するのかについての説明として、戦国期における領主間矛盾の激化とその止揚という論理が多く用いられていた。この説明の論理は、先ほどの戦国領主成立の説明の論理と同じである。したがって、戦国領主の存在を、大名による一元的な支配成立の説明に組み込んだ場合、次のように説明されることになる。

すなわち、流通や用水の問題のような領主間の矛盾が激化すると、それらの上に立って公共的な利害調整をする権力が必要となり、それを可能とする、領主層をより広域的に統合した権力が成立する。たとえば一村規模の領主の上に立つ、一郡規模の領主（戦国領主）が誕生する。しかし、たとえば一郡規模の戦国領主同士の利害対立が起きたらどうするか。さらに広域的な利害の問題を解決するためには、さらに広域的に領主層を統合する権力が必要になる。こうしてたとえば一郡規模の領主の上に立つ一国規模の領主（戦国大名）が出現する。しかし、さらに広域的な問題を解決するには……、というようにして最終的には全国を支配する統一政権へと行き着く。

たとえば久留島典子氏は、より広域的な利害調整の必要性から、「家中」（戦国領主）の成立→戦国大名の成立→統一政権の成立という、天下統一に向けた運動方向があると論じる。[35] こうして戦国領主の成立は、戦国大名、さらには統一政権の成立という過程に接続される。

序章で見たように、一般的に、戦国期には中世社会の矛盾の高まりが限界に達し、近世社会へと変革が生じると考えられてきた。そして、領主間矛盾の止揚に向けた在地領主制の体制的否定は、近世権力成立の指標とされてきた。こうした見方に立つと、戦国領主の存在は、戦国期に激化した矛盾を解決するための領主層の統合を阻む障害であるということになり、大名権力はそれを克服できたか、できなかったかが論じられることになる。

近世には在地領主が消滅し、一元的な大名家臣団が成立する。従来の多くの研究では、そうした統合は、より広域的な利害調整をおこなう必要から進行するとされ、こうして近世大名は絶対的、公的な権力へと転換するとされてきた。この転換を必然のものとしてとらえ、戦国期をその過渡期と位置づけるならば、戦国領主は消えゆく運命にあることになる。しかし果たして戦国領主は、全領主層統合への一階梯、すなわち、より広域的な利害調整のために成立し、そしてさらにより広域的な利害調整のために消滅していく宿命にある存在なのだろうか。

もちろん戦国大名や統一政権の成立によって、より広域的な利害調整が果たされるようになったことは間違いないが、戦国期はそうした近世のゴールに向かって単線的に、また不可逆的に進んでいく、一貫した過程なのだろうか。

次章で見ていくように、実は戦国領主の「家中」や「領」は、戦国期を通じて徐々に解体されていくわけではない。むしろ、戦国期を通じて強化、安定化しているとさえいえる。だとすれば、戦国領主の存在を早晩解消されるべき非本質的なものとしてではなく、先にも述べたように、むしろこれを戦国期の特質ととらえることはできないだろうか。

したがって次章では、戦国領主の「家中」と「領」について具体的に検討するが、それを論じる前に、戦国期は、在地領主（戦国領主）が否定され、大名権力への一元化が進むことによって、私的・人格的な権力が、公的・非人格的・絶対的な権力へと転換していく一貫した過程であるという見方についてて考えておきたい。

二　戦国大名についての二元論

花押と印

序章で、支配における〈暴力／法〉という二元論が、〈私的／公的〉、〈人格的／非人格的〉、〈主従制的／統治権的〉、とさまざまな形に変奏されて論じられていると述べた。そして、戦国期の研究においては、この二元論は中世から近世への転換と対応させられる傾向があった（中世＝恣意的暴力的支配／近世＝法的機構的支配というように）。そして、この転換は在地領主の体制的否定によって実現するとされていた。ここでは、こうした見方の妥当性について検証してみよう。

山室恭子氏は戦国大名の発給文書を統計的に分析し、その結果、印判状を多用する印判状型大名と、印判状をあまり使わない非印判状型大名という二つの類型を抽出した[36]。印判状とは、朱印や黒印など印章を捺した文書である。現在、日本では書類などを作成する際に、その内容を確かに本人が認めていることを証明するために印鑑を用いる。欧米ではサインが用いられる。日本中世においては、本人が認めていることを証明するものとして花押が用いられることが一般的であった。花押とはもともとは署名を文様化したものであり、いわばサインに近いものである。

中世の武家領主は、さまざまな文書を出すときに花押を用いるのが普通で、戦国期以前は印が用いられることはほとんどなかった。花押はまた判ともいい、花押を据えた直状形式の下達文書のことを判物という（判物や直状についてはあとで説明する）。

ところが戦国期になると、武家領主も印判状を使用しはじめる。ただし、それは偏りがあって、北条氏や武田氏など、主に東国の大名（そして織田氏や豊臣氏）は印判状を多用するが、毛利氏など主に西国の大名はあまり使用しないという傾向があらわれる（このことから山室氏は西国型の戦国大名、東国型の戦国大名という類型を設定している）。問題は、こうした印判状を多用するか、あまり使わないかという現象面での差異が、何を背景にして生じるのかということである。

山室氏は、非印判状型の大名は、人格的でゆるやかな支配、印判状型大名は非人格的で超然とした支配をおこなっていると考える。人格的支配というのは、ある個人の人格と、別の個人の人格との間に生じる支配である、といっても少しわかりにくいかもしれない。これは非人格的支配と対比した方がわかりやすいだろう。非人格的支配は、たとえばある役職についている人が、その役職にともなう権限（職権）によって人を支配するような関係である。会社の上司と部下の関係は、本来的には役職に基づく上下関係である。どちらかが他の部署に転属になったり、あるいは会社を辞めてしまえば、その上下関係は解消される（はずである）。逆に個人が入れ替わっても（別の人が前任者に代わって上司として配属されてきても）、上司と部下という上下関係は維持される。したがって、これは非人格的な関係である。一方、たとえば、部下がその上司に個人的に非常に世話になったとか、その人柄に私淑しているとかいう場合、これは、その上司が会社を辞めてもその上下関係は続くかもしれない（あの人には今でも頭が上がらない、というように）。このような関係は、後任として配属された別の人物との間には、当然、継承されない。その意味で、これは人格的関係である。

では、なぜ非印判状型大名は人格的支配で、印判状型大名は非人格的支配をおこなったということになるのか。これはまず花押と印の性質の違いがある。極端に言えば、花押は本人しか書けないが、印は誰でも捺すことができる。もちろん現実には大名の印を、誰でも自由に使えるなどということはないが、たとえば武田氏の場合、武田信玄の花押は信玄個人のものであるし、その後継者である武田勝頼の花押は、やはり勝頼個人のものである。これに対して武田氏が使用する「龍朱印」は、信玄が使用していたものであるが、信玄の死後は勝頼も用いている。いわば、信玄・勝頼という個人のものではなく、武田家という組織の代表者の印なのである。したがって花押は人格的、印は非人格的という傾向を持つ。

では、ゆるやかな支配と超然とした支配というのは、なぜ導かれるのだろうか。これは、花押を使用するのは相手に対して相対的に厚礼であり、印を使用するのは相対的に薄礼であるということと関係している。印判状は、同様の内容の文書を一斉に大量発給する際に用いられることがあるが、現在でも、一枚一枚手書きされた手紙と、大量に印刷された手紙、どちらが丁重な手紙と感じられるかを考えてみれば、何となく感覚はわかるのではないだろうか。

鈴木敦子氏は、肥前国の龍造寺隆信が、書状の追而《おって》書《がき》（追伸部分）で、老体ゆえに花押を書くことが難しく、代わりに印を使用したとことわっている事例があることから、花押に比べて印の使用が相手に対して粗略であるという意識があったことを指摘している。[37] つまり、印判状を多用するということは、相手に対して相対的に尊大な権力であり、印判状の使用が少ないということは相手に対して相対的に丁重な権力であることになる。したがって印判状型大名は超然とした支配、非印判状型大名はゆるやかな支配となるのである。

では、なぜ印判状型大名（東国型の大名や織田氏・豊臣氏）は、尊大な文書を出すことが可能になったのだろうか。山室氏はその理由を、こうした印判状型の大名では、家臣である在地領主層が小規模で弱体であるからだと説明している。

また、時代が下り、近世に入っていくにつれ、非印判状型の大名でも印判状が増大し、最終的に

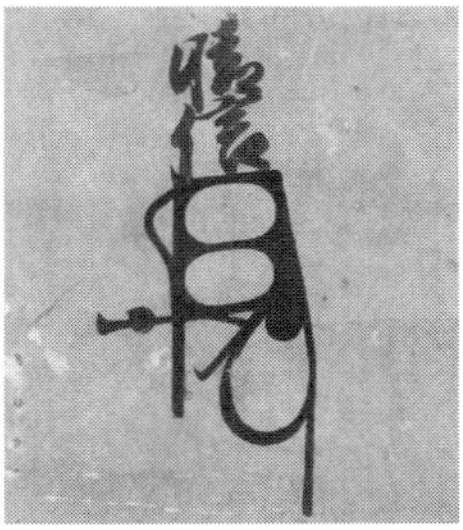

武田晴信（信玄）の花押（武田晴信書状、部分、山梨県立美術館蔵）

武田家龍朱印（武田家朱印状、部分、山梨県立博物館蔵）

は、印判状型に収斂すると見通される。これはもちろん、近世には在地領主が原則として消滅することと対応しているだろう。

こうした山室氏の議論にはいくつか問題点がある。たとえば、同じ印といっても、詳しく分析すれば、実は公印と私印の別があり[38]、当然私印の方は個人的なものであるから、印判状だというだけで非人格的とはいえない。また、先の龍造寺氏や、その配下から近世大名化を遂げた鍋島直茂の場合、印判状は、親しい相手への私信に類するような書状がほとんどであるという[39]。すなわち、そうでない相手には非礼となるので用いないということであろう。とすると、むしろ個人的・私的な間柄で印判状が使用されることになり、印判状だというだけで非人格的とはいえない。

より根本的な部分では、山室氏が印判状型大名の方が、家臣が小規模で弱体であるとしている点も、その分析方法に問題がある。山室氏は、北条氏配下の領主の所領を記載した「北条氏給人所領役帳[40]」と、毛利氏配下の領主の所領を記載した「八箇国御時代分限帳[41]」の比較から、印判状型の北条氏の家臣の方が、小規模で弱体であるという結論を導き出している。しかし、後者は豊臣期の天正一六年（一五八八）以降の状況を示すものであり、大規模な所領を持つ自立的な戦国領主も、すでに大名権力に掌握され記載されている。これに対し、前者は永禄二年（一五五九）段階のものであり、戦国領主の所領の大半を北条氏がいまだ掌握できておらず、そうした大規模な領主はそもそも記載されていない。よって、両者を比較して印判状型大名の家臣の方が小規模で弱体とすることはできない。したがって、事はそう単純ではないのであるが、山室氏がこうした二元論的枠組みを用いたのには、研究史的な背景があると考えられる。

公的・法的・非人格的権力

石母田《いしもだ》正《しょう》氏は、越後国の上杉氏の発給文書が、大名みずから花押を加える判物形式から、重臣層連署の奉書形式に変化することや、北条氏の発給文書が判物から印判状に転化することに注目して、そこに権力の性質の変化を看取している[42]。

奉書とは、上位の者の意を受けて、下位の者が出す形式の文書のことである。連署奉書であれば、下位の者複数が連名で出す形式になる。この奉書の差出人のことを奉者《ほうじゃ》と呼ぶ。下位の者に出させる形式をとる奉書に対して、自身が直接出す形式のものを直状という。判物は花押を据えた直状形式の下達文書（上位の者が下位の者に命令や権利付与などを伝える文書）である。なお、石母田氏はここで区別していないが、印判状にも直状式印判状と奉書式印判状があり、どちらも印が捺されているのは同じであるが、前者はその印章使用者が直接差出人になる形式、後者は下位の者が差出人になる形式である。

さて、石母田氏は、判物から奉書ないしは印判状への変化を、「主君個人の人格的権力が、共同の規範としての法の制定に対応して、公的権力へと転化してゆく過程をしめすものである」と意味づける。そして、花押から印への変化は、個人的なものから公的権威への変化であり、さらに、「慣行または法度によって規定された評定衆等の機関と奉行－郡代・代官の官僚制的秩序の発展は、主君の権力をそれだけ非人格化し、かれを家産制国家の『公儀』の権力に転化させ、かれの意志と命令を『国法』＝『国家意志』に高める」とする。

ここでもやはり〈花押＝個人的・人格的／印＝公的・非人格的〉という対応になっており、前者から後者への変化ととらえられている。また、重臣層連署の奉書ということも、この変化と関わっている。奉書は下位の者が、上位の者の意を受けて出す形式の文書だが、形式上、そうであるからといって、奉書の奉者たちは、必ずしも単に上位の者の意向を機械的に伝達しているだけというわけではない。むしろ石母田氏が注目した重臣層連署の奉書の場合、重臣たちの意向が重要になってくる。彼らが奉者である限り、大名といえど、彼らの意向を無視して文書を出すことはできない。しかも、重臣が単独ではなく連署しているということは、一人の重臣の意向ではなく、重臣たちの合議によって意思決定がおこなわれるということになる。石母田氏が「共同の規範」といっているのはこのことである。つまり、連署奉書という形式が用いられるということは、大名個人の恣意ではなく、共同の規範に基づいた公的な意志（国家意志＝国法）として文書が発給されることを示している。そして、石母田氏はこうした体制を官僚制的秩序と考えている。

戦国大名の官僚制

マックス・ウェーバーは、近代の官僚制の特徴として、法規や規則によって、職務上の義務や権限が明確に分配されていること、官庁が上位・下位の体系に秩序づけられていること、文書主義であること、兼職的でないこと、非人格的な職務誠実義務、などを挙げている[43]。官僚は、たとえば個人的な好き嫌いで、認可を出したり出さなかったりしてはならない（ことになっている）。個人的に相手のことをどう思っていようが、法や規則に照らして対応しなくてはならない。もし、相手に個人的に接待を受けたからといって便宜を図れば、それは汚職になる。すなわち客観的な法規範に基づいていることや、非人格性は官僚制の重要な特徴である。

また、石母田氏は別の著作で、官僚制の特徴を「最高の指揮命令権に服従する単一的支配《モノクラシー》」としている[44]。官僚が上からの命令に従わず、自分で勝手に判断をおこなったり、別々の系統の複数の者から命令を受けるような状況であれば、官僚機構は機能しない。つまり、在地領主がそれぞれ自立的な支配をおこなっている状況では、単一的支配は貫徹しない。だとすれば、在地領主の自立性を否定し、大名が専制化することが、官僚制の確立にとっては必要である。これは山室氏の、花押と印が、それぞれゆるやかな支配と超然とした支配に対応しているという議論と親和的である。

官僚制の確立と大名の専制化の関係については、秋山伸隆氏の議論がある[45]。秋山氏は、石母田氏の議論を前提に、毛利輝元は天正一六年（一五八八）以降、「家中」内部に所属集団を持たない個人を登用することで、大名当主への忠誠を第一義とする、新たな官僚群を創出したとする。

毛利氏では天文一九年（一五五〇）を初見として、五人奉行（五奉行）制が成立した。成立当初のメンバーは桂元澄・児玉就忠・赤川元保・粟屋元親・国司《くにし》元相《もとすけ》の五人である。この当時、毛利氏では元就が隠居して、家督を長男の隆元に譲っていたが、引き続き元就も実権を握っており、いわゆる二頭政治がおこなわれていた。このため五人奉行も桂と児玉は元就系、赤川・粟屋・国司は隆元系の家来であった。松浦義則氏は、この元就系と隆元系の奉行人が互いに牽制あるいは談合することによって、五人奉行全体としては元就・隆元の個人的意志から自立した（つまり非人格的な）官僚制的組織であったと評価した[46]。

しかし、この五人奉行は、その構成員を輩出する家が固定的であり、毛利氏当主が自由に人選できない。また、当初の五人奉行が元就系と隆元系に分かれていたように、毛利「家中」内部のさまざまな集団・派閥のしがらみや利害にとらわれている。したがって、単一的支配という特徴からは程遠い。

これに対し、天正一六年以降は、当主の輝元が、家柄に関係なく個人的に取り立てた奉行人が活躍するようになる。具体的には佐世元嘉や二宮就辰《なりとき》らのことであるが、彼らは、集団や派閥を背景に持つ有力者ではなく、その能力を見込まれて取り立てられた輝元の側近であり――毛利氏の使僧として活躍した安国寺恵瓊《えけい》は、彼らを「なりあかり」（成り上がり）と見ている[47]――、輝元だけがその後ろ盾であるから、輝元の意向に忠実であった（つまり、毛利氏当主を頂点とする単一的支配に近づいたといえる）。秋山氏は、彼らの登用を豊臣期における領国体制の刷新を支えた新しい官僚群の創出と評価するのである。このような輝元側近の登用が可能になったのは、それだけ毛利氏当主が専制化したということのあらわれだろう。

松浦氏は五人奉行を官僚制的としていたから、秋山氏のいう天正期の側近層と、いずれを官僚制的と見るべきかという問題が残っているが、この点についてはひとまず留保して、あとでふれよう。

上杉氏の文書発給体制

以上を踏まえれば、ここには〈花押・人格的・恣意的・私的・個人的・ゆるやかな支配／印・非人格的・法的・公的・官僚制的・専制的支配〉という対がある。以下、煩雑なので、この対の前者をA、後者をBとしよう。

A……花押・人格的・恣意的・私的・個人的・ゆるやかな支配
B……印・非人格的・法的・公的・官僚制的・専制的支配

すでに述べたように、Bは近世権力の諸特性に合致すると考えられている。このため、中世から近世への変化を、AからBへの変化に対応させて考える傾向が生じる。序章で見た、中世の恣意的暴力的支配から、近世の法的機構的支配へというような見方である。

しかし、果たして戦国期は本当に権力がAからBへと転換していく一貫した過程なのだろうか。近世の権力はBに収斂されるのであろうか。さらにA内の諸要素、B内の諸要素はそれぞれ対応関係にあり、またAの諸要素と、Bの諸要素は対極に置かれるのだろうか。

このような二元論的理解に疑問を生じさせる研究がある。それは片桐昭彦氏による越後上杉氏の発給文書についての研究である[48]。片桐氏も、石母田氏と同様、上杉氏の奉書について論じた。石母田氏は判物から奉書への変化にだけ注目していたが、片桐氏によると、同じ奉書でも、奉者に注目すると時期によって変化があるという。

まず上杉謙信（上杉謙信は時期によって名前が変化するが、煩雑なので本書では上杉謙信に統一する）の段階では、永禄二年（一五五九）を初見として斎藤朝信・長尾藤景・柿崎景家・北条《きたじょう》高広が奉者になった連署奉書が出されるようになる。ところが翌永禄三年には、直状式印判状や奉書式印判状が用いられるようになり、この奉書式印判状の奉者は直江景綱・河田長親・鰺坂《あじさか》長実《ながざね》・吉江資堅《すけかた》になる。つまり花押から印へという変化と同時に、奉書の奉者が変化しているのである。

これが、謙信の後継者となる上杉景勝段階になるとどうなるか。謙信には実子がなく、天正六年（一五七八）に謙信が死去すると、養子の景虎と景勝の間で家督争いが勃発する。いわゆる御館《おたて》の乱である。この争いは景勝の勝利に終わる。景虎が自刃するのが天正七年。翌天正八年には、景虎方についた本庄秀綱や神余《かなまり》親綱の抵抗も鎮圧され、乱は終息する。

景勝は天正六年から奉書式印判状を発給しているが、御館の乱の最中、天正七年までは新発田《しばた》長敦・竹俣《たけのまた》慶綱・斎藤朝信が奉者となっている（天正七年からは斎藤朝信に代わって五十公野《いじみの》重家）。ところが御館の乱終息後の天正八年以降は、上村尚秀・直江兼続（天正八年段階では樋口姓）・泉沢久秀が奉者として見えるようになる。

この謙信・景勝それぞれの段階での奉者の変化の意味を片桐氏は、どう説明しているのだろうか。まず、片桐氏はそれぞれの変化を、老臣が奉者となる体制から、側近が奉者となる体制への変化であるとしている。では、老臣と側近はどう違うのだろうか。

老臣と側近

高木昭作氏は、武士には「家老型」と「太郎冠者《たろうかじゃ》（出頭人《しゅっとうにん》）型」という二つの類型があるとしている。前者は、大名から独立した自前の軍団の長であり、自律的な武士である。これに対して後者は、その存在を主君に依存し、主君との間に情緒的一体感を持つ存在である。[49]

いうまでもなく、老臣とはこの高木氏のいう「家老型」の武士（そのなかでも特に有力な者）を指している（なお、老臣、宿老、家老、老中といった言葉に共通する「老（おとな）」というのは、集団の中でおもだった者を指す語である）。

まず謙信の段階で、永禄二年から奉者として登場する斎藤朝信・長尾藤景・柿崎景家・北条高広はいずれもいわゆる老臣クラスの人物であるとされる。矢田俊文氏は、北条高広と斎藤朝信は、城下町を持ち、自らの支配領域に判物を発給する戦国領主であり、柿崎景家も、本拠地を中心とした広範な地域を支配し、「家中」を形成している戦国領主であるとしている。[50] あとで見るように戦国領主の

「家中」は軍勢の単位となっているが、それはまさに高木氏のいう自前の軍団にあたる。片桐氏は、永禄二年の奉書発給体制を、こうした老臣（戦国領主）を政権に参加させた体制だと考えている。

これに対し、永禄三年から登場する河田長親・鰺坂長実・吉江資堅は、いわゆる側近層である。先の高木氏の用いた類型でいえば「太郎冠者（出頭人）型」にあたる。

太郎冠者というのは狂言に登場する役柄であるが、高木氏は、太郎冠者は、主人の家計内で養われる、非自立的な従者であると同時に、主人の幼少の頃からその側でともに育つため、主人との情緒的一体感があるとしている（狂言における主人と太郎冠者のおもしろおかしいやりとりはそれによって成立する）。出頭とは出世のことで、出頭人は主人から特別に寵愛を受けて取り立てられ、重用されるようになった側近のことをいう。

広井造氏によれば、河田長親は、上杉謙信の男色の相手であったらしい[51]。後世の編纂史料ではあるが、『上杉家御年譜』には、長親は「容貌佳麗」であったと記されている。永禄二年に謙信は上洛しているが、長親は、その際、近江国で謙信に見出され取り立てられた。鰺坂長実と吉江資堅も同じく近江の出身である。つまり、彼らは越後国内に独自の基盤を持つ有力者ではなく、上杉謙信との個人的な関係によって取り立てられた側近層である。

したがって、永禄三年以降の奉者の変化は、老臣層から側近層への変化であったということになる。

これは上杉景勝段階でも同じである。御館の乱終息以前の新発田長敦、竹俣慶綱、斎藤朝信は老臣層である（なお、五十公野重家は新発田長敦の弟で、長敦の死後は新発田姓を名乗る）。これに対して、上村尚秀・直江兼続・泉沢久秀はいずれも景勝の側近である。

景勝はもともと、越後国上田（現新潟県南魚沼市）を本拠地とする上田長尾氏の出身（長尾政景の子）であり、謙信の養子になったが、上村らはいずれももとは上田長尾氏の家来（上田衆）である。直江兼続らは、景勝の幼少時代より、近習としてともに育ったといわれている。

つまり、景勝段階でもやはり、奉者の老臣層から側近層へという変化が起きているのである。

変化する奉者

謙信・景勝の二代にわたって繰り返されたこのような変化にはどのような意味があるのだろうか。片桐氏の説明を見てみよう。

まず老臣層が奉者となる体制は、領主連合的体制であり、側近層が奉者となる体制は当主専制的体制である。景勝段階をみればわかりやすいが、御館の乱という家督争いの最中では、景勝の政権基盤は相対的に脆弱であるから、実力を保持している老臣層に政権に参画してもらうことで安定化を図る必要がある。しかし、家督争いも終息し、大名当主の権力が強化されると、大名が自身の側近を取り立てて集権化を図るのである。

その上で片桐氏は、領主連合的体制では、当主個人の恣意的（人格的）支配が抑制されて非人格的・官僚制的支配になるのに対し、当主専制的体制では、当主との個人的なつながりで取り立てられた、当主の意向に忠実な側近が起用されることによって、人格的・個人的な支配になるとする。

この片桐氏の描く構図は、石母田氏や山室氏が描いた従来の構図との間で、ねじれが生じている。もう一度振り返っておけば、石母田氏や山室氏の場合、〈人格的支配・個人的支配・ゆるやかな支配／非人格的支配・官僚制的支配・専制的支配〉という構図であった。これに対し、片桐氏の構図は

〈人格的支配・個人的支配・専制的支配／非人格的支配・官僚制的支配・領主連合的支配〉となっている。「ゆるやかな支配」というのは在地領主の自立性が強いことによって、大名が専制的な支配をおこなえないという意味であったから、自立的な老臣層を政権中枢に参画させた（させざるをえなかった）領主連合的支配と同じことである。とすると、この最後の項目が、従来の説と片桐氏とでは逆転しているのである。

確かに側近政治は官僚制的ではないという片桐氏の主張は首肯できる。近世史研究に目を転じれば、江戸幕府の支配についても、すでに同様の見方が示されている。藤井讓治氏は、江戸幕府初期には個別に能力を買われた出頭人（たとえば大久保長安のような）が活躍するが、徳川家光期以降になると老中を中心とする官僚制が確立するとしている。つまり、出頭人（側近）は官僚ではないということである。[52]

老中に就任できる家柄（家格）はある程度決まっており（三万〜一二万石の譜代大名）、将軍が好きな人物を自由に取り立てられるわけではない。高木氏は、江戸時代になると「家老型」の武士と「太郎冠者型」の武士という二類型は、後者に収斂し、「家老型」の側面は「格」（家格）として残るとする。繰り返し述べたように、近世には在地領主が原則として消滅する。つまり自立的であった「家老型」武士も、その自立性を失う（「太郎冠者型」に収斂する）。しかし、「家老型」の側面は、大家老になれる家柄（家格）というような形で残るということである。高木氏は、家格に規定され、大名（ないしは将軍）が自由に選ぶことのできない家老（ないしは老中）と、主君との間では情誼的一体感が生じがたく、大名（将軍）が自分のお気に入りを取り立てた出頭人（側用人《そばようにん》）がしばしば出現することになると考えている。この場合、老中は、将軍の個人的な意志から相対的に独立しているという点で官僚だと評価される。

しかし、片桐氏のように、戦国期段階の老臣層が奉者になる体制を官僚制だと評価することにも躊躇をおぼえる。まず、自立的な支配をおこなう有力領主であるところの老臣の存在は、それ自体、「単一的支配」の貫徹を妨げるものである。また、先に、毛利氏の五人奉行について、元就系の奉行人と、隆元系の奉行人が互いに牽制・談合することで、元就・隆元の個人的な意志からは相対的に自立した官僚制的組織であったとする松浦氏の見解を紹介した。しかし、このような牽制・談合といった綱引きによって導かれる決定は、常にその都度その都度の政治的状況や力関係に左右される可能性があるのであって、必ずしも客観的な法規範に基づくものとはいえないだろう。江戸時代の老中が、単に将軍の意志から自立的であるというだけでなく、その職務内容を成文法によって規定されているのとはやはり違いがある。

払拭できない人格性

ここで重要なのは、石母田説と片桐説、どちらの方が正しいかということではない。従来の〈人格的・官僚制的・領主連合的／非人格的・個人的・当主専制的〉というような二元論的な区分と、後者を近世権力の属性に割り当てるような説明が、うまくいかないということを確認しておきたい。

そして片桐氏の説にはもう一つ注目される点がある。それは領主連合的体制と当主専制的体制が交互に繰り返されていることである。繰り返されるという以上、前者が中世的、後者が近世的というわけにはいかなくなるし、前者から後者への不可逆的な変化でもないことになる。戦国領主（老臣）が徐々に消滅して、専制的な側近政治に移行していく一貫した過程でもない。

では、なぜこのような現象が起きるのだろうか。再び高木氏の見解を参照しよう。高木氏は、大名と「家老型」の武士との結びつきは戦場を共にくぐり抜けて来た信頼感にあり、その関係は大名の死後を継いだ子と功労の家老の間では維持されがたいとする。いってみれば創業者の社長とともに会社を大きくした古参の重役と、苦労を知らない二代目の若社長の関係がうまくいかないというようなものである。先代以来の家老――つまり大名が自由に選べない存在――と大名の間には情誼的一体感が生じがたく、このため大名は自身に忠実な側近を取り立てる。こうして老臣層と側近層の間に軋轢《あつれき》が生じ、それがしばしば御家騒動の原因ともなる。江戸幕府でも老中と側用人の対立という状況が繰り返されている。つまり、この二つの体制の交代や軋轢は、戦国時代にも江戸時代にも常に起こりうる事態であるといえよう。

高木氏は、主君と「太郎冠者型」の武士との間には情誼的一体感があると述べた。したがって、それはすぐれて人格的な関係である。しかし、一方で、大名と「家老型」武士との関係も、戦場を共にくぐり抜けて来た信頼感によって結ばれ、それは大名の死後を継いだ子との間では維持されがたいとしている。だとすれば、この関係も情誼的なものであって、大名個人と家老個人との間の人格的な関係ではないだろうか。

丸山眞男氏は、近世の武士は、家産官僚的武士と戦闘者としての武士という二面性を持ち、近世には家産官僚化が進むが、それにもかかわらず、武士的結合の本質は、後者の側面における、主人と従者の具体的＝感覚的な人格的結合であるとしている[53]。

結局のところ、中世であっても近世であっても、武士の主従関係が基本にある以上、人格性が完全に払拭されてしまうことはない。池享氏は、人格的結合関係は戦国大名領国にとって非本質的な、本来克服されるべきものであったとはいえないとしている。[54]

さらにいえば、現代の官僚制でも、人格性やそのときどきの情勢に左右されるような事態はなくなったわけではない。役所で担当者が代わったら対応が変わったというようなことは、決してめずらしいことではない。むろん、現代においては、法規範を無視して、恣意的な決定がなされることは、通常はない（あっても、それは不正とされる）はずであり、現代も中世社会と同じだというわけではない（逆に中世も、領主がまったく恣意的に振る舞うことができたわけではない）。中世よりも近世、近世よりも近現代の方が、非人格的で官僚制的な側面は強まっているということは間違いないが、人格的／非人格的という二つの側面は常に同居しているのである。

つまり、〈A＝花押・人格的・恣意的・私的・個人的・ゆるやかな支配／B＝印・非人格的・法的・公的・官僚制的・専制的支配〉というようには、単純に割り切れないし、Bを近世権力の属性として割り当てて、AからBへの不可逆的で一貫した変化が起きたともいえないということである。

本章で述べたように、このAとBという二元論は、中世の恣意的暴力的支配／近世の法的機構的支配という二項対立的な説明に結びつきがちである。しかし、AからBへという単純な二元論的説明に困難が生じるとすれば、同様に暴力と法、あるいは暴力と正当性を対極に置くことにも疑問が生じる。このことについては、第三章で再びとりあげよう。

次章では、以上の議論を踏まえて、戦国領主の「家中」と「領」の具体的分析から、戦国大名と戦国領主の関係を考えてみたい。

第二章

戦国大名と戦国領主

一　戦国領主の「家中」

不安定な「家中」

戦国領主の「家中」は、本来のイエ支配の範囲を超えて、庶家や周辺の国人領主を取り込むことによって成立したとされている。こうして大きく勢力を拡大したことが同時に新たな問題を生じさせることになる。

たとえば、先に紹介した享禄五年（一五三二）の毛利家来連署起請文では、三二名の毛利家来が連署していたが、そのなかに井上氏の一族が九名も含まれていた。井上氏は、惣領の井上元兼が、毛利氏に「近習幷」の奉公を誓って、毛利「家中」に入ったのであるが、実際に近習のように奉公したわけではない。むしろ、もともと毛利氏と同等の国人領主であった井上一族は、毛利「家中」において一大勢力となり、しばしば毛利氏の命令に応じず、また毛利「家中」が果たすべき諸役を務めないなど、（毛利氏から見れば）専横な振る舞いが目立った。そして、天文一九年（一五五〇）、毛利氏はついに井上一族の粛清に踏み切った。いわゆる井上衆誅伐事件である。天文一九年の毛利家来二三八名連署起請文は、この井上一族粛清を受けて提出されたものである。起請文では「自今以後は、御家中の儀、有様の御成敗たるべきの由、おのおのに至るも本望に存じ候。しかる上は、諸事仰せ付けらるべきの趣、一切無沙汰に存ずべからざるの事」——今後は、御家中のことについては、ありのままに御裁決なされるとのこと、わたしたちも本望に存じます。そうであるからには、何事も命じられたことについては、一切おろそかにはいたしません――と、家来たちが、毛利氏の支配に忠実に服することを誓っている。毛利氏は、「家中」において大きな勢力を持っていた井上衆を粛清することによって、「家中」に対する支配を確立したのである。

このように、「家中」の拡大は、勢力の拡大である反面、それまで外部にいた勢力を取り込むことで「家中」支配の不安定化をもたらした。天文一九年段階で、すでに安芸国内では最大の勢力に成長していた毛利氏は井上衆の粛清を断行し、「家中」支配を安定させることができたわけだが、他の戦国領主も同じようにできたかといえば、それは困難だったはずである。

戦国領主は、戦国大名と同じように「家中」を持っていることで、戦国大名を相対化するものとして注目されてきた。しかし、菊池浩幸氏は、両者の「家中」が同質のものであるかどうかは、これまで十分に検討されていないと、従来の研究の問題点を指摘している。[1] 戦国領主の「家中」支配が、毛利氏の「家中」支配に比べて、より不安定であったことは確かだろう。

内部集団としての「衆」

先の井上一族は、「井上衆」と呼ばれていたが、毛利元就が、井上一族を粛清した際に作成した「井上衆罪状書」のなかで、井上衆の「罪状」の一つとして次のことを挙げている。[2] それは、井上与四郎と光永彦七郎とが争ったとき、毛利氏は双方とも本人とその父親を切腹させようとした――井上与四郎の方は、光永彦七郎の顔を打擲《ちょうちゃく》した（殴った）ことによって、光永彦七郎はそのような恥辱を受けたのにもかかわらず、報復してその恥を雪《すす》がなかったことによって――のに、井上一族が結束して（「かの名字の者ども一味同心」）、この裁定を受け入れなかったというものである。拡大した戦国領主の「家中」は、こうした「〜衆」と称されるような血縁あるいは地縁によって結びついた集団を、その内部に抱え込んでおり、決して一枚岩ではなかった。
たとえば、小早川「家中」には「西条黒瀬当参衆」、阿曾沼「家中」には「世能《せの》衆」、宍戸「家中」には「馬来衆」と称される内部集団が存在している。[3]

安芸国志芳東《しわひがし》を本拠地とした天野氏の「家中」の「志芳衆」と呼ばれる集団について見てみよう。「志芳衆賦《くばり》之事」と題された史料がある。[4] 毛利氏が、熊谷越中守、財満《さいま》孫七郎、熊谷修理進《しゅりのしん》ら一〇名に給地を分配したことを示す史料であるが、すなわちこの一〇名が志芳衆である。このうち、先に名前を挙げた熊谷越中守ら三名はいずれも志芳東天野氏の家来であることが確認できる（たとえば大永七年〔一五二七〕に、天野興貞が家来の戦功を大内氏に注進した軍忠状[5]に、熊谷修理進と財満孫七郎の名が見える）。

弘治二年（一五五六）に天野元定が志芳東天野氏の家督を継いだとき、毛利元就と隆元は、熊谷越中入道（越中守と同一人物）・同修理進・財満孫七郎からの要請を受けて、彼らに落ち度がないのに、元定や「傍輩《ほうばい》中」（越中入道らの同僚、すなわち天野氏の家来）から不当な扱いを受けることがないよう保証している。[6]

このように志芳衆は、天野氏の「家中」にありながら、同時に毛利氏から給地を与えられ、また毛利氏の後ろ盾によって、天野「家中」での地位の保全を図っている。さらに志芳衆は、同じ安芸国の戦国領主熊谷氏の一族であり、先の地位を保証する毛利元就・隆元の書状も、熊谷氏の当主信直を通じて、越中入道らに伝達されている。

毛利氏は、越中入道らの地位を保証するにあたって、彼らの側に落ち度がある場合は、後ろ盾になってやることはできないと釘を刺してはいるが、毛利氏とつながりを持ち、熊谷氏の一族でもある志芳衆は、天野氏にとって、家来ではあるものの自由には扱えない存在であるといえる。このように、こうした「衆」のような内部集団は、一定の自立性を残し、また大名権力や他の戦国領主などとのつながりを持っていた。その意味で、戦国領主の「家中」は非排他的で、不安定なものだったといえるだろう。

では、戦国領主の「家中」支配が不安定であることは、大名権力と戦国領主の関係にどのように影響しているだろうか。引き続き、毛利分国の事例で考えてみよう。

「三子教訓状」

元就の「三本の矢の教え」のエピソードはよく知られている。元就が、三人の息子に一本ずつ矢を渡して折らせたところ、矢は簡単に折れた。次に三本束ねて折らせようとするが、これは折れなかった。そこから兄弟三人が結束することの重要性を説いた、というあの話である。しかし、このエピソード自体は作り話である。岩下紀之氏によれば、この話が成立したのは江戸時代であり、その原型となる同様の話は、イソップ寓話をはじめ世界各地に存在しているという。[7] ただ、この話が日本ではなぜ、ほかでもない毛利元就に仮託されたかというと、それには理由がある。元就は、毛利隆元・吉川元春・小早川隆景という三人の息子に対し、兄弟の結束を説いた長文の書状、いわゆる「三子教訓状」を残しているからである。[8] 戦前の修身の教科書にも、この「三子教訓状」の逸話は取りあげられており、兄弟の結束と弟たちの兄への献身を説く「美談」として受け止められていたと思われるが、これは果たしてそうした「美談」で片付けられる話だろうか。

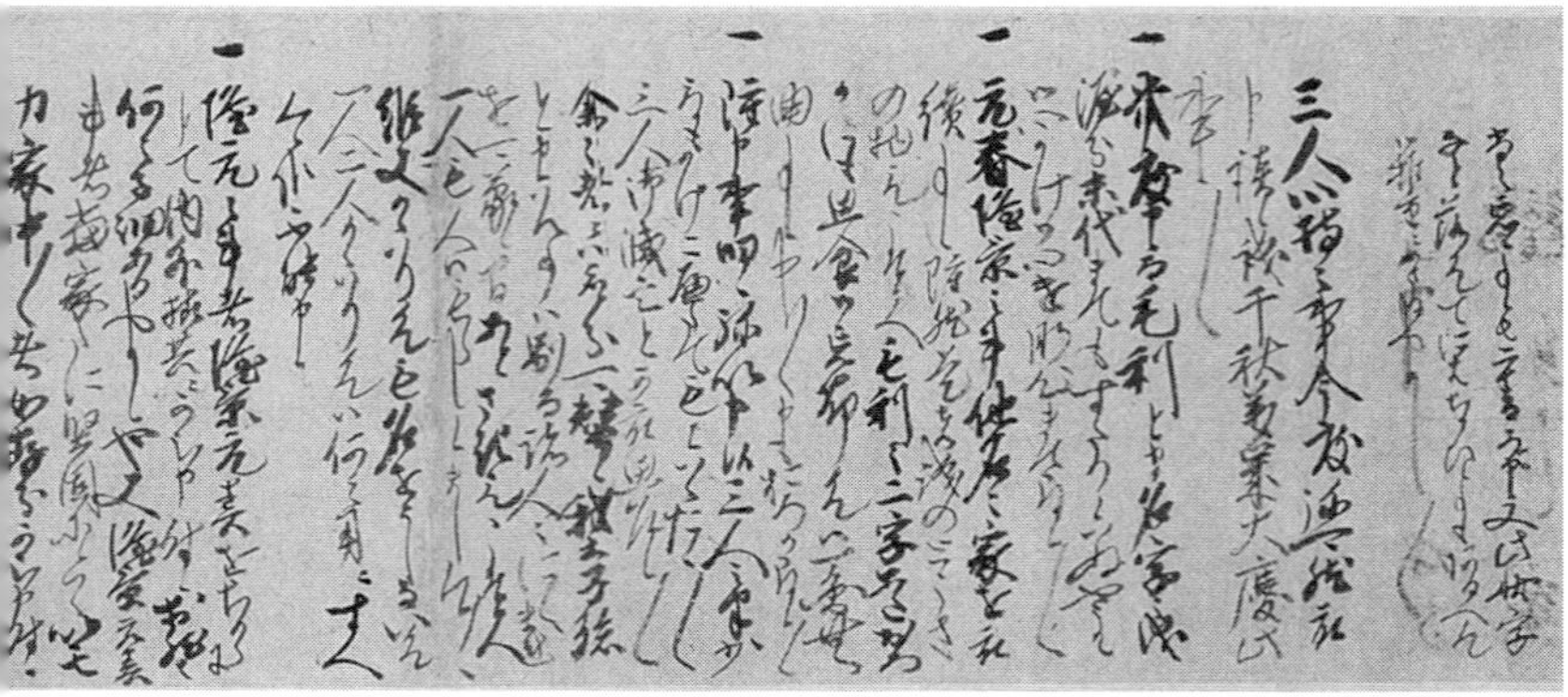

元就には九人の男子がいる。このうち、長男の隆元は毛利家の家督を継ぐ。次男の元春は、天文一六年（一五四七）に、安芸国の有力な領主である吉川家に養子に入る。三男の隆景も、同じく天文一三年に安芸国の有力領主小早川氏の庶家である竹原小早川家に養子に入り、天文一九年には本家の沼田《ぬた》小早川家も継いで、両小早川家を統合する。隆元が永禄六年（一五六三）に急死し、幼少の子（のちの輝元）が跡を継ぐと、元就がこれを後見するとともに、元春と隆景が補佐することになる。また、もともと吉川氏は山陰方面の領主とつながりが深く、小早川氏は瀬戸内の海賊衆とのつながりが深いとされるが、それを活かして、元春は山陰方面、隆景は山陽方面の軍事指揮を担うようになる。このように毛利本家を、吉川元春、小早川隆景——ともに名前に「川」の字があるので、江戸時代には「毛利両川」と称されていた——が補佐する体制を、河合正治氏は「毛利両川体制」と呼んだ。[9]

　こうしてみると、確かに隆元（その死後は輝元）を、元春・隆景の二人が支え、教訓状の内容は実践されてい

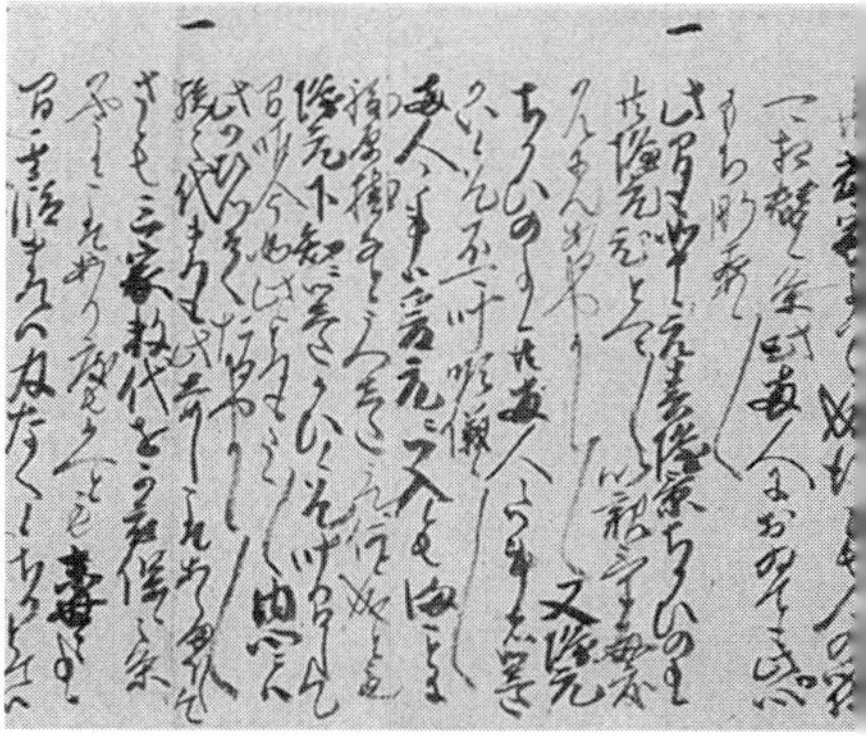

毛利元就自筆書状
（三子教訓状、部分、毛利博物館蔵）

るように思われる。しかし、そもそもなぜ教訓状など必要だったのかを考えてみなければならない。

実は、隆元と二人の弟の関係は、必ずしもうまくいっていたわけではない。あるとき隆元は元就に、最近、元春と隆景が「何事もたか《（隆）》元を別にのけられ候て、両人計りちこ〳〵と候事」（何事につけ隆元を仲間はずれにして、二人だけで仲良くしている）などと訴えている[10]（「ちこちこ」は「心から」という意味）。このような兄弟の対立があったからこそ、元就は教訓状を書く必要があったのである。戦国期は兄弟同士が殺し合うことも珍しくなかったことを考えれば、この程度のことはそれほど深刻ではないのかもしれないが、この対立の背景には、単なる個人的な感情のもつれだけではなく、戦国大名権力の構造的な問題がある。

先に紹介した弘治三年（一五五七）の傘連判契状が示すように、吉川氏、小早川氏も、毛利氏と同格の戦国領主であり、それぞれが独自の吉川「家中」、小早川「家中」を持っていた。そうすると、たとえば所領の分配などにおいても、元春や隆景は、それぞれ自分の家の利益を第一に主張することになる。

実は隠居している元就も、毛利氏の家来一般とは区別された、自身の独自の家来を持っていた。周防・長門征服後の所領分配につき、毛利家の家来は安芸国内や安芸に近いところに所領を与えられていたが、元就の家来は多くの戦死者を出して戦功を挙げたのに、遠方にしか所領を与えられていないと、隆元の措置に元就は強い不満を述べている。[11] 元就でさえそうなのだから、それぞれ吉川家、小早川家を継ぎ、自身の「家中」に所領を給与して、その維持を図っていかなければならない元春、隆景が、自家の利益を主張するのは当然のことである。ここに、所領を分配する側の立場である隆元と、分配を要求する側の立場である元春・隆景との軋轢が生じる。

この対立は、もちろん兄弟のそれぞれ個性による感情的なものという側面も多分にあるが（元春はもともと無愛想なやつだと元就も言っている）、[12] その背景には独自の「家中」を持つ戦国領主と、それを支配下に編成している戦国大名との関係という構造的な問題が存在しているのである。こうした対立にもかかわらず、結局、毛利両川体制は維持されていく。それにはいろいろな政治的な要因もあるだろうが、一つにはやはり「家中」の問題が大きくかかわっていると考えられる。

吉川氏、小早川氏の「家中」と毛利氏

元春や隆景は、それぞれ吉川家、小早川家に養子に入るとき、単身で乗り込んだわけではない。いずれの場合も、毛利氏から家来が付けられていた。したがって、吉川「家中」、小早川「家中」には、毛利氏から送り込まれた者が多数存在している。

たとえば岡就栄《なりひで》は、小早川氏の奉行人として文書を発給し、[13] 小早川氏の正月儀礼にも参列している[14]小早川氏の家来であるが、これは、隆景の竹原小早川氏への養子入りにともない、毛利氏から隆景に付けられた家来である。就栄は、毛利元就から偏諱《へんき》（名前の一字）を与えられ、また天文一一年には知行も与えられている。[15] その後、就栄は小早川氏からも知行を給与されているが、[16] 毛利氏から与えられた知行も保持しており、元就が死去したあとには、輝元からその知行の安堵を受けている。[17] つま

り、岡就栄は、毛利氏、小早川氏双方から知行を給与される存在であった。
また、元就の五男である富田元秋（出雲国尼子氏の本拠地であった富田《とだ》城〔現島根県安来市〕の城主となって富田姓を名乗る）は、毛利家来の木原元次が誅殺された際に、その弟である木原元定に書状を送り、そのなかで「井上又右衛門尉の事は親兄弟悉《ことごと》く打ち果たされ候ても、かくの如く唯今《ただいま》はしりまい候」（井上又右衛門尉は親兄弟をことごとく討ち果たされても、現在は毛利氏のために奔走している）として、元定にも、兄に連座して処罰されなかったことを感謝して、今後もよりいっそう毛利氏のために働くよう諭している。[18]

ここで、親兄弟を毛利氏に殺されながらも、毛利氏のために尽力している人物として引き合いに出されている井上又右衛門尉春忠は、実は小早川氏の家来である。春忠も、岡就栄と同様に、小早川氏の奉行人として文書を発給し、[19]また小早川氏の正月儀礼にも参列している。[20]親兄弟をことごとく討ち果たされたというのは井上一族の粛清事件のことを指しているから、もともと毛利氏の家来であったものが、隆景を補佐するために、小早川氏に送り込まれたものと考えられる。

このほかにも、小早川氏の文書発給を担う奉行人として活動している家来には、桂景信（毛利氏の奉行人である桂元澄の四男か）や粟屋盛忠（毛利氏の奉行人の粟屋氏の一族）など、毛利氏から送り込まれたとみられる者が多数存在する。毛利氏は、こうして小早川「家中」に強い影響力を持っていたといえる。しかも、こうした影響力が及んだのは、もともと毛利氏の家来だった者に限らない。小早川氏では、忠海《ただのうみ》・梨子羽《なしわ》・小田といった家来や、「とねり（舎人）小身之衆」（小規模の知行しか持たない家来）まで、毛利氏から所領を与えられていた。[21]

こうした事情は吉川氏でも同じである。元春相続以後の吉川氏において文書発給を担う奉行人として活動していることが確認できる人物のうち約半数は毛利氏から送り込まれた家来であり[22]、また毛利氏から吉川氏の家来への知行給与の例も見られる[23]。

こうした毛利氏の持つ影響力は、当然、毛利氏が戦国領主小早川氏・吉川氏を統制する上で大きな意味を持つ。しかし同時に毛利氏がこうした知行の給与などを通じて、小早川氏や吉川氏の家来を毛利「家中」に取り込もうとしていたわけではないことに注意が必要である。とくに吉川氏の「家中」は、近世に至っても毛利「家中」に吸収されることなく、岩国藩として存続する。

毛利氏は吉川氏や小早川氏の「家中」との直接的なつながりを強め、これを解体していくのではなく、むしろ両氏の「家中」支配の安定化に一定の配慮をしていた。「三子教訓状」のなかには次のような記述がある。

〔読み下し〕

（前略）隆景・元春の事は、当家だに堅固に候わば、其の力を以て、家中〳〵は存分の如く申し付けらるべく候〳〵。唯今いかに〳〵我〳〵が家中〳〵、存分の如く申し付け候と存ぜられ候とも、当家よわく成り行き候わば、人の心持相替わるべく候、（以下略）

〔現代語訳〕

隆景・元春については、毛利家さえ堅固であれば、その力を後ろ盾に、それぞれの「家中」を思い通り支配できるだろう。現在どんなに自分たちの「家中」を、思い通りに支配できていると思っているとしても、毛利家が弱くなってしまえば、人の心持ちも変化してしまうだろう。

ここには、戦国領主吉川氏、小早川氏のそれぞれの「家中」支配は、毛利氏の力を背景としてこそうまくいくという考えが表明されている。裏を返せば、毛利氏の後ろ盾がなければ、元春や隆景の「家中」支配は困難になるということであり、この背景には、先に述べた戦国領主の「家中」支配の不安定さがある。「はじめに」で見た元就の書状でも、三人の兄弟と、娘婿の宍戸隆家が協力し合うことで、それぞれの「家中」支配がうまくいくと述べられていた。元就の「三子教訓状」は、単に兄弟仲良くという一般的な教訓を説いただけでなく、戦国期の権力構造の特質に根ざした内容を持っているというべきであろう。

隆景相続以降の小早川氏において、文書発給を担う奉行人としては、先の岡就栄や井上春忠のような毛利氏から送り込まれた者のほかに、鵜飼元辰《うがいもととき》、飯田尊継らがいる。

鵜飼元辰は、もともと近江の猿楽者（猿楽を演じる芸能者）で、輝元の遊び相手として留めおいたものであったが、「物をもかき候、こさかしく候」（字も書けて利口である）ということで元就に仕えるようになったという人物である。[24] したがって、その後、小早川「家中」へ移ったと思われるが、小早川氏にとってはまったく新参の家来である。

飯田尊継も、江戸時代に編纂された『萩藩閥閲録』に記載されている飯田家の家伝によれば、元は公家であったが、武士になりたいと思い、諸国をめぐった後、小早川氏の家来になったという。[25] この話自体はどこまで信用していいかわからないが、新参の家来であることは間違いないだろう。

隆景が養子に入る以前の小早川氏では、椋梨氏・乃美《のみ》氏といった小早川氏の庶流一族や、真田《しんでん》氏、土屋氏、田坂氏といった奉行人層が政務を取り仕切っていたとされるが、[26] 隆景相続以後では、こうした旧来の家来による文書発給はほとんどみられなくなり（乃美宗勝は文書発給をおこなっているが、乃美惣領家ではなく庶流にあたる)、代わって、毛利氏から送り込まれた者や、鵜飼元辰、飯田尊継などの新参の家来が文書発給の中心になっている。

このことは、前章で紹介した秋山伸隆氏による毛利氏の官僚制についての議論を想起させる。秋山氏は、天正一六年(一五八八)以降、毛利氏では家臣団内部の所属集団をもたない個人を登用することで、大名への忠誠を第一義とする新たな官僚群が創出されたとしていた。小早川氏で、新参の奉行人層が取り立てられるという現象は、これと同じで、当主隆景の「家中」支配強化のあらわれであるといえる。そして、その新参の家来の多くが、毛利氏から送り込まれた者であることから、「三子教訓状」で元就が述べるように、まさに毛利氏の後ろ盾によって、隆景の小早川「家中」に対する支配は強化されたのである。

したがって、毛利氏は戦国領主の「家中」に影響力を持ち、そのことによって戦国領主に対する統制を強化すると同時に、戦国領主は、毛利氏の後ろ盾によって、自らの「家中」支配を強化することができたのである。

このような事情をよく示しているのが、志芳東天野氏の事例である。天野氏では当主元定の死後、その遺言によって、毛利元就の七男元政を養子に迎えた。元政の同母兄穂田《ほいだ》元清(元就四男、備中国猿懸城主となって穂田姓を名乗る)は弟元政を心配し、天野氏の「家中」には、近隣の戦国領主である阿曾沼氏や志芳堀天野氏と「差合たる訴人」(係争中の者)が多く、また人材もせいぜい三宅左京亮と西光寺という僧がいるぐらいで、これといった人物がおらず、このままでは「天野家にも成り難き躰」といって輝元に対して後ろ盾を頼んでいる。[27] つまり戦国領主の「家中」には、こうした近隣の戦国領主との争いや人材問題があり、このため毛利氏の支援を必要としているのである。

戦国領主の「家中」と毛利氏

以上のような、毛利氏と戦国領主、あるいはその「家中」との関係は、毛利氏から養子が入っている吉川氏、小早川氏の特殊事情ではない。もちろん、吉川氏、小早川氏の場合は、他の戦国領主に比べて、こうした特徴が顕著ではあるが、同様の状況は他の戦国領主でも見られる。

たとえば、次の史料は、毛利氏が戦国領主の家来に対して直接所領を与えることが、めずらしくはなかったことを示している。[28]

〔読み下し〕

尚々、乃美へは爰元より尋ね遣わし候、かしく、

急度申し遣わし候、国衆分限の付立悉く相調え、親類・年寄の衆差し出され候、吉田(毛利氏)家来の儀も福原(元俊)・口羽(通良)を始めとしてこれを付き立て、具《つぶさ》に神文仕られ候て上げられ候、検地の外には堅固の究めに候、しかれば国衆親類・被官に吉田より御扶助の地、これ又別に調べ上げられ候、それについて元春・隆景家中衆へ遣わされ候書立、早々取り寄すべきの由、昨晩元俊(福原)・平藤(平佐就之)御使にて仰せ聞かされ候条、新庄(吉川氏)へも則ち申し越され候、爰元《ここもと》の儀、忠海・梨子羽・小田其外岡与(景忠)とねり小身の衆、悉く尋ね究め候て、急度付き立て差し越すべく候、油断あるべからず候、そのため申し遣わし候、謹言、

(天正十四年)二月十四日　隆景(小早川)（花押）

井又右(井上春忠)

手市（手嶋景繁）
鵜新右（鵜飼元辰）

〔現代語訳〕

急ぎ申し遣わす。国衆の知行地のリストをことごとく整えて、親類・年寄（主だった家来）の衆が毛利氏に提出した。毛利氏の家来も、福原・口羽をはじめとして、リストアップし、起請文の形で提出した。検地以外の方法ではもっともしっかりとした調査である。その上で、国衆の親類や被官（武家領主などに仕える者のこと）に対して、毛利氏から与えられた土地について、これまた別に調べ上げられた。そのことについて、元春と隆景の家中衆に与えられた土地のリストを早々に取り寄せるようにと、昨晩福原元俊と平佐就之を使者として、毛利氏より命じられたことについては、新庄（吉川氏の本拠地）へも同じ指示が伝えられている。こちら（小早川家）については忠海・梨子羽・小田やそのほか岡景忠、舎人、小身の衆（知行の少ない者）まで、ことごとく尋ね調べて、急ぎリストを作成して送ってくるように。決して油断のないように。そのため申し遣わす。謹言。

二月十四日　隆景（花押）

井又右
手市
鵜新右

（尚々書＝追伸）なお、乃美へは私から尋ねる、かしく。

これによれば、毛利氏は天正一四年に大規模な所領の調査をおこない、毛利氏の家来や戦国領主にも、所領のリスト（付立）の提出を求めた。その上でさらに、毛利氏が、戦国領主の親類や家来などに与えた所領についても調査している。これを受けて、小早川隆景が自身の「家中」について調査を指示しているのが、この書状である。

そして実際、この調査を受けて、備後国の戦国領主山内氏が提出した付立の案文《あんもん》（控え）が存在している。[29]そこには、山内氏自身の所領とともに、山内氏の家来である滑《なめら》（滑良）平四郎と宇野下総守が、毛利氏から給与された所領[30]も記載されている。これらの所領は滑平四郎らが、毛利氏に対して、繰り返し愁訴した結果、与えられたものである。

このように調査の対象となるぐらいであるから、毛利氏から戦国領主の家来に対する知行給与は決して例外的なものではなかっただろう。

戦国領主の家来の側に視点をすえれば、彼らが毛利氏に期待したものは知行の給与だけではない。先の志芳衆の例に見られたように、自身や自身の属している集団（衆）の地位の保全についても、毛利氏を頼りにするケースがあった。

そして、そうしたなかで、戦国領主の家来でも、とくに毛利氏と結びつきの強い者が現れてくる。たとえば、志芳東天野氏の重臣であった長松太郎左衛門尉が死去した際、元就は「この方馳走ゆえかくのごとき不慮に候」（毛利氏のために奔走してくれたがゆえに、このような不慮のことになった）と述べている。[31]長松太郎左衛門尉はこのとき、元就の七男元政が天野家に養子に入る準備に奔走していた。

また、天正七年（一五七九）に、伯耆国羽衣石《うえし》（現鳥取県湯梨浜町）を本拠地とする戦国領主南条氏が、毛利方から織田方に寝返った際、南条元続は家来の山田重直を討とうとしている。これは毛利輝元が「寔《まこと》に山田の事、この方に対し別《わ》けて前々より馳走」（まことに山田のことは、毛利氏に対し以前から格別に奔走していた）と述べており[32]、それが理由であろう。ちょうど、毛利氏から小早川「家中」に送り込まれた井上春忠が、親兄弟を討ち果たされながらも毛利氏のために貢献する模範と認識されていたように、戦国領主の「家中」にあって、親毛利的な人物、あるいは集団が存在していたのである。

　このように毛利氏は、戦国領主の家来に対する影響力を持つことによって、戦国領主を統制したのである。一方、やはり吉川氏、小早川氏の場合と同様、こうした親毛利的な者も、先の志芳東天野氏家来の志芳衆のように、あくまでそれぞれの戦国領主の「家中」に所属し、そこにおける地位保全の後ろ盾を毛利氏に期待したのであって、彼らが毛利「家中」に組み込まれていったわけではない。

　毛利氏は、戦国領主にも、またその家来にも知行を与えているが、いずれもそれによって毛利「家中」には取り込まれてはいない。毛利氏の側でも、戦国領主の「家中」支配維持に配慮している。戦国領主の家来は、しばしば、主人である戦国領主を介さず、毛利一門などを通じて、毛利氏に様々な愁訴をおこなっている（たとえば知行給与の要求など）。これは、戦国領主の家来が、いわば戦国領主の頭越しに、直接、毛利氏と結びつこうとする動向であるともいえるが、たとえば、安芸国高屋（現広島県東広島市）を本拠地とする戦国領主平賀氏の家来桂保和が、富田元秋を通じて毛利氏に愁訴をおこなったとき、元秋は、「隆景・元春、又高屋衆存分とも候ように候えば、然るべからず候、この段申し操られ候ての儀に候わば、聊《いささ》か別儀あるべからず」（隆景・元春、平賀氏がそれについて異論のある場合はその訴えを認めない。彼らにも話を通した上のことであれば問題ない）と答えており、あらかじめ平賀氏の同意を取り付けることを条件にしている[33]（ちなみに桂保和は、毛利氏の家来桂広澄の四男である)。同様に小早川氏の家来椋梨氏が、穂田元清を通じて毛利氏に愁訴した際も、輝元は隆景にもよくことわるよう指示している[34]。

毛利氏は、山内氏の家来である滑平四郎と宇野下総守から愁訴を受けて、彼らに知行を与えているが、前述のように、その知行の付立は彼らが直接毛利氏に提出したのではなく、山内氏が自身の所領の付立のなかに記載する形で提出している。このように毛利氏は、たとえ戦国領主の家来に直接知行を与えても、それを戦国領主の統制下に置いていたのである。

軍事組織としての「家中」

では、なぜ毛利氏は、戦国領主の「家中」維持に配慮したのであろうか。

すでに述べたように、毛利氏の軍勢は、戦国領主が率いる軍勢の寄せ集めである。たとえば、天正三年(一五七五)の「備中国手要害合戦頸《くび》注文[35]」は、毛利氏が、三村氏の手之城(国吉城、現岡山県高梁市)を攻めた際に、敵の頸をとる戦功を挙げた者を書き上げたものであるが、それは「平賀手」、「小早川手」というように、「~手」と記される戦国領主の軍勢単位でまとめられている(「手」というのは「手勢」とか「~の手の者」といった表現で使われるのと同じ用法)。

つまり、毛利氏にとって、戦国領主の「家中」が維持されるということは、戦国領主の率いる軍事力が維持されることである。だからこそ毛利氏は、戦国領主の「家中」組織が維持されていくことを重視している。

やや時代が下るが、慶長三年(一五九八)、石見国の戦国領主都野氏の当主家頼が、朝鮮出兵中に討ち死にした際、都野氏の「内之者共」(家来たち)が、毛利氏に幼少の子供への家督相続を願い出ている。[36] このとき都野氏の家来たちは、軍役などの諸役は、自分たちの責務としてでも果たす（「御役目等は請け懸り申し候て成とも引き立て申すべく候」）として、幼少の子供への相続を認めてもらえるよう願っている。つまり、毛利氏にとって何より問題になるのは、幼少の子供が相続することで都野氏が軍役を果たせなくなることであり、逆に「家中」が軍役を果たすことを請け合うならば、当主が幼少でもかまわなかったということである。

同じように、天正七年、出雲国の戦国領主多賀氏の当主元龍が死去した際、やはり多賀「家中」の主だった者たちが、毛利氏に、幼少の長若丸（のちの元忠）への家督相続を願い出て認められているが、その際にも城番（守備のために城に駐留すること）を緩怠なく務めることを約している。[37]

どちらの事例でも、幼少の子への相続を、家来たちが願い出ているように、戦国領主のイエの維持、ひいては、組織としての「家中」の維持は、「家中」を構成する家来たち自身が主体的に担っていることがわかる。

志芳東天野氏の当主元定が死去した際も、毛利氏の家来桂元忠は、天野氏の年寄（主だった家来）一四名に対し、彼らが奔走して天野家の維持を図っていくよう指示し、元就の七男元政を天野家の養子に迎えたいとする元定の遺言については、彼らがそろって毛利氏に懇望することが肝要だとしている。[38]

大内氏の下で豊前守護代を務めた杉氏は、杉重輔が毛利方に通じたため大内氏に討たれる。防長に侵攻した元就は、周防国山口に重輔の実子がいるという情報を聞きつけ、これに家督を継がせようとするが、もし万一何か間違いがあって跡を継がせられない場合、杉氏の「家中衆」が相談して別の人物を決めるよう、杉氏の家来の岩武藤右衛門に指示している。[39]

杉氏の事例は、結局、毛利氏にとって誰が跡を継ぐかはそれほど問題ではないこと、また万一の場合は、「家中」が相談して後継者を決定することを示している。毛利氏にとって最大の関心事は、軍役を果たしうる戦国領主の「家中」組織が維持できるか否かにあり、それは「家中」を構成する家来たちにかかっているのである。

もし仮に戦国領主の「家中」支配が不安定で、十分な統制ができていないとすれば、戦国大名が戦国領主を軍事動員した際に、十分な軍勢が揃えられなかったり、あるいは戦場からの勝手な撤退などの軍規違反、へたをすれば敵方への寝返りといった事態を引き起こす可能性があった。したがって、戦国大名にとっても、戦国領主の「家中」支配がある程度安定的に維持されていることが必要だったのである。

戦国期には、周辺の国人領主を家来とするなど、従来のイエ支配の範囲を越えて戦国領主の「家中」が成立した。しかし、旧来の秩序を越えて拡大したがゆえに、「家中」支配は不安定であった。毛利氏は、そうした戦国領主の「家中」に知行給与などを通じて影響力を持つことで、戦国領主の統制を実現していた。それと同時に戦国領主も毛利氏の後ろ盾によって、自らの「家中」支配を安定化させていた。毛利氏としても、軍事組織としての戦国領主の「家中」の安定的維持が必要であった。その意味で、毛利氏による戦国領主統制と、戦国領主による「家中」支配の安定化は表裏の関係にある。

だとすれば、戦国期における拡大した擬制的な「家中」の成立と、戦争の常態化という状況が、このような関係を生じさせたのであり、これが戦国期の権力構造の特徴であるといえよう。すなわち、戦国大名分国における「家中」の並立状況は、早晩克服されるべき過渡的状況ではなく、むしろこれこそが戦国期に固有の特質だと考えられる。
この権力構造の戦国期的な特質という点を、次節で少し別の角度から検討してみよう。

二　戦国大名と支城主

支城主とは

戦国大名が分国支配をおこなうにあたって、重要な拠点となる城郭に家来や一門などを城主として配置し、軍事指揮や、その城郭を中心とする領域（支城領）の支配について、一定の裁量権を与える場合がある。こうした城郭を一般的に支城と呼び、また、その支城（支城領）の支配を任された城主のことを支城主という。

北条分国ではとくにこうした支城制が発達しており、各支城主のもとに「衆」が編成されている。たとえば武蔵国の玉縄城（現神奈川県鎌倉市）では、北条綱成《つなしげ》を筆頭として、そのもとに玉縄衆が編成され、河越城（現埼玉県川越市）では、大道寺周勝《かねかつ》を筆頭として、そのもとに河越衆が編成されている。[40]

ただし、支城主といっても、実態は様々である。黒田基樹氏は、北条分国の場合、これまで一般的に支城主と呼ばれてきた存在は、以下の四つのタイプに分類でき、その差異に注意すべきであるとしている。すなわち、①単に城に駐留して、「衆」を指揮する軍事的な役目のみを果たす城将。②これに加えて、支城領からの諸役の徴収などもおこなう城代。③さらに、城代の機能に加えて、支城領内で、自身の配下に知行を与えたり、裁判をおこなう権限をも有している支城主。④そして、支城領のすべてを自身の知行地とし、「衆」をすべて自身の被官・与力とする、大名とほぼ同等の権限を与えられた支城領主（被官・与力については後述）、の四つである。[41] ここでは、ひとまず煩雑を避けるために、黒田氏のいう支城主・支城領主をひとくくりにして支城主と総称しておこう。

さて、こうした支城主は支城領や衆に対する支配について、一定の自立性を有している。その点で、自立的な領主である戦国領主とも共通面がある。

支城主化した戦国領主

たとえば、戦国領主が、戦国大名の「家中」に吸収され、支城主にその性格を変えた事例がある。相模国津久井城（現神奈川県相模原市）の内藤氏は、独自に判物を発給し、津久井領を支配する戦国領主である。しかし、天文二年（一五三三）、鶴岡八幡宮寺の僧快元は、内藤氏が北条氏の「御家風」に参上したと記している。[42] この「家風」は、ここでいう「家中」に相当すると考えられている。永禄二年（一五五九）に作成された「北条氏給人所領役帳」（北条氏から所領を与えられた給人について、北条氏による役賦課の基準となる知行高を定めた台帳。以下、「役帳」と略記する）は、「玉縄衆」や「河越衆」など「衆」ごとに分けて記載されているが、このなかで内藤左近将監《さこんのしょうげん》（康行）は「津久井衆」として、その筆頭に記載されている。内藤氏は、自立した戦国領主から、津久井城を拠点に津久井領と津久井衆を支配する、北条氏の支城主となったのである。[43]

ほかに同様の例としては、武蔵国江戸城の江戸太田氏がある。江戸太田氏も、独自の「家中」を持ち[44]、判物を発給するなど[45]、戦国領主としての実態を有しているが[46]、「役帳」では「江戸衆」に編成されている（江戸衆の筆頭は遠山綱景であるが、江戸衆はさらに内部で複数のグループに分かれており、江戸太田氏を筆頭とするグループが存在している）。

ところで「役帳」には「他国衆」という項目がある。これは文字どおり、北条氏から見て他国の領主であり、たとえば、この段階では自立した戦国領主である武蔵国の大石氏などは他国衆とされているのである。彼らは何らかの理由で北条氏から知行を与えられているが、北条氏の家来ではない[47]。

しかし、北条氏の家来となった津久井内藤氏や江戸太田氏の領主としての実態が、自立的な戦国領主である武蔵大石氏などとまったく異なるかといえば、そうではない。津久井領の大半は内藤氏の所領であり、独自に朱印状を発給するなど[48]、内藤氏の支配は一定の自立性を残している。また江戸太田氏も、江戸地域において大規模な一円的所領を有しており[49]、家来に独自に知行を与えている[50]。

だとすると北条氏の「家風」（「家中」）に属した津久井内藤氏や江戸太田氏と、「家中」には属していない大石氏の差は、相対的なものといえる。永禄二年の時点で、内藤氏や太田氏が津久井衆や江戸衆として編成されているのに対し、大石氏が他国衆となっているのは、両者に何か根本的な差異があるからではなく、いわばそれを取り巻く軍事的・政治的情勢の違いにすぎない（なお、のちに大石氏は北条氏康の三男氏照が継ぎ、氏照は大石氏の基盤を引き継いで支城主となる）。

「役帳」の「衆」の記載に表れているように、北条氏の「家中」か、そうでないかという身分的な差異は、ある時点を取り出してみれば明確に区分されているのだが、領主としての実態の違いは明瞭ではないし、またその区分は絶対的なものではなく、変化しうるということである。

立花城督戸次氏

さらに、このような戦国領主が支城主となった場合ではなく、大名が新たに任命した支城主も、一定の自立性を有している場合がある。

今度は、豊後国を本拠地とする大友氏の事例をみてみよう。大友氏は、反乱を起こした筑前国立花城（現福岡市、福岡県糟屋郡新宮町・久山町）の戦国領主立花鑑載《あきとし》を永禄一一年に滅ぼしたのち、戸次《べつき》鑑連《あきつら》（道雪《どうせつ》。道雪を名乗るのは天正二年以降だが、以下時期にかかわらず道雪と表記する）を立花城の「城督」に任命した（なお、一般に「立花道雪」という名称が流布しているが、道雪自身は立花姓を名乗っておらず、立花姓を名乗るのは養子の統虎《むねとら》――のちの立花宗茂――の代からである）[51]。城督とは、ここでいう支城主のことである。

天正三年（一五七五）、大友氏は、男子がいない道雪に対して、甥の戸次鎮連《しげつら》の子を養子として「立花城家督」を譲るよう勧める[52]。しかし、道雪はこの勧めには従わず、幼少の娘誾千代《ぎんちよ》に家督を譲り、大友氏もこれを承認している。注目されるのは、「立花城家督」という表現である。「家督」という表現からして、立花城督は戸次家に世襲されることになっており、しかも、誰を家督にするかは道雪の裁量に任されているのである。

この「立花城家督」の相続においてもう一つ注目されるのは、大友氏が、誾千代の相続を承認するとともに、「親類家中衆申し諫められ、向後その堺いよいよ静謐の調議（儀）肝要に候」（戸次氏の親類・家中が、誾千代に助言して、今後もその前線地域において、ますます軍事的な安全の維持を図ることが重要である）としていることである[53]。まずここで戸次氏が「家中」を形成していることがわかる。また、当主が幼少の女性であっても、この「家中」組織が主体となって、戸次氏の立花城督としての軍事的役割を果たすことが求められている。つまり、大友氏にとっては、戸次氏の「家中」という軍事組織が維持されていることが第一に重要なのであって、誰が「立花城家督」を継いでいるかは副次的問題である。この点は前節でみた、大名権力にとっては、軍事組織としての戦国領主の「家中」が維持されていることが重要であったのと同じである。

このように戸次氏は独自の「家中」を形成し、城督の地位を世襲しており、その意味では、戸次氏は大名から任命された支城主であるが、自立的な戦国領主に近い側面を持っている。実際、その後、道雪の養子となった立花統虎（戸次氏から改姓）は、豊臣秀吉の九州出兵ののち、豊臣氏から大名に取り立てられ、大友氏から自立するのである。

大友氏から筑前国宝満・岩屋城督を任されていた高橋氏や、豊前国妙見岳城督の田原《たわら》氏も、戸次氏と同様の性格を持っていた。高橋鑑種《あきたね》は永禄五年に、大友氏から毛利氏に寝返ったが、永禄一二年に大友氏に降伏し、鑑種は豊前国小倉（現福岡県北九州市）へと移されることになった。しかし、高橋氏の「長臣」（重臣）たちが、大友氏の家来吉弘鑑理《あきただ》の次男鎮種《しげたね》による高橋家相続を大友氏に要望して、結局、鑑種は小倉へ移されたものの、高橋家自体は鎮種（のちの紹運《じょううん》）が相続して宝満・岩屋城督として存続する。[54] そして高橋氏ものちに、戸次氏と同様に豊臣氏によって大名に取り立てられている。ここでも、「長臣」の存在に示されるように、高橋氏が「家中」を形成していること、また、彼らが高橋「家中」という組織の維持を主体的に担っていることがわかる。

さて、以上のように、一部の支城主は「家中」を有していたが、その形成のされ方は、戦国期の「家中」というものの性質を考える上で示唆的である。

まず、支城主になるような有力な家来の配下には、「家中」に属する家来のほかに与力が存在する。与力は、寄子《よりこ》、同心などとも呼ばれる（毛利分国などでは一所衆とも呼ばれている。なお、以下では基本的に与力の語を用いる）。史料上では「与力・家中之人」、「親類・寄揆・家中之仁」、「寄子・被官」、「一所・家来之者」などという表現がみられ、家来（被官）や親類と対置される存在である。支城主が率いる「衆」は、支城主の家来・親類と与力で構成されているといってもよい。

では、この与力とはどういうものだろうか。まず戦国期の与力について、研究史上における一般的理解を確認しておこう。与力は大名の直臣であるが、同じく大名の直臣であるところの有力な家来――たとえば支城主になるような――を寄親《よりおや》として、その下に預けられ、その指揮を受ける存在である。こうした制度を寄親寄子制と呼ぶ。与力は、軍事的な面で寄親から指揮を受けるだけでなく、訴訟をするときには、寄親を通じて大名権力に訴えるよう定められているなど、日常的にも寄親の支配に服している。

こうした与力は、大名の直臣であるから、寄親となる支城主の家来ではない。したがって、支城主の「家中」と与力とは、身分的にははっきりと区別されている。

たとえば、戸次氏が発給した、同じ戦功に対する同日付の感状（戦功を認定する文書）でも、家来に対するものと与力に対するものとでは書札礼《しょさつれい》（文書様式上の礼儀。相手との関係によって丁重さが変化する）が異なっていた[55]（自身の家来に対してよりも、大友氏の家来である与力に対しての方が丁重な書式で書かれている）。

毛利分国の事例でも、吉川元春は山陰方面の戦国領主などを指揮する立場にあるが、発給した宛行状、安堵状の様式を分析すると、原則として吉川「家中」宛は書下形式《かきくだし》(本文の末尾に来る書止文言が「仍如件」などになる様式)を用い、戦国領主などそれ以外に対しては書状形式(書止文言が「恐々謹言」などになる様式)を用いるというように使い分けている[56](一般的に書状形式の方が丁重である)。

その意味では、支城主や有力家来の支配は、自身の「家中」に対する支配と、「家中」に属さない与力などに対する支配という二重構造になっているとも言えるのだが、この点については、のちに検討しよう。

ところで、駿河国今川氏が定めた分国法「今川仮名目録追加」の第三条は、与力に関して次のように述べている。[57]

〔読み下し〕

各与力の者ども、さしたる述懐なき所に、ことを左右《そう》によせ、みだりに寄親とりかうる事、曲事《くせごと》たるの間、近年停止《ちょうじ》の処、又より親(寄)、何のよしみなく、当座自然の言次憑《たの》む計りの者どもを、恩顧の庶子のごとく、永く同心すべきよしを存じ、起請を書かせ、永く同心契約なくば、諸事取次ぐまじきなどと申す事、また非分の事也、所詮内の合力をくわうるか、また寄親苦労を以て、恩給充行《あてが》う者は、永く同心すべき也、(以下略)

〔現代語訳〕

各々の与力のものたちが、さしたる理由もないのに、あれこれ理由をつけて、みだりに寄親を取り替えることは、けしからぬことであるので、近年禁止したところ、(今度は逆に)寄親が、何のよしみもなく、一時的に（今川氏への）取り次ぎを頼んできただけの者たちに対して、「恩顧の庶子」のように、恒久的な自分の与力にしようとして、（それを誓う）起請文を書かせ、今後もずっと与力となるという契約をしなければ、何も取り次がないなどと言うことは、これもまた道理に外れたことである。結局のところ（そのように長く寄親‐与力の関係を続けさせようと思うならば）、寄親自身が私的に扶養してやるか、あるいは寄親自身の努力によって、知行などを与えてやれば、与力は末永くその関係を維持するものである。

この条文は、与力がみだりに寄親を取り替えることとは禁じられていることを前提に、逆に寄親の側が、当座の訴訟の取り次ぎを頼んだだけのものを、まるで「恩顧の庶子」（寄親が、これまでずっと知行を与えるなどして給養してきている庶子）のように「永く同心」させようとして、その契約をしなければ訴訟を取り次がないなどと無理強いすることも禁じている。その上で、今川氏は寄親に対して、寄親が自分で与力に「恩給」を与えることで、与力を「永く同心」させられると、心得を説いている。

下村效《いさお》氏はこの条文から、与力には大きく二つのタイプが存在するとしている[58]。一つは、寄親に一時的に預けられただけのものであり、下村氏はこれを「当座の与力」と呼んでいる。もう一つは、寄親との関係が「恩顧の庶子」のように固定的に長く持続するもので、下村氏は「恩顧の与力」と呼ぶ。

このこととも、密接に関連することだが、寄親‐与力関係が形成される契機にも、二つの類型が指摘されている。一つは、大名の命令で有力家来に与力が付属させられた場合。もう一つは、すでに有力家来との間に何らかの関係を取り結んでいた者を、大名が与力として追認した場合である。[59]当然、後者の方が、寄親と与力の関係は安定的・固定的であり、下村氏のいう「恩顧の与力」となる蓋然性が高いが、前者でもその関係が長く継続するうちに、次第に「恩顧の与力」に近づいていく場合もある。これを踏まえて、支城主の「家中」と与力の関係をみてみよう。とりあげるのは再び戸次氏である。

たとえば小野乙寿丸は、弘治三年（一五五七）に、戸次道雪から知行を与えられているが、このとき、いずれ必ず「闕所《けつしょ》次第」（所領に空きができ次第）、大友氏から「御直恩」、すなわち直接の知行給与があるだろうと請け合っている。[60]つまり、それまでの代替措置として、とりあえず戸次氏が知行を与えているのである。

小野氏は、本来大友氏から直接知行を与えられるべき存在（大友氏の直臣）であり、大友氏から戸次道雪に付けられた与力と考えられる。

しかし、このように、すぐに大友氏の知行給与がおこなわれない場合、戸次氏が代替で知行を与えることがある。さらに戸次氏は、同じ小野氏の小野鎮幸《しげゆき》に対して、独自の知行給与もおこなっている。[61]小野鎮幸も、戸次道雪に「同心」して戦功を挙げたことにより、大友義統《よしむね》から知行を与えられているから、やはり戸次氏の与力である。[62]つまり戸次氏は、小野氏に知行を与え、「永く同心」する「恩顧の与力」としているのである。

天正九年（一五八一）、道雪は、高橋紹運の子統虎を養子に迎えるが、その際、紹運は覚書を作成し、道雪の「御同名《どうみょう》・御家中衆」に、この養子入りに関わって何らかの同意を求めている。[63]この覚書の宛所になっている戸次右衛門大夫以下一六名の人物が、この「御同名・御家中衆」にあたるとみてよいが（同名は戸次姓を名乗る、戸次氏の親類のこと）、そのなかに先ほどの小野鎮幸がいる。つまり、この段階で小野鎮幸は、戸次氏の「家中」に属し、戸次家の相続問題に関与しているのである。このような、与力が家来化する例は、それほど珍しいわけではない。立花氏（戸次氏から改姓）では、ほかに薦野《こもの》氏や米多比《ねたみ》氏の例がある。[64]また、竈門《かまど》鎮意《しげおき》は、岩屋・宝満城督の高橋紹運の同心となることを望み、大友氏から認められているが、そのすぐあとに、今度は高橋紹運の「同名」に准じることを望んで、やはり認められている。[65]

寄親が自身で独自に知行を給与し、長くその関係を継続する与力は、実態としては寄親の家来とほとんど区別がつかない。そして実際に、与力がついには家来や同名となるケースもあるのである。

寄親の裁量

では、本来大名の直臣であるはずの与力が、寄親の家来になっていくというこのような状況を、大名は黙認していたのだろうか。また容認していたとしたら、なぜ容認したのだろうか。

従来、一般的に、大名権力は、寄親と与力の私的結合を抑制したといわれている。たとえば『角川新版日本史辞典』[66]の「寄親・寄子」の項目を見ると、「戦国大名は、有力家臣を寄親、土豪的下級家臣を寄子として軍事力を編成、かつ両者を直臣として直接掌握し、両者が緊密な関係を結ぶことを阻止した」とある。つまり寄親寄子制という制度自体が、こうした有力家来が私的に諸領主を編成し、勢力を拡大することを防ぐためのものとされているのである。

秋山伸隆氏は、毛利分国における寄親と一所衆（ここでいう与力）について次のように論じている。[67]元亀三年（一五七二）に作成された「毛利氏掟」[68]には「与力一所の者給地明所の儀、寄親手裁判、曲事たるべきの事」という規定がある。これは、与力・一所衆に与えられていた給地が、何らかの理由で「明所」、すなわち給人のいない空いた土地になったとき、これを「手裁判」すること、つまり、寄親が他の誰かに与えるなど、勝手に処分することを禁じた条項である。これについて、秋山氏は、寄親が「給地明所」を「裁判」することは寄親の一所衆に対する「私恩」の給与となり、一所衆との間に主従制的結合を生み出す経済的基盤となるため、その面から私的結合の形成を抑制しようとしたものとしている。つまり、これは寄親による与力への私的な知行給与を禁じたものという解釈なのだが、果たしてそうだろうか。

近江国の六角氏が定めた分国法「六角氏式目」の第五九条は、この「毛利氏掟」の規定と同様、与力に与えられていた所領が「明所」となった場合を想定している。そこでは、寄親が知行を与えて給人としていた与力が逐電した場合、その跡職《あとしき》(この場合、残された所領のこと)については、寄親が処分すること。寄親が給地を与えていない「給人にあらざる与力」の跡職については、寄親は権利を主張してはならない、とある。ここで禁じられているのは、寄親が与力に対して、私的に知行を給与することではなく、大名が与力に与えた知行を、寄親が勝手に処分する(手裁判する)ことである。「毛利氏掟」の場合も、これと同じと考えてよいだろう。

先に見た「今川仮名目録追加」第三条でも、大名の今川氏が、寄親が与力を「永く同心」させるための心得として、寄親が自分で知行を給与することを勧奨していたように、一般的に、大名が寄親による「私恩」の給与を禁じていたとはいえない。

さらに、毛利氏や六角氏が禁じている寄親の「手裁判」も、他の大名分国では必ずしも全面的に禁じられていたとはいえない。

甲斐武田氏配下の栗原信盛は、与力の内田右近丞尉が「青柳民部丞明所」を与えられることを望んだのに対して、これを認めた上で、武田氏の印判状は後日申し請けるとしている[70]。つまり、本来、武田氏によって給与されるべき所領を、事後承認を得ることが前提であるにしても、栗原信盛が自己の裁量で給与しているのである。

さらに、丹波国の波多野氏の場合でも、波多野秀忠は、一族の波多野秀親に対して、「それの申次《もうしつぎ》の衆、自然別心においては、かの知行分の事、しかるべき仁躰、武略をもって引き入れられ、遣わさるべく候」（秀親の申次の衆が、もし裏切った場合は、その知行については、しかるべき人物を武略によって味方に引き入れ、その知行を与えるように）と指示している[71]。「申次の衆」とは、秀親が波多野氏への取り次ぎ役をしている者たちのことで、別の史料では、秀親の「申次の衆」が、秀親の手に属して在陣しているともあるから[72]、ここでいう与力のことである。つまり、与力が裏切って離反した場合、その知行については、寄親である秀親が自分の才覚で、代わりとなる者を味方に引き入れて与えるよう指示されているのである。

同様に、今川氏も、裏切って他に属した与力の所領については、寄親が別人に与えるよう指示している[73]。とくに今川義元が匂坂長能《さきさかながよし》に与えた指示では、「法度《はっと》の如く」とあるので、これは例外的な措置ではなく、今川氏では法として規定されていたものであった[74]。

このように、いくつかの大名権力は、与力の知行について、寄親の裁量権をある程度認めているのである。

もちろん毛利氏や六角氏のように、手裁判を禁じている例もあるから、大名権力が、寄親と与力の関係強化を無制限に認めていたわけではないにしても、知行の授受も含む両者の関係強化を抑制していたとはいえず、今川氏に至ってはむしろそれを奨励してさえいるのである。

以上のように寄親が、与力の知行について一定の裁量権を有するような事態は、寄親と与力の関係の形成のされ方とも関わっている。すでに見たように、寄親と与力の関係が形成される契機として、大名によって新たに付属させられた場合と、すでにあった結びつきを大名が追認する場合という、二つのタイプが指摘されていた。ここで注目すべきは後者のタイプである。

北条氏は、相模国中郡の郡代[75]を務める大藤《だいとう》氏の代替わりに際して、後継者となる大藤与七に対し、「寄子・被官、然るべき者を聚《あつ》め、人を改め撰ぶべき事」と指示している。[76]この場合、寄子（与力）は、北条氏から大藤氏に付けられるものではなく、被官（ここでいう家来）と並んで、大藤氏が自分でしかるべき人物を集めて、選ぶことになっているのである。

つまり、そもそも与力の編成は、支城主や有力家来が、自身の家来を編成するのと同様、彼らの裁量に委ねられている部分が大きかったと考えられるのである。もう少しいえば、支城主や有力家来は、自らの配下に領主層を編成する際、それを家来とする場合と、与力とする場合があったと言い換えてもよいだろう。そのどちらになるかは、両者の意向、また大名権力の意向、その他、政治的条件によって、つまりその都度その都度の状況によって左右されるのであって、固定的・絶対的な違いがあるわけではない。

とすると、与力と家来は、ある時点をとってみれば身分としては画然と分けられているとしても、実態としてはその差異は曖昧だったといえる。実は、史料上の用法では、「家中」という言葉が、家来、与力、親類を含む、支城主や有力家来の配下の者を総称して、用いられる事例もある。一方、配下の者のうち、特定の集団に限定して「家中」の語を用いる場合もある。したがって前者は広義の

「家中」、後者は狭義の「家中」ということになろう。ここまで問題にしてきたのは、狭義の「家中」の方である。以下も、単に「家中」といった場合、この狭義の「家中」を指して用いるが、注意したいのは、家来と与力をとくに区別せず「家中」と総称する意識も、当時の人々にあったということである。これは、やはり家来と与力とは、実態としてはそれほど明確な違いがないということの反映だろう。

軍事力確保の必要性

ところで、戦国大名はなぜ支城主や有力家来に、与力編成についての一定の裁量権を認めたのだろうか。

永禄六年（一五六三）、大友宗麟は、前線で軍事行動中の臼杵《うすき》鑑速《あきすみ》・吉弘鑑理・戸次道雪に対して書状を送り、もし現地で、彼らに対して「裏判」や「かり《仮》知行」を求めてくる者がいても、応じないよう命じている[77]。裏判とは、知行の権利を示す証文の裏側に花押を据えることで、その権利を安堵するという意味を持つ。仮知行というのは、正式には大友氏によって給与されるべきものであるが、それを待たずに、とりあえず道雪らの裁量で仮に知行を認めてほしいということだろう。

いままさに戦場となっている現地の領主たちにすれば、大友方につくか、敵方（この場合は毛利氏）につくかの判断を迫られており、大友方に味方する以上、自身の所領の保証や、恩賞として新たな知行の給与を望むのは当然である。道雪らとしても、彼らを味方につけて、戦争に勝利するためには、そうした要望に応えなければならない。しかも、まさにいま戦争を遂行している最中のことであるから、即応性が要求される。こうした要望を本国にいる宗麟に伝えて、その返事を待つという、悠長なことをしているわけにはいかない場合もあるだろう。そこで、前線にいる道雪らの裁量で「裏判」や「かり知行」という措置がとられる可能性が出てくるのである。

宗麟はそうした行為を禁じているのであるが、軍事的要請から、前線の指揮者の裁量による知行の給与、すなわち知行軍役関係の形成が必要となる局面があったのは間違いない。実際、道雪が裏判を与えている例もある。[78]先に見た、道雪が与力の小野氏に対し、大友氏による「直恩」があるまでの代替措置として、自身で知行を給与した例も、こうした観点から位置づけることができるだろう。

また前述の吉川元春による戦国領主への宛行状の発給は、「家中」に対するものと様式が違うというだけでなく、発給の時期がほぼ天正八年〜九年に限定されている。これは、毛利氏と織田氏の戦争が本格化した時期——そして毛利氏にとって戦況が不利になった時期——にあたる。知行給与の対象地も、織田方に寝返った伯耆国南条氏の旧領で、南条氏の本拠地である羽衣石への着陣の上をもって、現地で知行を給与するというものである。しかも、これは本来、毛利氏がおこなうべき知行給与の、臨時的な代替措置であった。[79]つまり、吉川元春は前線での軍事指揮者として、一時的に戦国領主に対する知行給与の裁量権を得ているのである。

このように見てくれば、大名権力が、支城主や有力家来に対して、与力への知行給与の裁量権をある程度認めていることの理由がわかってくる。それは軍事力の確保の必要性、それもとくに前線での即応性ということと密接にかかわっているのである。今川氏や波多野氏が、与力が他勢力に寝返った場合に、すみやかにその代わりを見つけるよう、寄親に指示しているのも、こうした軍事的な理由が大きいだろう。

前述の、栗原信盛が、武田氏の印判状に先だって知行の給与を認めた例において、与力の内田右近丞尉は、「少なき御恩につき、軍役の奉公成しがたきの由」を前々から訴えていた。ここでも、寄親の裁量で知行給与することが、軍役の奉公を果たさせるために必要だったことが示されている。

つまり、戦国大名が、寄親の「私恩」の給与や、場合によっては「手裁判」さえ容認し、また今川氏が「永く同心」させる心得を説いていたのは、寄親と与力の関係を強化し、常に軍事力を安定的に確保する必要があったからである。したがって、与力には、支城主の家来とともに、その軍事組織（つまり家来と与力を含む広義の「家中」）を維持することも求められた。大友氏は戸次道雪の死後、戸次氏の家来と並んで、与力である鷹野氏や米多比氏に対しても、後継者の統虎への引き続いての忠誠を求めた[80]。また北条氏は、大藤氏に軍事行動を指示した際、まだ若輩の大藤氏の当主与七を、「同心・被官、老名敷者共」が支えるよう命じている[81]。ここでも被官（家来）や「老名《おとな》敷者《しきもの》」（老臣）と並んで同心（ここでいう与力）が見えている。

こうしてみれば、家来と与力を区別せず総称した広義の「家中」という用法があることも理解できる。ある支城主なり有力家来なりが率いている軍事力という観点からは、家来と与力を区別する意味はあまりないからである。戦争が常態化している戦国期において、大名権力にとって何よりも大事なのは軍事力の確保である。

支城主と戦国領主の共通性からみた戦国期の特質

前節でみたように、戦国大名毛利氏は、軍事力確保という観点から、戦国領主の「家中」がある程度安定的に維持されていることを必要とした。また、戦国領主の「家中」には毛利氏から知行を給与される者がおり、そうした影響力を利用して、毛利氏は戦国領主を統制していた。

このことと、本節で検討してきた、戦国大名と支城主や有力家来との関係に共通性があるのは明らかだろう。戦国大名は、軍事力確保の観点から、支城主による家来や与力の編成強化を求め、知行給与についても一定の裁量を認めている。与力が寄親から「私恩」を給与されれば、その与力は、大名と寄親の双方から知行を与えられていることになる。この関係は、戦国大名と戦国領主の関係と相似形である。

もちろん支城主は大名が任命するものである。その点で、戦国領主とは大きく異なる。しかしながら、支城主が一定の自立性を帯びており、戦国領主との差がそれほど明瞭なものではないことも、津久井内藤氏や立花城督戸次氏の例で見たとおりである。極端な言い方をすれば、大名権力は、一定の裁量権を帯びた支城主を任命することで、擬似的に戦国領主を新たに生み出していたとも言えなくはない。

この点で興味深いのが、北条氏配下で武蔵国松山城主となった上田氏の事例である。[82] 北条氏と越後上杉氏の和平交渉の際、上杉氏は松山領の割譲を要求するが、北条氏は松山領は上田氏の本領であるということを理由にこれを拒否し、最後は、割譲すれば上田氏が、両者の共通の敵である甲斐武田氏に寝返るかもしれないと言って、上杉氏に松山領割譲をあきらめさせた。そして、この後、上田氏の本領であると主張した手前もあってか、上田氏の松山領支配は以前よりも強化されていく。もちろん上田氏はそれ以前から松山周辺に勢力を有する、有力な「他国衆」であったが、このような大名間の政治的な駆け引きのなかで、半ば作り出された戦国領主であったともいえる。

黒田基樹氏が大名とほぼ同等の権限を与えられているとした支城領主は、武蔵国滝山城の北条氏照、同国鉢形城主の北条氏邦、同国岩付城主の北条氏房などであるが、これらはそれぞれ大石氏、藤田氏、岩付太田氏という戦国領主の支配を継承し、拡大したものである。この点からも支城主と戦国領主にはある程度の同質性があることが窺えよう。

こうした支城主や有力家来の持つ裁量権、与力・家来の編成強化の容認は、彼らが独自に勢力を増大させる余地を生み出し、大名からの独立や離反を可能とする基盤をつくり出すことになる。その点で、それは大名権力にとってジレンマだといえよう。しかし、可能性を生じさせるといっても、こうしたことが、ただちに独立や離反、あるいはそれを志向することに結びつくわけではない。

それはまず、与力はあくまでも大名の直臣であり、それは大名が寄親を統制する楔としての役割を、ある程度果たすと考えられるからである。寄親との関係が密接であるとしても、与力が大名との関係を断ち切って、寄親に従うことを選ぶかどうかは、個々の政治的・軍事的状況に左右される。

前述のように立花氏（戸次氏）は一部の与力を家来化していた。立花氏が豊臣氏から独立した大名に取り立てられたのも、こうした基盤があってこそだろう。しかし立花氏の自立化は、天正六年（一五七八）、大友氏が耳川の合戦で島津氏に大敗して以降、その力が衰え、ついには豊臣秀吉に救援を求めるところまで追い込まれていたという、大友氏の政治力低下と関係している。

逆に寄親の政治力が低下すれば、与力が寄親から離反しようとする動きも出てくる。与力が寄親を取り替えたり、また寄親以外の者を通じて訴訟をおこなったりすることを禁じた法令は、今川氏の「今川仮名目録追加」第二条、陸奥国の伊達氏の「塵芥集」第一三三条、武田氏の「甲州法度之次第」（五十五箇条本）第一九条、下総国の結城氏の「結城氏新法度」第三一条と、多くの分国法に見いだせる。[83] 与力は、寄親に政治力がないと思えば、それを見限ることもありえたし、むしろ大名権力はそうしたことのないよう、法を制定してでも、寄親と与力の関係を安定させようとしていたのである。

そもそも、寄親を取り替える以前の問題として、今川氏や波多野氏が、与力が裏切ったり、他勢力に属してしまった場合の指示を与えているように、与力の去就は政治的・軍事的情勢によって流動的であったといわなければならない。大名権力にとっては、与力が寄親の家来となってしまうことよりも、敵対勢力に属してしまうことの方がより危惧されたはずである[84]。

結局のところ、支城主や有力家来の支配も不安定であり、支配の及ぶ範囲の外縁は曖昧で流動的だったといえよう。これもやはり戦国領主と同じである。つまり、一定の自立性を持つ戦国領主や支城主の「家中」（この場合、広義の「家中」）は、現実に戦争が多発し、常態化している戦国期の状況に対応して形成されたものである。したがって、これは軍事的情勢に左右される不安定さを必然的に内包する。

中核としての「家中」

さて、「家中」と与力の差は実態としては曖昧であると述べたが、では「家中」とはどのような意味を持つのであろうか。これについては、第四章で検討するが、ここでは次の点だけ指摘しておきたい。

「家中」も与力も、戦国領主や支城主の家督相続の局面でみられたように、ともに広義の「家中」（支城主の率いる衆）という組織を維持していく存在であった。ただし、都野家頼の幼少の子への家督相続を願い出たのは都野氏の「内之者共」であったし、養子を迎えて高橋家を存続させようとしたのは高橋氏の「長臣」たちであった。つまり狭義の「家中」は、広義の「家中」の中核にあって、その存続に責任を負う存在であったといえよう。

先の大藤氏の例では、幼少の当主を「同心・被官、老名敷者共」が支えて軍事行動をおこなうよう、北条氏から指示されていたが、北条氏は、もし何か問題を起こしたら、「老名敷者」(老臣)の中からくじ引きで選んだ者を切腹させるとしている。つまりここでは「老名敷者共」が連帯責任を負わされているのである。「老名敷者」や「長臣」、年寄衆といった存在は、「家中」のなかでも最も主だった家来であるが、彼らに代表される「家中」は、与力に比べ、より主体的な組織維持の担い手とされていたといえよう。

戦国大名分国は、こうした戦国領主や支城主といった一定の自立性を有した存在を前提として成立している。以上のような支城主と戦国領主の共通性からすれば、「家中」の並立状況は、克服されるべき非本質的状態ではなく、むしろ戦国期の特質と評価されるべきではないだろうか。もう少し付け加えれば、これは旧来の秩序が流動化し、新たな編成が進められたが、しかし戦争の常態化、すなわち常に暴力による秩序の変更可能性を残しているという戦国期の特質に対応した構造であるといえる(この点は第四章で述べる)。

では、次は「領」の側面から、戦国大名分国の権力構造の特質を考えてみよう。

三　戦国領主の「領」

「上から」か、「下から」か

すでに述べたように、戦国領主の「領」は、単なる知行地支配とは異質な、一円的で排他的な公的領域支配であると位置づけられてきた。そして、それはより広域的な公共的利害調整のために成立し、さらに近世に向けて、より広域的な利害調整のために解消され、大名領国の一元化が果たされるとみられてきた。

この公的支配の具体的内容であるが、矢田俊文氏は裁判権、立法権、夫役《ぶやく》収取権（労働力の徴発）、銭貨役収取権（段銭などの銭で支払う税の徴収）などを挙げ、これらが寺社などにも行使されているとする。[85]また、黒田基樹氏も、主従制的支配下にない寺社領なども含む、すべての知行主に対する知行安堵権の一元化、すなわち一円的土地所有権の実現、および段銭などの国役賦課権を挙げる。[86]つまり寺社なども含む個別の知行主体よりも上位の、領域全体に対する権限を有しており、これを公権的支配と評価しているといえよう。寺社も含むという点が強調されているのは、これが単に主従制的支配の拡大したものではないということであろう。

しかし、戦国領主ももともとは他の知行主体と同列の、個別知行主だったはずである。では、「領」の成立、すなわち単なる知行地支配から、公的領域支配への変化はいかにして起こるのだろうか。

川岡勉氏は、備後国山内氏について、一五世紀半ば以降に、「守護段銭の給与・免除を含め、備後国の公的支配権が国人層に委ねられていく中で、彼らの領域的支配が確立していく」とする。[87] 前章で見たように山内氏は、備後国の守護山名氏から信敷荘の段銭取得権を与えられていた。段銭の徴収権は守護公権（守護という役職にともなう公的な権限）である。このことから川岡氏は、山内氏の「領」支配の権限は、守護公権に由来し、それが下降分有されたものと考えている。これは上から公権が付与される、いわば上からの公権形成ということになろう。

一方、前章で見たように黒田基樹氏は、戦国領主の公権性は、村々の公権力を代替したものと考えていた。これは第三章で詳しく見るように、戦国領主の支配は、被支配者がそれを正当なものとして受容することによって成り立っているという考え方に結びついており、その意味でいわば下からの公権形成ということになろう。

伊藤俊一氏は、中世後期の地域をめぐる議論について、上からの公権形成を重視する議論と、下からの公権形成を重視する議論があると整理した上で、二者択一ではなく、両者の相互作用として考える必要があると述べている。[88] 二者択一的にとらえるべきではないというのは、まさにその通りであるが、しかし、そもそも戦国領主の「領」は――あるいは戦国大名分国も――「上から」ないし「下から」公権が委譲されることによって成立するものなのだろうか。以下、この点を検討してみよう。

一円的な領域支配

まず、「領」はどのように成り立っているのだろうか。天正元年（一五七三）、北条氏配下の相模国玉縄城主の北条氏繁が、木戸氏が支配する武蔵国羽生《はにう》領を攻撃する際、鷲宮社神主の大内晴泰に書状を送り、「其口《(鷲宮)》羽生領・鷲領の傍尓《(牓示)》等尋ね候、加敗せらるべき郷村、何郷の書立給うべく候」と要請している。[89] 牓示《ぼうじ》とは、土地の境界を示す目印のことで、ここでは羽生領と鷺宮社領の境界線そのもののことを言っている。「加敗《かばい》」は、「加敗の制札」といった用例があるが、これは軍勢による乱暴狼藉などを禁じる制札のことである（「庇い」の当て字であろう）。こうした制札は、村落が軍勢の指揮者に要請し、通常は礼銭を支払うことによって発給してもらうものであるが、制札をもらうということはその軍勢への味方化を意味したとされる。したがって、「加敗せらるべき郷村」とは、味方の軍勢による乱暴狼藉から保護すべき、味方側に与した郷や村のことで、氏繁は、ここでその具体的な郷村名の書立（リスト）を求めている。「領」の境界を尋ねることが、すなわち郷村のリストを要求することであるということは、「領」がこうした郷村の集合として構成されていたことを示している。また、この史料は、「領」が境界線を引くことのできるような、一円的な領域であることも教えてくれる。

先にも見たように室町期の国人領主の所領は、個別的な諸権利の寄せ集めであった。川岡氏によれば、備後国の山内氏の所領は、もともと山内氏が知行していた本領、守護山名氏から与えられた給分、さらには山内氏が代官として、荘園領主に対し年貢の徴収を請け負う契約を結んだ請地《うけち》という区別があった。また、そのそれぞれの内容も地頭職や領家職といった「職」であったり、段銭の取得権であったりとさまざまであった。たとえば、文明一五年（一四八三）の譲状では、本領・給分として「信敷東一円」、「同所増分」、「信敷東西段銭」などが列挙されている。[90]

備後国信敷荘は東方と西方に分かれている。この段階では、山内氏の支配する信敷東については「一円」とされているが、信敷西は段銭の取得権しかない。つまり信敷西ではほかの知行主も何らかの権益を有していることになる。同じ土地に重層的に権益が存在し、それが複数の知行主によって支配されているとなると、山内氏の支配の及ぶ範囲は、土地に境界線を引いて示せるようなものではない。信敷東においても、「信敷東一円」のほかに、「増分」（新規の開発あるいは検注〔土地の調査〕などによって増えた分であろう）や段銭が併記されているということは、そこにある複数の諸権益が、たまたま、いずれも山内氏の手に帰しているというのにすぎないのであって、その意味で、山内氏の支配はいまだ領域的なものとは言えない。山内氏は、この地域においてかなり多くの権益を有する有力な領主であったが、それでもこのような諸権利の寄せ集めの段階では、山内氏の支配は、他の知行主と同レベルにある。

ところが天正一四年（一五八六）、毛利氏による所領の調査に対して、山内氏が提出した所領のリストでは、これらは一括されて単に「信敷東西千貫」と記されており[91]、本領・給分・請地といった区分や、地頭・領家といった「職」の記載がなくなっている。

天文二二年（一五五三）、山内氏が毛利氏に服属する際、その条件について交渉がおこなわれたが、そのなかに「信敷の内、先年は国の者共少しずつ知行仕り候といえども、只今のごとく申し付くべく候、追って誰やの者申し候とも、御同心あるべからざること」（信敷の内は、以前は備後国内の領主たちが少しずつ知行していたが、現在は山内氏がすべて支配している。今後、何者かが信敷の内に権利があると毛利氏に言ってきても、毛利氏はそれに同意しないこと）という条件があり、毛利氏もこれを受け入れている[92]。

つまり信敷は、以前は、さまざまな領主の権益が入り組んでいたが、この時点では山内氏がそれを排除して、一円的に支配している（と少なくとも山内氏は主張している）のである。これが天正一四年の単に「信敷東西千貫」とする表記につながっていると考えられる。

安芸国の小早川氏の惣領、沼田小早川氏の最も中核的な所領である沼田荘の場合も見てみよう。一五世紀初頭の応永二一年（一四一四）の小早川常嘉（則平）の譲状には、嫡子持平に譲与する所領が列挙されているが、このうち沼田荘内の所領は、「安芸国沼田庄本郷惣地頭職・惣公文《くもん》職・撿(検)断事、除庶子分、」と記される権益をはじめ、「安直《あじか》本郷惣地頭・惣公文職・検断事、除庶子分、」、「小坂《おさか》郷地頭職・公文・撿(検)断事、付塩入市庭事、」など、いくつもの権益に分かれて記載されている。[93] 郷ごとに分かれているだけでなく、同じ郷でも、地頭職、公文職、検断と複数の権益が重層的に設定されており、この場合は小早川惣領家がいずれも保持しているわけであるが、元来はそれらがそれぞれ別人に保有される可能性もあるはずである。

これに対し、一五世紀終わりの延徳三年（一四九一）の小早川敬平《たかひら》の譲状に添付された所領目録では、沼田本郷、安直郷、小坂郷などが一括され、「安芸国沼田庄惣領軄(職)悉、并寺領社領」と記載されている。[94] 沼田荘内の複数の郷が一括されただけでなく、地頭職、公文職といった個別の「職」の表示もなくなっている。さらに、応永二一年の譲状にあった「庶子分を除く」という注記がなくなっており、これを田端泰子氏は、小早川惣領家による庶家所領の包摂と評価しているが、[95] 注目されるのは、延徳三年の所領目録では「寺領社領」まで譲与の対象となっていることである。これは、小早川惣領家が、寺社や庶家を排除して、沼田荘全体を直轄化したことを意味するのではなく、小早川惣領家の支配が、寺社や庶家の知行支配よりも上位に存在し、それら下位の知行主の支配を包括するものとなっていることを示している。

山内氏の場合も、先の「信敷東西千貫」には「此内七拾貫滑良持」という注記があり、一部が家来の滑良氏に与えられていることがわかる。もちろん、この滑良氏の知行分は、信敷一〇〇〇貫の内に含まれているのだから、山内氏の支配と、滑良氏の支配は同じレベルではない。山内氏も、支配の一円化の達成を足がかりとして、こうした個別の知行主の上位に、全体を包括する支配を成立させているのである。全体を包括する支配であるから、山内氏の権益がどの部分かということをいちいち示す必要もなくなり、「職」による権益の表示がなされなくなる。

先に紹介したように、峰岸純夫氏は、上野国由良氏の支配する新田領について、由良氏が他の知行主より上位の支配（裁判や役賦課）をおこなっていることを明らかにし、その支配を「職」の一定の克服の上に形成されたものと評価したが、以上のような山内氏や小早川氏の事例は、多様な諸権利（「職」など）の寄せ集めから、こうした一円的領域支配への転換に踏み出したものと言えるだろう。

しかし、山内氏にしても小早川氏にしても、その所領は信敷荘や沼田荘だけではなく、ほかにも多くの所領を持っている。これまでの研究で注目されてきた関東の新田領や羽生領のような「領」は、戦国領主の一円的支配領域全体を指して用いられているものである。したがって、信敷荘や沼田荘といった個別所領に対する包括的な支配の成立だけではまだ「領」の成立とは言えない。では「領」はどのように成立するのだろうか。

「領」形成の過程

天文二〇年（一五五一）、周防国・長門国の守護大内氏において、陶隆房（晴賢）がクーデターを起こし実権を握ると、石見国の吉見氏は、陶氏と対立した。安芸国の毛利氏は、陶氏から吉見氏攻撃に参加するよう要請されるが、これに従わず陶氏との対決に踏み切り、弘治元年（一五五五）、厳島合戦で陶晴賢を破り、逆に防長に侵攻する。吉見氏も、本拠とする石見国吉賀《よしか》郡に隣接する長門国阿武郡に侵攻し、阿武郡の大半を制圧した。このとき吉見氏が征服したなかには、大内方の石見国益田氏が、大内氏から与えられていた大井郷、河嶋荘、福井郷なども含まれる。

こののち、弘治三年に益田氏も毛利氏に服属するが、永禄五年(一五六二)頃、益田氏が毛利氏の動員に応じて出陣している最中に、吉見氏は阿武郡において、益田氏の須佐郷、田万《たま》郷を奪った。このため益田氏は毛利氏に交渉して、両郷の返還を働きかけ[96]、毛利氏も同意したとみられるが、結局、田万郷のみの返還にとどまった[97](なお、港である須佐関は毛利氏が直轄化している)[98]。

弘治三年、吉見正頼は、家来の長嶺道祖寿《さいじゅ》に阿武郡内で知行を給与した宛行状の中で「右郡《(阿武郡)》の事、今度正頼粉骨を以て所勘せしむの上は、向後武具を嗜《たしな》み、人数を馳走し、郡役・反銭等の儀においては、先例に任せその節を遂げ」るようにと述べている[99]。阿武郡を「所勘」しているとあるから、吉見氏はこの時点で阿武郡に対する支配権を握ったと認識しており、したがって郡全体にかかる郡役や段銭の賦課をおこなっている。まさに戦国領主吉見氏の「領」が成立しているわけであるが、では、この郡役や段銭の賦課権のような阿武郡全体に対する支配権は、どのようにして成立したのであろうか。「先例に任せ」とあるから、吉見氏が支配する以前からこれらの役賦課があったことは確かである。それは長門国の守護であった大内氏の権限、すなわち守護公権の一部だろう。では、吉見氏の阿武郡に対する支配権は、単に守護公権を継承したものと考えてよいだろうか。

もちろん形の上では守護公権の下降分有と言ってよいだろう。しかし、吉見氏の阿武郡支配は、「粉骨を以て」とあるように軍事的な征服の結果である。つまり、このときの軍事的・政治的情勢によって、いわば、たまたま阿武郡全体にほぼ近い領域を支配できたにすぎない(ただし、長門国における吉見氏の所領が阿武郡以外にはほとんど存在しないことからすれば、吉見氏が阿武郡を制圧すべき枠組みとして当初から目標にしていたか、それ以外には進出しないという毛利氏との取り決めがあった可能性はある）。仮に益田氏の抵抗がもっと強ければ、阿武郡全体を支配できなかっただろうし、実際、当初は須佐郷、田万郷はまだ益田氏の支配下にあり、永禄五年頃にこれを奪い取った後も、益田氏が毛利氏に働きかけたことで田万郷は返還を余儀なくされている。つまり、吉見氏は阿武郡を「所勘」していると認識しているが、それは吉見氏の実効支配の範囲が阿武郡の大半にわたったことで、あたかも郡の支配権を握ったかに見えるということである。そして、いったんそうなればそれは事実上の郡に対する支配権として機能し始める。

先に見たように関東における「領」は郷村の集合として表されるものであった。こうした郷・村といった個別所領の集合が一定の規模に達すれば、それは事実上の一円的な公的領域支配として機能することになるのだといえよう。

たとえば、元亀元年（一五七〇）、阿武郡の大井八幡宮の祭礼をめぐる争いに、吉見氏が裁定を下している。[100] この祭礼には、阿武郡内の一八の郷や荘から、それぞれの代表として鼓頭《こっとう》と呼ばれる役職の者が出仕することになっていたが、そのときの着座の順序について、賀年《かね》郷と高佐郷の庄屋・鼓頭が争った。これに対し吉見氏は、奈古郷の鼓頭が所持していた、文和元年（一三五二）のものとされる「往古座配張（帳）」の案文（控え）を提出させ、さらにこれを椿郷の鼓頭が所持していたものと突き合わせて確認し、今後、着座の順序はこの案文の通りにするように命じ、違反者は処罰するとしている。

この大井八幡宮は、大井郷に所在するが、先の一八の郷・荘に加え、他の祭礼や神事にはこれ以外の阿武郡内の郷や村も米・銭や人を出すことになっており、その祭祀圏は阿武郡全域に広がっている。したがって、大井八幡宮の祭礼における席次を決めることは、郡全体にかかわる問題である。このような問題が持ち上がったときには阿武郡の大半を支配している吉見氏のもとに持ち込まれるほかない。

吉見氏の場合、たまたま「領」の範囲が郡の枠組みに近い領域になったが、軍事的・政治的な契機によって「領」が成立するとき、それが軍事的・政治的情勢に左右されて郡のような枠組みにはならないことも当然ありうる。

新しい地域秩序

先にも紹介した「北条氏給人所領役帳」は、永禄二年に作成された、北条氏が給人に与えた所領の台帳である。北条氏は、給人を小田原衆、玉縄衆、江戸衆というように衆に編成しているが、「役帳」はこの衆ごとに、そこに所属する各給人の所領を書き上げている。多くの場合、所領の地名の右肩に、その所領が属している地域区分が書かれている。たとえば相模国であれば、西郡、中郡、東郡、三浦、保内《ほない》。武蔵国では小机、稲毛、江戸、河越などといった地域区分が見られる。なかには吉見郡や比企郡など、律令制の令制で定められた郡名も見えるが、ほとんどはこうした旧来の郡域とは異なる新しい地域区分である。

この「役帳」に見える地域区分のうち武蔵国の小机と稲毛に注目してみよう。

小机は支城主である小机城主の支配領域としての小机領にあたる。この地域にはかつて小机保という国衙《こくが》領（律令制下で、各国を統治するために設置された役所を国衙といい、国衙領はその支配下にある公領のこと）が存在したが、「役帳」にみえる小机の領域はこの範囲を越えて広がっており、郡でいえば都筑《つづき》郡と橘樹《たちばな》郡にまたがっている。つまり旧来の地域秩序とは異なる新たな地域区分が生み出されている。その小机の東隣に位置する稲毛も、かつて稲毛荘という荘園があった地域を中心にしているが、稲毛荘の荘域を越えて広がっている。

興味深いのは、「役帳」で小机に区分された所領と、稲毛に区分された所領が入り組んでいることである。たとえば、上丸子、下丸子、戸手といった所領はいずれも地域区分は小机であるが、稲毛とされている所領を挟んで東側に位置している。またかつて稲毛荘内にあった井田郷は「役帳」では小机とされている。さらに久木は、江戸衆のうち島津衆に属する島津又次郎と、河越衆に属する後藤惣次郎の二人が知行しているのだが、前者では稲毛、後者では小机と記載されている。なぜこのようなことが起きるのだろうか。

「役帳」で稲毛とされている所領の知行者を見ていくと、二ヵ所を除いて、すべて江戸衆のうち島津衆、太田大膳亮《だいぜんのすけ》衆、太田新六郎衆に属する給人である（江戸衆は、内部で七つのグループに分かれており、島津孫四郎を筆頭とするのが島津衆、太田大膳亮を筆頭とするのが太田大膳亮衆、太田新六郎を筆頭とするのが太田新六郎衆である）。このうち太田新六郎（康資）は前節でみた、江戸太田氏である。また太田大膳亮は、同じ太田姓であるが、江戸太田氏とは別の一族で、かつては江戸太田氏の「同心」であった[101]。したがって、太田大膳亮衆の稲毛の所領は、もとは江戸太田氏から与えられたものであると考えられる。一方、島津氏については、主たる所領が相模国にあることから、江戸地域の在地勢力ではなく、北条氏の江戸進出によって外部から入ってきた存在であるが、島津衆に属する給人は、太田新六郎衆に属する給人と同族であったり、また太田新六郎衆の給人と所領が相給（一つの所領が複数の給人に給与されていること）になっている事例が多く、島津衆自体が、江戸太田氏から何らかの経緯で給人や所領を分与される形で成立したものと考えられる。だとすると、結局のところ、「役帳」で稲毛とされている所領は、江戸太田氏に由来する所領なのである。

先にも述べたように、江戸太田氏は実態としては自立的な戦国領主である。つまり、小机と稲毛の区分は、地理的な区分ではなく、北条氏と江戸太田氏の政治的な関係によるものである。両者が入り組んでいるのも、久木が、河越衆の所領では小机とされているのに、江戸太田氏に由来する島津衆の所領では稲毛とされたのも、このためだろう。小机、稲毛という領域秩序は、このような政治的な情勢に左右されて成立したものであり、したがって、既存の荘園や郡などの枠組みとは必ずしも一致しないのである。

領域支配権の形成

既存の郡などと一致しないのであれば、たとえば郡支配権を継承するという形で領域支配権が成立するとは考えにくい。では「領」に対する支配権はどのようにして形成されてくるのだろうか。

黒田基樹氏は、相模国の三浦氏の三浦郡支配について、知行安堵権の一元化、すなわち一円的土地所有権が成立しており、したがって単なる知行地支配ではなく、公的領域支配であると位置づけた[102]。その際、黒田氏は、鎌倉の建長寺の子院西来庵が、三浦郡内の霊山寺《りようぜん》を支配下に置くことについて、三浦道寸の「枢機」を得て、道寸がそれに同意したことを受けて、霊山寺領の年貢などを西来庵に納めることになった事例[103]を挙げて、三浦郡以外の領主の、三浦郡内の知行についても、三浦氏が知行安堵権を一元化しているとした。

「枢機」というのは有力者への手づる、縁故のことである。つまり西来庵は、三浦郡における最大の有力者であるところの三浦氏に、一応話を通して、事が円滑に運ぶようにしたのにすぎないのであって、別に三浦氏が知行安堵をしたわけではない。したがって、この事例から知行安堵権の成立を主張することはできないが、しかし、この事例は公的な領域支配の成立という問題を考えるにあたって示唆的である。それは、三浦氏は、少なくともこの霊山寺の場合には、知行安堵権のような公的権限を持っているわけではないにもかかわらず、西来庵としては、三浦氏に話をつけておくことが重要だと考えていたということである。

ある地域で所領支配を安定的に維持しようとすれば、その地域の最大の有力者に保護を求めるのは自然な成り行きであろう。あるいは最低限、話を通しておかないと、あとで何かとトラブルが起きるかもしれない。所領支配の保証を口頭で約束してもらうだけではなく、安堵状のように書面にしてもらえばいっそう確実である（ちなみに、中世においては、安堵状でも制札でも、権利や利益を認めるような文書は、基本的には受益者側が要求して発給してもらうものである）。その地域に、卓越した有力者が存在し、みんながその有力者に対して安堵状の発給を求めるようになると、あたかもその有力者に知行安堵権があるかのような状態になる。つまり、事実上、知行安堵権が成立するのである。三浦氏と西来庵の事例は、その萌芽的段階を示しているように思われる。

吉見氏の阿武郡支配でも同様の事態が起こっていると考えていいだろう。戦国領主の公的領域支配権なるものは、軍事的な征服などで、支配が一定の規模に達したことによって、事実上の権限として生じたものなのである。したがって、これは単純に守護公権の下降分有だとは言えない。

同様に、それは村落からの公権の委譲によって成立するわけでもない。吉見氏の場合でいえば、大井八幡宮の祭礼に参加する阿武郡の郷村が連合して、何らかの領域権力を擁立しようとしていたわけではなく、吉見氏がたまたま益田氏などとの抗争の中で、阿武郡のほぼ全体を制圧し、その結果、たとえば大井八幡宮の祭礼の問題のような郡全体にかかわる問題についても解決を求められることになったのである。

つまり戦国領主の「領」は、事実関係としては、公共的な利害調整のために成立するのではなく、軍事的制圧などによって、一定の規模の「領」が成立した結果として、その土地の公共的利害調整がおこなわれるようになり、事実上の公的領域支配として機能するのである。

ところで「領」の範囲がこのように、軍事的・政治的情勢に左右されるものだとするならば、その外縁は常に不安定で流動的なものとならざるをえない。そもそも、支配権の及ぶ範囲が明示的に確定している既存の権限（郡支配権のような）の継承ではなく、三浦氏と西来庵の事例のように、萌芽的には有力者の影響力が及ぶ範囲というようなものとして成立してくるとするならば、その外縁は明確に線引きできず、輪郭は曖昧である。村落が制札を求める場合でも、領主が知行支配の保証を求める場合でも、軍事的に優位に立つ、より有力な勢力が現れれば、そちらの方に求めていくということが起こりえただろう。

この点は、先に見た戦国領主の「家中」が不安定であるというのと共通する特徴である。そして、戦国領主の「家中」支配が、戦国大名の後ろ盾によって安定する側面があったのと同様、戦国領主の不安定な「領」支配は、戦国領主が、戦国大名の支配下に入ることでむしろ安定するという側面を持っている。

「領」の安定化

「領」の外縁が曖昧であると述べたが、やがて他の領主との関係のなかで、境界が明確化されていく。北条氏繁は羽生領の牓示、すなわち境界を尋ねていたが、それは保護すべき味方の郷村と、攻撃を加えてもよい敵方の郷村を分けるということであった。つまり、敵・味方を識別する中で、「領」の境界が明確化されたといえる。

すなわち、「領」の境界は、他の領主との対立や、あるいはそうした対立を抑止するための交渉や調停などによって、明示されていくのである。そして、その際、大名権力による保護や調停が一定の役割を果たしたと考えられる。

たとえば先に見た小机と稲毛の区分でも、北条氏の支配下で安定し、さらに「役帳」に記載されることで確定していくと考えられる。

「役帳」で相模国は西郡・中郡・東郡・三浦・保内の五つに区分されていた。すでに述べたようにこれは、旧来の郡とは異なる、新しい枠組みである。西郡と東郡については、すでに一五世紀の前半から見られるが、中郡は永正九年（一五一二）に相模東部まで進出した北条氏（当時は伊勢氏であり、北条氏を名乗るのは大永三年〔一五二三〕のことであるが、煩雑なので北条氏に統一する）によって創出されたものとされる[104]。また、三浦と保内（津久井領）には、それぞれ三浦氏、内藤氏という有力な戦国領主の支配が展開していた（三浦氏は永正一三年に北条氏によって滅ぼされている）。保内は相模国内でも山間部の地域であり、三浦は三浦半島であるから、これらがそれぞれ一つの地域区分として成立したのは、そうした地理的な要素もあるが、戦国領主の存在や、保内が甲斐武田氏との、三浦が安房里見氏との前線地域であるという、政治的・軍事的な要素が新しい地域秩序の形成に強い影響を与えている。

したがって、こうした地域区分も、当初は不安定なものであったと考えられるが、先に述べたように内藤氏は天文二年（一五三三）までには北条氏の支城主化する。内藤氏は、支城主となっても自立性を残しており、戦国領主的な実態を維持しているが、その「領」（津久井領）の領域は、前記のような北条氏の行政的な地域区分のなかに一応は組み込まれ、一定の安定性が確保されることになる。[105]

豊臣期における展開

このように、「家中」の場合と同じく、戦国領主の「領」支配が、大名権力の下で安定化の方向に向かうとすれば、戦国期は「領」の解消に向けた一貫した過程ではないということになる。実際、こうした「領」は戦国期を通じて維持され、一部はその枠組みが近世初期にもなお残存するのである。光成準治氏によれば、石見国益田氏は、天正一九年（一五九一）以降、領内に検地と家来の大規模な知行替えを実施し、経済・流通機能の益田本郷（現島根県益田市）への集中を図るなど「領」支配の強化を図るという。益田氏は関ヶ原合戦後、徳川氏から独立大名への取り立てを打診されており、益田氏は結局これを断って、毛利氏の家来として石見国を離れるが、もし益田氏がこれを受けていれば、「益田領」はそのまま益田藩として近世に存続したはずである。[106]

また、武蔵国では、小机、稲毛といった地域区分が、近世には再編されて小机領、稲毛領などの行政区分になるが、戦国期の「領」は、こうした近世の行政区分としての「領」に、一定の規定性を与えているとされる。[107]

備後国神辺《かんなべ》城（現広島県福山市）を本拠地とした戦国領主杉原氏の「領」の展開を見てみよう。神辺城は天文一八年（一五四九）までは、備後国守護山名氏の一族である山名理興《ただおき》が城主であったが、大内氏・毛利氏に攻められて出雲に逃れ、弘治三年（一五五七）頃までには、吉川元春の推挙により杉原盛重が城主となったとされる。[108] この杉原氏の所領は、神辺城のある安那《やすな》郡を中心に、沼隈郡北部、深津郡にまたがっていた。[109] 注目されるのは、これら備後国の所領に隣接する備中国後月《しつき》郡の高屋や出部《いずえ》（いずれも現岡山県井原市）でも杉原氏が知行を与えている点である。[110]

盛重の死後、元盛が跡を継ぐが、天正一〇年（一五八二）に弟景盛に殺害され、景盛も天正一二年に毛利氏によって討たれる。杉原氏は景保が継ぐが、その所領は一四〇〇貫に限定され、神辺城とその城領である神辺領は毛利氏が直轄化した。

その後、天正一九年には毛利元就の八男元康が神辺城主となる。これによって安那郡は全体が元康領となったほか、深津郡、沼隈郡、品治《ほんち》郡から、備中国後月郡、小田郡にまたがって、一円的な毛利元康領が形成された。ここでも備中国の一部が元康の所領に含まれている。

元康は、これ以前、かつて尼子氏の本拠地であった富田城の城主であったが、このとき吉川広家（元春の子）が富田城主となったことにともなって神辺城に転出したのである。広家は、富田城主となるとともに、伯耆三郡・出雲二郡・隠岐一国にまたがる広域的な領域支配を任される。[111] これは、こうした独立性の強い支城主を取り立てることで、毛利氏を牽制しようという、豊臣政権の意向が働いたものとされる（この自立性を帯びた吉川氏の支配は、江戸時代の岩国藩につながる）。毛利輝元は、富田城や神辺城は、毛利氏の本拠地である吉田郡山城と同様に重要な城であると述べているが、[112] 元康の神辺城主としての支配も、広家と同様に一定の自立性を持った一円的な領域支配であったと考えられる。

関ヶ原合戦後、芸備には福島正則が入り、神辺城には一万石以上を知行する筆頭家老福島正澄が配される。小規模な大名に匹敵する知行を持つ重臣（いわゆる万石陪臣《まんごくばいしん》）であるから、自立性を帯びた支城主に近い存在と考えてよいだろう。

元和五年(一六一九)、福島氏が改易《かいえき》(所領の没収)されると、神辺域には水野氏が入るものの、まもなく福山城を建設して、元和八年には福山に移る。この福山藩の藩領は、備後国東部の神石《じんせき》郡、安那郡、深津郡、品治郡、芦田郡、沼隈郡と甲奴《こうぬ》郡の一部に加えて、やはり備中国の後月郡、小田郡の一部が含まれている。つまり、江戸時代の福山藩領は、杉原氏の「領」や、毛利元康領を基本に、それを拡張したものとして成立しているのである。

豊臣期には戦国領主が改易されたり、別の場所に移封されたりする例も多くあるので、「領」は安定化・強化されるものと、解消されるものとに二極化するといっていい。

たとえば元康が神辺城主のとき、備後国の渡辺氏の所領山田が没収されて、元康に与えられるということがあった。渡辺景は、小早川隆景に泣きつき、隆景が毛利氏の奉行人や元康に申し入れた結果、最終的には山田は渡辺氏に返付された[113]。

このとき隆景が毛利氏の奉行人に送った書状は、かなり強い調子で書かれており、毛利元就の時代以来、渡辺氏がいかに毛利氏のために尽くしたかを事細かに説明し、そうした古くからの忠節を軽んじる、現在の奉行人たちの風潮を批判している。山田を元康に与えるのが、毛利氏の意向か、元康が望んだものかはわからないが、隆景は、このような筋の通らないおこないをしていては、元就の子であることを自慢していても、いずれ困ったことになるだろうと言っているので、元康に対しても非難を向けていることは間違いない。

隆景と元康は兄弟ではあるが、隆景は天文二年(一五三三)、元康は永禄三年(一五六〇)の生まれで、親子ほども年が離れている。隆景は、毛利氏がまだ安芸国の一国人領主にすぎず、渡辺氏の方が小規模とはいえ、同輩に近かった時代を知っているのに対し、元康が生まれた時には、毛利氏はすでに大内氏を滅ぼして、大大名になっていた。渡辺氏に対する態度をめぐっては、二人のジェネレーション・ギャップが見えて興味深いが、元康領の成立と、渡辺氏の所領の没収（結果的には実現しなかったが）は、豊臣期における「領」の二極化を示している。

このように豊臣期においてさえ、「領」はむしろ強化されるものすらあったのであるから、戦国期は「領」の解体に向かう一貫した過程とはいえない。

戦国大名にとっての「領」

では戦国大名にとって「領」の存在はどのような意味を持ったのだろうか。

一六世紀の半ば以降、毛利氏や北条氏などの一部の大名権力は、急速に分国を拡大する。たとえば毛利氏は、わずか二〇年ほどの間に、安芸一国にも満たない勢力から、中国地方の大半を支配するまでに成長した。このような急速な拡大を可能にしたのは、戦国領主の「領」の存在が大きいだろう。一定の規模で一円的な領域支配をおこなっている戦国領主を味方につけることで、一気に勢力を拡大することができたのである。逆に、互いが進出・後退を繰り返した北関東における北条氏と上杉氏の抗争や、短時日に大規模な分国が瓦解した武田氏の滅亡時のように、戦国領主の離反によって、一気に支配領域が後退することもありえた。

このようにして急速に拡大した大規模な大名分国――毛利分国や北条分国――は、近世大名のなかで最大級のもの――たとえば加賀藩や薩摩藩や長州藩など――と比べても、はるかに広域である。このような広域な分国を大名権力が一元的に支配するというのは困難であることが予想される。「はじめに」で紹介した元就の書状でも、分国が五ヵ国、一〇ヵ国に広がって、そうした広域的な分国を支配する人材がいないという、元就の嘆きが綴られていた（あの書状の時点では、一〇ヵ国は言い過ぎであるが）。つまり、戦国領主の自立的な「領」支配があって、その上に、数ヵ国にまたがるような広域の分国支配が可能だったと考えられる。

北条氏は分国内にいくつもの支城領を設定しており、とくに武蔵国滝山城（現東京都八王子市）の北条氏照、同国鉢形城（現埼玉県寄居町）の北条氏邦、同国岩付城（現埼玉県さいたま市）の北条氏房などは、大名から大幅な裁量権を与えられた自立的な支城主であった。これらの支城領は大名権力が政策的に設定したものであるが、前節で述べたように、先行して存在した戦国領主の「領」を継承して、拡張したものであり、その根幹部分はそれに規定されている。

むろん、大名権力が基本的にはその支配に介入できない戦国領主の「領」と、大名権力が任命した支城主が支配する支城領とでは、同じ自立的な支配といっても大きな違いがある。しかし、こうした支城主は、すでに見たように戦国領主に近い性格をもっており、単なる官吏とはいえない。そして、大名の広域的な分国支配にとって、このような一定の自立的な領域支配が必要とされていたのであり、その意味で、戦国期は「領」単位の支配が解消されていく一貫した過程ではない。むしろ「領」の存在は戦国期の特質を示しているといえる。

このように、大名分国内に複数の「家中」や「領」が並立する状態——すなわち戦国領主（あるいは自立的な支城主）が並立する状態——は、近世の一元的支配に向けて、それらが解消していく一貫した過程の途中に現れた、過渡的な一段階ではなく、むしろ戦国期に——とくに一六世紀以降の戦国後期に本格的に——形成されてきた、この時代の特質を示すものと考えるべきである。

ところで、戦国領主の「領」は、事実関係としては、公共的な利害調整のために成立するのではなく、軍事的制圧などによって、一定の規模の「領」が成立した結果として、そこにおいて公共的利害調整がおこなわれるようになり、事実上の公的領域支配として機能したと述べた。先に、より広域的な公共的利害調整の必要から、戦国領主の成立→戦国大名成立→天下統一という運動が起きるという見方があることを紹介したが、本章で論じたことを踏まえれば、戦国大名の分国が公的な領域支配として成立するということの意味も、改めて検討してみなければならない。また、それは暴力／法（正当性）という二元論の見直しにつながる。次章以下でこの点を考えてみよう。

第三章　暴力と正当性

一　戦国期守護論

正当性重視の研究動向

暴力的支配と法的支配という二元論を再検討するにあたって、序章で紹介した、水林彪氏が提示する、支配関係が存立するための三つの要件を振り返っておこう。それは、①物理的な強制力（暴力）、②社会にとって有意義な職務を果たしているという正当性（実質的正当性）、③所与の法秩序に適合的に支配権を獲得しているという正統性（法的正当性）の三つであった。なお、法的正当性については、本書では水林氏の規定からはみ出した意味で用いる場合がある。水林氏は「所与の法秩序に適合的」としているが、以下では新たに法秩序を創出し、それに基づいた支配をおこなう場合も含む。その理由はこのあとの説明のなかで追々明らかになるだろう。

さて、すでに述べたように、永原慶二氏は、領主制支配には、「私的・実力的支配」と「公的権力として、制度的なものに依存」した支配という二つの道があり、両者は相互補完するとしつつも、前者の側面が一貫して中世社会の前進的かつ基本的な担い手となると見ていた。つまり、三つの要件のうち①がより重視されているといえる。

永原氏の大名領国制論は長く通説的位置を占めてきたといってもいいが、これに対し、一九八〇年代頃から、戦国期研究において、支配の正当性の問題、つまり②や③の側面を重視する研究がさかんになった。それは、たとえば「自力の村」論や、戦国期守護論と呼ばれるような研究である。単純化すれば、「自力の村」論は実質的正当性をより重視する議論、戦国期守護論は法的正当性をより重視する議論といえるが、実際にはそこまで単純には割り切れない。ただ、いずれも、①に比べ、②や③、つまり被支配者に、支配がなぜ受容されるのかという正当性の問題をより重視する議論だといえる。

ところで、同じ正当性を重視する議論といっても、「自力の村」論と戦国期守護論ではかなり立場が違う。むしろ、いわゆる戦国大名の性質をめぐっては、対立する学説といってもいいだろう（戦国期守護論は、戦国大名概念を不要とするので、戦国大名という用語を使わない）。

あとで詳しく見るが、戦国期守護論は、これまで戦国大名と呼ばれてきたような権力について、本質的には室町時代の守護権力と変わらない、戦国期の守護ととらえるべきであるという立場であるのに対して、「自力の村」論の立場に立つ多くの論者は、戦国大名は近世以降につながっていく画期的な権力であるととらえる。したがって序章で紹介した池享氏の整理に従えば、前者は戦国大名を中世的権力とみる断絶説に属し、後者は戦国大名を近世的権力とみる連続説に属するといえる。

にもかかわらず、両者とも正当性をより重視しているということは、〈暴力／正当性〉（〈恣意的暴力的支配／法的機構的支配〉）という問題は、本来、〈中世／近世〉という対とは直接結びつかないはずのものであることを示している。この点に留意して、本節では戦国期守護論、次節では「自力の村」論について検討していこう。

戦国大名概念は不要？

戦国期守護論は、今岡典和氏・川岡勉氏・矢田俊文氏によって提唱された。[1] すでに述べたように、戦国期守護論は、従来の研究で戦国大名と呼ばれてきたような権力について、本質的には室町期の守護権力と同じと考えるべきで、戦国大名という概念は不要であると考える立場である。序章で、戦国期の個々の領主権力の違いにもかかわらず、そのうちのあるものを戦国大名という概念でくくってみることで、何が見えてくるのか、どういう課題に応えるために有効なのか、と問うことが重要であると述べた。戦国期守護論はいってみれば、この問いに、戦国大名という概念でくくってみても有効ではない——守護という概念を適用すべきだ——、と答えたことになる。

戦国大名概念を不要とした戦国期守護論に対しては、その後、戦国大名研究者から多くの批判が出され、広く受け入れられている学説とは言いがたい。本書でもあとで、その問題点を論じることになるが、しかし、戦国大名概念自体の有効性という根本的なレベルで問題を提起したという点で、戦国期守護論は重要な学説であり、詳しく検討してみなければならない。

ところで前述の三氏は共同で論文を発表したため、ひとくくりにして論じられることも多いが、それぞれの主張を子細に見れば、少しずつ重点の置き方が異なっている。ここでは、その差異をクローズアップしながら、まずは戦国期守護論の内容を見ていこう。

戦国期権力の権限

最初に矢田俊文氏の説をとりあげる。すでに第一章で紹介したように、矢田氏は、戦国期の甲斐国において、従来武田氏の家臣とされてきた小山田氏や穴山氏は、独自の「家中」と「領」を持ち、判物や印判状を発給してそれらを支配しているという点で武田氏と同じであるとする。矢田氏は、こうした「家中」と「領」を持つ自立的な領主を戦国領主と位置づけた。そして、戦国期の甲斐国の支配体制は、このような戦国領主の連合政権であると評価している。

そして、矢田氏は、こうした体制は、安芸毛利氏や、越後上杉氏などでも同様であると考える。[2] 毛利分国でも、戦国領主は独自の「家中」と「領」を持ち、毛利「家中」には包摂されない存在であるし、上杉氏でも、第一章でみたように、戦国領主が奉書の奉者としてあらわれ、政権基盤を支えているということは、戦国領主の連合政権であるということになる。

すでに述べたように、こうした戦国領主が、大名の家来ではないということは、矢田氏以後の研究でも確認され、いまやそれは共通認識となっているといってもいいだろう。しかし、ではなぜ、小山田氏や穴山氏は、かつて武田氏の家臣だと考えられていたのであろうか。それは、明らかに両氏が、武田氏の支配下にあるからである。矢田氏は、この点をどう考えるのであろうか。

矢田氏は、武田氏が小山田氏や穴山氏に対して、あるいは甲斐国一国全体に対して行使している権限は、軍事指揮権や第二次裁判権などであるとする（第二次裁判権とは、たとえば小山田氏が支配する郡内における訴訟は、まず小山田氏の法廷で裁かれ、その判決にいずれかが不服であった場合に、武田氏の法廷に上訴され、そこで初めて武田氏の裁判権が発揮されるということを言っている）。そして、こうした権限は室町時代の守護が持っていた権限（守護公権）に由来するものであるとするのである。だとすれば、戦国期の武田氏は、何も新しい支配体制を築いたわけではなく、結局のところ室町時代の守護権力と本質的には変わらない。したがって、戦国大名概念は不要であり、戦国期の武田氏は（そして毛利氏や上杉氏なども）戦国期の守護と位置づけるべきだ、というのが矢田氏の主張である。

ここで一つ注意しておくべき点がある。武田氏は室町時代以来、甲斐国の守護を務める家柄（守護家）であるが、毛利氏や上杉氏はそうではない。上杉氏は、もともと長尾氏であり、守護代の家柄である（室町時代の越後守護家も上杉氏であるが、上杉謙信の上杉姓は、北条氏に逐われて越後に逃れてきた関東管領《かんれい》上杉憲政の養子となることで、上杉姓を名乗ったものである）。つまり、矢田氏の議論においては、これらの権力が、守護という役職に就いているかどうか（将軍から正式に守護に任命されているかどうか）は本質的問題ではない。体制や権限の内容が、室町時代の守護権力と同じかどうかが問題なのである。

室町幕府－守護体制の秩序体系

では次に、川岡勉氏の議論をみてみよう。

川岡氏の議論全体としては、室町時代の研究にその中心がある。戦国期守護についての言及は、これを前提としてなされているので、まずそこから確認しておく必要がある。

川岡氏は室町時代の政治体制を「室町幕府－守護体制」と位置づけている。[3]「室町幕府－守護体制」という概念自体は、一九七〇年代に田沼睦氏によって提起されたものであるが、[4]川岡氏のいう「室町幕府－守護体制」とは、将軍の天下成敗権と守護の国成敗権が相互補完することによって成り立つ支配体制のことである。室町幕府は、各国に守護を任命して地域支配をおこなっているのであるが、南北朝内乱期の過程で、幕府は守護に大幅に地域支配の裁量権を認め、守護による地域支配に依存する体制になった。その一方で、守護は中央国家を背景に地域統合を実現できた。つまり将軍の全国を統治する権限（天下成敗権）と、守護の各国を支配する権限（国成敗権）が相互補完することによって、室町幕府の支配体制は成り立っていた、というのが川岡氏の見解である。

天下成敗権と国成敗権というのは、川岡氏の独特の用語であるが、国成敗権とはつまり、守護公権のことである。これをあえて国成敗権と言い換えている川岡氏の意図についてはあとで述べよう。

さて、将軍と守護によって支配が成り立っているというのは、ごく当たり前のことではないかと思われるかもしれない。しかし、「室町幕府－守護体制」という概念の提起は、研究史上の一つの転換である。それ以前は、守護領国制という考え方が通説的位置を占めていた。

かつて通説的な位置を占めていた大名領国制論では、大名領国制は在地領主制の最高の発展段階と位置づけられていた。守護領国制は、この発展段階の途中に位置づけられる。非常に単純化して言えば、守護が実力で在地領主を編成して地域権力として強大化していき、最終的には戦国大名へと発展するということである（したがって守護大名という用語が使われていた）。そしてそこでは室町幕府は、こうした守護大名たちに推戴された、守護大名の連合政権にすぎないという見方が強かったのである。

したがって、「室町幕府－守護体制」が提示した将軍と守護が相互補完的（相互依存的）であるという見方は、従来の守護領国制論（ひいては大名領国制論）に見直しを迫るものであった。

これを念頭に置いた上で、ここでの問題は、この「室町幕府－守護体制」が戦国期にはどうなるかということである。

戦国期のはじまりをいつと見なすかについては、いろいろな考え方があり、また地域によっても事情は違うが、一般的には、文正二年（一四六七、改元して応仁元年）に始まる応仁・文明の乱が画期とみなされることが多い。

守護領国制論（大名領国制論）に立たない論者でも、多くは、この応仁・文明の乱によって室町幕府の支配は形骸化し、地域権力が自立化して（すなわち戦国大名の誕生）、なお幕府自体は存続していても、支配体制としての「室町幕府－守護体制」は崩壊すると考えている。川岡氏も、応仁・文明の乱を大きな画期ととらえているが、しかし、それは「室町幕府－守護体制」の崩壊ではなく、変質――変質して存続する――ととらえる。

応仁・文明の乱という全国を巻き込む内乱は、直接のきっかけとしては、将軍家や管領家、守護家の家督争いがからみ合って勃発する。よく知られているように、乱は東軍と西軍という二つの陣営に分かれて争われたが、当然ながら、それぞれが自身の正当性を主張しているから、それぞれの陣営に将軍候補者、管領、守護が存在することになり、あたかも「東幕府」と「西幕府」という二つの幕府が並立したとでもいうべき状況が現出した。そして各地域の諸勢力も、それぞれ東軍・西軍に系列化されて、全国的な内乱に発展していくのである。川岡氏によれば、この結果、引き起こされたのが、将軍の上意の相対化（絶対性の喪失）という事態である。

こうした守護家の系列化と、将軍の上意の相対化という傾向は、すでに応仁・文明の乱勃発以前から生じていた。本来、将軍の上意というものが絶対的なものであるとすれば、それは二つの陣営のいずれからも隔絶された第三者的な位置になければならない。ところが、将軍がこの二つの陣営のいずれかに加担するような傾向が生じてくる。そうすると、将軍は、もはや他から隔絶した平面にいるのではなく、二つの陣営が争っているのと同じ平面に下りてくることになる。すなわち絶対性を喪失するのである。そして、これは応仁・文明の乱における上意の分裂によって決定的となる。

川岡氏は、こうして上意の相対化が起こった結果、幕府から守護に任命されないまま、国内を制圧することで国成敗権を行使する者が現れるとする。たとえば、応仁・文明の乱において、河内国守護の畠山氏は、政長が東軍に、義就《よしひろ》が西軍に、それぞれ分かれて争った。乱は、西軍の大内氏や山名氏が、東幕府に帰服するという形で終結するが、義就は河内国に下向して、これを実力で制圧する。こうした事態が各地で起こることで、幕府は地方支配が困難になり、実効的な支配範囲を畿内近国へと縮小していくのである。

こうして、かつては（将軍の上意によって任命されたところの）守護が保持していた国成敗権は、上意の相対化が起こり、幕府が地方支配の権限を放棄したことによって、必ずしも守護のみに独占されている必要がなくなる。川岡氏は、応仁・文明の乱が決定づけた「幕府－守護体制」の変質によって、守護以外の諸勢力が国成敗権を掌握する可能性が開かれるとした。そして、戦国期には「国成敗権を誰が握るかが大きな焦点となり、これをめぐって諸勢力の間で抗争が繰り広げられた」という。このように、戦国期においては、一国支配の権限を、守護に任命されていない者が行使する可能性が出てくるので、川岡氏はあえて守護公権と呼ばずに国成敗権という語を用いているのである。

しかし、川岡氏はこれによって「幕府－守護体制」の秩序は崩壊したとは考えない。幕府による任命を経ずして行使される国成敗権は、いわば正統性を欠いている（水林氏の区分でいえば、法的正当性を欠いている）。川岡氏は、国成敗権が自立性を高める（幕府の任命なしに行使される）分だけ、より正統化が強く求められたとしている。

その結果、国成敗権を獲得した地域権力は、その行使に正統性を持たせるため、一度は離脱した「幕府－守護体制」秩序、すなわち将軍を頂点とする身分秩序・権力秩序体系に復帰してくるという。たとえば、守護でない地域権力が国成敗権を獲得したとして、その行使に正統性を持たせるための最も当たり前の方法というのは、幕府から守護に任命してもらうことだろう。先の河内国を実力で制圧した畠山義就も、常に体制への復帰を図っていたという。また、出雲国の尼子氏や、安芸国の毛利氏など、守護以外の出自から台頭してきた大名権力が、いずれも守護職《しき》を獲得しているという事実もある。また、それだけではなく、川岡氏によれば、官僚機構や発給文書の形式、各種の典礼・故実・儀式、租税制度、各種の文化装置など、地域権力が幕府モデルを模倣することで、自身の社会的地位を顕示し、正統化を図ったという。

こうして、結局のところ、幕府の地方に対する実効的支配が不可能になった後も、「幕府‐守護体制」の秩序は維持されることになる。したがって、戦国期の地域権力は領主権の拡大によって――つまり大名領国制論でいう在地領主制の発展によって――成立するのではなく、国成敗権を継承した権力が、それを「幕府‐守護体制」秩序によって正統化しながら支配をおこなっているという点で、戦国期の守護と考えるべきということになる。

幕府による支配の保証

では今度は今岡典和氏の議論をみてみよう。

今岡氏は一六世紀の段銭などの一国平均役（国ごとに課される税）の納入に注目した。[5] 段銭はもともとは臨時税であり、幕府が特定の国家的な用途のために賦課し、守護に徴収させた。やがて守護はこの段銭徴収権を利用して、独自に段銭を賦課するようになり（守護段銭）、賦課も恒常化していく。段銭は、幕府にとっても守護にとっても重要な財源であった。

今岡氏が注目したのは、一六世紀前半に入っても――つまり通説的には幕府の支配が形骸化していると見なされている時期に至っても――一五世紀と同様に、段銭は全国に賦課され（もともと関東公方の管轄である関東地域を除く）、それが各地の守護、ないしは守護に相当する地域権力から納入されているということである。もし、こうした地域権力が完全に自立してしまい、幕府と無関係に支配を成立させているのであれば、幕府に段銭を納入する必要などないはずである。今岡氏は、各地の地域権力が、幕府との関係を維持せざるをえない必然性があったと考える。

今岡氏が事例として挙げているのは、近江南半国の守護である六角氏の場合である。近江国には奉公衆である朽木《くつき》氏という領主がいる。奉公衆というのは将軍直属の家臣である。こうした奉公衆は、守護の直接支配下に属さないという点で、将軍権力が、守護統制のために打ち込んだ楔の役割を果たしていると評価されている。このため奉公衆は通常、段銭を守護に納めず、直接幕府に納入する特権を将軍から認められている（こうすることで守護段銭を免れるというメリットがある）。しかし、一六世紀前半に、幕府は朽木氏の知行にも及ぶ段銭の徴収権を六角氏に委譲している。これによって、六角氏の朽木氏に対する権限が強化されていくという。[6]

つまり、六角氏が奉公衆などの国内勢力を支配していく上では、幕府からの権限の委譲を受けることが必要だったのであり、幕府との関係のなかでその支配は成立していた。したがって、地域権力は幕府からの支配の保証を必要としており、その意味で、「幕府－守護体制」は一六世紀前半においても継続していると、今岡氏は考えるのである。

守護職について

さて、以上、三氏それぞれの議論を見てきたが、今度はこれらの議論が抱えている問題点について考えてみよう。

まず、より本質的な問題に立ち入る前に片付けておきたいのが守護職をめぐる問題である。戦国期守護論は、その特性上、戦国期の権力が守護職を獲得する意味を相対的に重要視する。今岡氏も、独自の「家中」を持つ戦国領主が、毛利「家中」に包摂されず、「家中」が並立する状況を指摘し、そこに毛利氏が守護職を獲得しなければならない必然性があったとしている。[7]

しかし、戦国期の地域権力が守護職を獲得する意味について、たとえば池享氏は、それが守護職への依存なのか、守護職の利用なのかが問われなければならないとしているし、[8]長谷川博史氏も尼子氏などの守護職獲得について、すでに強大化した後での獲得であるから、守護職は支配にとって不可欠なものではなく、「あるに越したことはない」という程度のものであると述べている。[9]

ただ、戦国期守護論においても、守護職獲得の問題は、相対的に重要視されているとはいえ副次的問題である。すでにみたように、矢田氏の議論では、正式に任命された守護であるかどうかよりも、行使している権限や体制が、室町期の守護と同じであるかどうかが問題であって、たとえ、当該権力が守護に任命されていなかったとしても、その権限や体制が守護と同じであれば、戦国期守護と評価されていた。

今岡氏も、「守護権力の守護権力たる独自性は、幕府－守護体制によってその領域支配を保証されている点にあるのであって、幕府との関係がその領域支配に何らの意味を有していないとすれば、その権力はたとえ出自が守護であっても、もはや守護権力と規定する事は不適当である」としている[10]（もちろん、今岡氏は一六世紀前半の地域権力は、幕府による支配の保証を必要としているから、守護であると考える）。

つまり、戦国期守護論においても、その権力が守護に任命されているか否か（守護職を獲得しているか否か）は、本質的問題ではないといえる。

では、より本質的な問題を考察していこう。まず、戦国期の地域権力は、幕府による支配の保証を必要としているか、という点である。

先ほど引用したように、今岡氏は、地域権力の領域支配が幕府からの保証を受けていることを重視している。これについては、家永遵嗣氏の批判がある。[11] 家永氏は一五世紀と一六世紀の段銭納入状況を比較したとき、確かに一六世紀にも引き続き各地の地域権力から段銭は納入されているが、実質的な収取実績は大きく減少していると指摘する。そして、このことは、一六世紀においては、幕府の「権威」は残存しているが、「権力」は大幅に後退しているということを示すとしている。

「権力」と「権威」

ここで用いられている「権力」と「権威」という言葉であるが、家永氏はこれを次のように説明している。『権力』とは殴ってでも従わせる強制力」である。『権威』とは下位者をして自発的に自己の意思を留保して上位者の意向に従うようにさせる秩序・関係性の構造」である。

「権力」の方はともかく、「権威」の方は少しわかりにくいかもしれない。たとえば、目上の人に、自分の方から先に挨拶するというとき、普通は、その相手から挨拶するように強制されるから挨拶するわけではなく、また、その相手と一対一の関係の中で、彼我の腕力をその都度推し量って、自分の方が劣っていると判断したから挨拶するわけでもない。まずそもそも、目上・目下という秩序意識があり、目下の者は、先に目上の者に挨拶するべきだという社会的に共有された規範があり、その規範が守れない場合、たとえば「あいつは挨拶もできないやつだ」と見なされてしまうというように、当該社会で不利な状況に置かれるという予期が一般的に成立するから、自発的に（たとえ挨拶したくない嫌な相手にでも）挨拶をするわけである。このような一対一の力関係ではない、秩序・関係性の構造が「権威」である。この場合、それでも挨拶しない者に対して、殴ってでも挨拶を強制できれば「権力」があることになるが、それができなければ「権力」はないということになる。

この家永氏の用語は、本書でこのあと用いる用語とは少し相違している。本書では、家永氏が「権威」としたような秩序・関係性の構造も、権力関係として考えるからである。しかし、ここでは当面、家永氏の用語法にしたがっておこう（以下、家永氏の用語法による場合、カギ括弧を付ける）。

つまるところ、一六世紀前半に至っても、各地の地域権力は、一応幕府に段銭を納入しているのであるから、幕府の「権威」、すなわち幕府を頂点とする秩序は認めているということになる。しかし、その収取実績は大幅に減退している。幕府が納入に応じない地域権力に、強制的に支払わせることができるかというと、そのような力は失われている。これが家永氏の言う幕府の「権威」は残っているが「権力」は後退しているという意味である。

逆に、たとえば先に守護職の利用か依存かという議論を紹介したが、地域権力は守護職のような「幕府－守護体制」の「権威」（秩序・関係性の構造）を利用することで、支配をより円滑に推し進めることができるかもしれない。しかし、その「権威」を以てしても従わない相手に対して、幕府の「権力」を借りて従わせることが可能かといえば、それは不可能だろう（なお、室町期でも、将軍の直属軍というのは小規模であったから、畠山氏や大内氏など守護の軍事力に依存する面が大きいとされるが、[12]そうした幕府の動かすことのできる守護の軍勢も含めた総体が幕府「権力」である）。結局のところ、地域権力が自身の「権力」によって従わせなければならない。

したがって、戦国期の地域権力に対して、幕府の「権威」による支配の保証はあるが（それを保証と呼ぶのが妥当かどうかは問題であるが）、「権力」による保証はないということになる。

権限の問題

それでは、今度は、行使している権限の内容が守護と同じ、あるいは国成敗権を誰が握るかが焦点となったという点について検討してみよう。

川岡氏は国成敗権の継承ということを重視しているが、そもそも、その国成敗権が継承されるとはどのような事態を指しているのだろうか。何か国成敗権（守護公権）というパッケージされた出来合いのものがあって、それをまるでボールか何かのように、奪い合ったり、受け渡したりするということが起きるのだろうか。そうではないだろう。極端なことをいえば、中世において、何の実力もない者が、今日から守護公権を行使してもよいと言い渡されても、その権限を実効的に行使できるとは考えがたい。

まず、権限が実効的に行使可能となるための受け皿としての実力や支配体制が築かれていなければならないだろう。いや、むしろ実態としては、そうした実力を背景に、軍事動員なり段銭徴収なり、何かを実効的におこなっているという現実（既成事実）があるからこそ、あたかも権限が移動した（継承された）かのように見えるのではないか。したがって、行使している権限が外見上、守護公権と同じであるとしても、問題はそれがどのようにして実効的に実現されているかということである。これについては前章の吉見氏の長門国阿武郡支配の事例を思い起こしていただきたい。吉見氏は大内氏から守護公権の一部を委譲されたことによって郡支配権を獲得したのではなく、阿武郡のほぼ全域を軍事的に制圧したことによって、事実上の郡支配権が行使可能になったのである。

同様に、たとえば戦国大名が分国内の領主に対して軍事指揮権を行使しているのは、かつて守護が保有していた国成敗権を継承したからではなく、戦国大名が他の領主に対して軍事的な優位を確立できたからであろう。毛利氏が、傘連判契状に同格で連署するような「等輩」の戦国領主に対して、軍事指揮権を行使しているのは、毛利氏が他の領主に比べ、軍事的に優位にあるからである。

矢田氏は、小山田氏、穴山氏が、最後に武田氏から離反したことについて「連合のメリットが軍事体制にある限り、指揮者武田氏には連戦連勝が要求される。けれども、信長の軍隊の前では、もはや勝利は不可能であった。穴山・小山田氏は個別領主の原理に基づき武田氏から離れたのである」と述べている。[13] 裏を返せば、小山田氏や穴山氏が武田氏の軍事指揮に服するのは、権限があるからではなく、武田氏が軍事的な実力を保持しているからである。

つまり、戦国期において、戦国大名が他の領主を従えることができている要因を考えるとき、先の家永氏の用語を借りれば、「権威」だけでなく「権力」の側面に注目しなければならない。もちろん「権威」が無意味であるわけではないが、それは「権威」への依存なのか、「権威」の利用なのかという問題である。

自分の力量を以て

ここで、天文二二年（一五五三）に、駿河国の今川氏が制定した分国法「今川仮名目録追加」の第二〇条を見てみよう。[14]

〔読み下し〕

（前略）旧規より守護使不入と云う事は、将軍家天下一同御下知を以て、諸国守護職仰せ付けらる時の事也。守護使不入とありとて、御下知に背くべけんや。只今はおしなべて、自分の力量を以て、国の法度を申し付け、静謐する事なれば、しゅこ《（守護）》の手入るまじき事、かつてあるべからず。（以下略）

〔現代語訳〕

（前略）かつてよりある、守護使不入ということは、将軍家が天下一同（全国）に命令を下して、諸国の守護職を任命していたときのことである。守護使不入とあれば、どうして（将軍家の）命令に背くことがあろうか。（しかし）現在は、おしなべて自分の力量で、国の法律を定め、安全・治安の維持をおこなっているのであるから、守護の使者を入れない（守護使不入）などということはあってはならない。（以下略）

省略した前半部分では、今川氏の賦課する「棟別《むなべち》・段銭」について述べられている。棟別銭は税の一種で、家屋の棟数に応じて賦課される。段銭と同様、幕府が賦課し、守護が徴収するものであるが、次第に守護も独自の賦課をおこなうようになる。守護使不入というのは、段銭や棟別銭の徴収などをおこなう守護の役人（守護使）の立ち入りを拒否できる特権である。寺社領などに対し幕府が認めた。守護使不入権が認められれば、段銭などは直接幕府に納入すればよくなり（京済《きょうせい》という）、守護役（守護段銭などの、守護が賦課する課役）を免れ、また守護の支配から一定の自立性を確保できる。この条文の意図は、こうしたかつて幕府から認められていた守護使不入権を楯に、今川氏が賦課する棟別銭や段銭の支払いを拒否する者がいるが、それは将軍が全国の守護を任命していた時代のことであり、現在は今川氏が自分の力量で支配しているのだから、守護使不入権があるなどという言い分は認められないということである。

この条文は、戦国大名の幕府からの自立を示す象徴的な史料として、これまでもよくとりあげられてきた。しかし、矢田氏はこのような見方を否定している[15]。矢田氏は、まず、今川氏が「旧規」と「只今」の違いを、将軍の一定の権限の喪失に置いていること、棟別銭や段銭は、従来の棟別・段銭をそのまま受け継いだものというよりは、今川氏の手によって制度法制化されたものであることなどを指摘した上で、「今川氏は、将軍権力の地方政治からの後退との関連で、守護である自らの権力の内容について記している。よって、今川権力は、『戦国大名』などという無規定の用語を使用しないで、十六世紀の守護権力として位置付けるべきである」、「十六世紀前半の今川氏の棟別・段銭制度は、十五世紀後半の幕府の権限放棄の後に、棟別・段銭賦課権を持つ守護家が作り上げた制度である」と述べる。

幕府の地方支配の権限放棄の後に、今川氏が新たに制度を作り上げているにもかかわらず、矢田氏が、一六世紀の今川氏を守護権力と位置づけるのは、今川氏が自身を守護とする自己認識を持っており（すなわち、「幕府－守護体制」の秩序意識を維持しており）、したがって棟別・段銭賦課権が守護公権として行使されているからである、ということになろう。

しかし、この条文はやはり、守護家の持っていた棟別・段銭賦課権が単に継承されたのではなく、「自分の力量」によって統治をおこなっていることを根拠とした新たな制度によって、棟別・段銭の徴収が可能になっている点に注目すべきではないだろうか。権限としては、守護公権と同じに見えても、それがどのように実現されているかの構造が変化しているとすれば、今川氏は、室町期の守護とは違う新しい権力――つまり戦国大名――だということができるだろう。「自分の力量」とは、いわば今川氏の持つ「権力」のことである。相変わらず守護という「権威」を用いているとしても、「権力」レベルでの変化にも注目しなければならない。

以上のように検討してくると、戦国期守護論は、幕府を頂点とするような秩序意識（家永氏のいうところの「権威」）が戦国期においても維持されていることを重視するが、家永氏のいうところの「権力」レベルでの変化には相対的に重きをおいていないということになる。

国成敗権の正統化が必要とされ、そのために、幕府を頂点とする秩序体系が維持されるというのは、まさに、先に見た水林氏のいう法的正当性の問題である。一方、家永氏のいう「権力」、「今川仮名目録追加」にみえる「自分の力量」とは、物理的な強制力（暴力）の問題である。したがって、戦国期守護論は〈暴力／正当性〉という対では、正当性を重視する議論とひとまず整理できよう。そして、これに対して、暴力の側面も重視しなければならないと、ひとまず批判することができる。しかし、本書で目指していたのは、そもそもこうした二元論的説明を見直してみることであった。したがって、この問題はもう少し複雑である。

「権力」と「権威」の関係

この点にかかわって、先に述べたような批判に対する、川岡氏の反論がある。[16] 少し長くなるが重要な文章なので引用しよう。

〔戦国期守護論に対する――引用者註〕代表的な批判として、戦国期の大名権力にとって守護公権は本質的なものではなく、軍事力・政治力・経済力などによる地域支配の実質的な進展過程こそが大名権力を大名権力たらしめる要因であったとする議論がある。その大名が従来から守護職を保持していたとしても、守護職保持者としての継続性から権力の質を説明すべきではなく、むしろ戦国期の社会状況に対応して新たに成立ないし再生した権力として把握すべきことが強調されるのである。

このような議論においては、軍事的・政治的・経済的な実力と守護公権とがしばしば対立的に捉えられ、守護公権は実力と切り離された名目的な「権威」であるように理解されている。しかも、守護公権を専ら上から委譲された固定的な内容をもつものと把握する傾向が強い。しかし、そもそも守護公権の最も中核にあるのは軍事動員権であったはずであり、軍事力の重要性が高まる戦国期にあって、地域支配の実質と無関係に守護公権が存在していたわけではない。そして、中世後期の守護権力は地域社会の中で形成された諸要素を吸収しながら公権の内容を拡大させていった。守護の保持した権限は国成敗権（一国知行権）と捉えることが可能で、守護職とはそれを幕府側から表現したものにすぎない。国成敗権の内容は、単に上位の公権を分有した全国一律のものではなく、地域社会から様々な要素を受容・包摂することによって、歴史的に形成されていくのである。中世後期の守護公権は、決して出来合いのものではなく、軍事的・政治的・経済的な地域支配の実質に規定されていたとみられる。

これは、私も含めた戦国期守護論批判への反論なのだが、この引用部分に書かれていることそのものについては、私はほとんど賛成である。守護公権（国成敗権）が、実力と切り離された「権威」ではないという点はそのとおりである。本書では二元論的説明を見直すと述べたが、のちに述べるように、実力と「権威」、すなわち暴力と（法的）正当性は切り離せない。また、川岡氏は、ここで軍事力の重要性ということも述べているが、つまり国成敗権が行使可能となる条件として「自分の力量」は必要不可欠だということになろう。

しかし、こうした見方は、国成敗権の行使を正統化するために、幕府を頂点とする秩序体系が維持されるから、戦国期においても「室町幕府－守護体制」は存続しているという川岡氏自身の見解を掘り崩してしまう。国成敗権の内実が、地域の実情に対応して変化するものであるとすれば、室町期と戦国期とでそれが同じものであるという保証はない。

もともと川岡氏は「室町幕府－守護体制」とは、将軍の天下成敗権と守護の国成敗権とが相互依存的である支配体制だとしていた。たとえ守護に大幅な裁量権が認められ、国成敗権の内容自体は守護が地域の実情に合わせて形成していったものであるとしても、その裁量権自体は将軍から付与されてはじめて生じるものだとすれば、確かに両者は相互依存的である（ただし、室町幕府の守護制度自体は南北朝内乱という戦時体制の中から構築されてくるものなので、そもそも各地での守護による軍事力編成に依存している側面があり、将軍による裁量権の付与を絶対視するわけにはいかないが）。しかし、戦国期は果たしてそうした相互依存関係が維持されているであろうか。

これについては、川岡氏自身、最近の論考で次のように述べている。すなわち、「戦国期に入ると国成敗権が天下成敗権から自立するようになり、守護職に基づいて国成敗権を行使するという、天下成敗権を背景に成り立ってきたシステムが崩れる。国成敗権を維持する上で、もはや幕府による支持や守護職補任、守護家の家格などに頼ることはできなくなるのである」。このため、多くの戦国大名論では実力支配の側面が重視されるが、「戦国期の社会はこれまで考えられてきた以上に、家格や身分秩序、各種の儀礼や文化装置、伝統的な権威などが生き続けた面をもつ」として、実力の側面（家永氏のいう「権力」）と秩序の側面（家永氏のいう「権威」）とを統一的に把握することが重要である、と川岡氏は述べている。[17]

これによれば、将軍の天下成敗権と守護の国成敗権が相互依存することによって成り立つ体制だと定義されているところの「室町幕府－守護体制」は、戦国期においては、もはや崩れてしまっているということになるのではないか。

結局のところ、将軍を頂点とする秩序体系（「権威」）が戦国期にも存続していることをもって、戦国期にも「室町幕府－守護体制」が存続していると主張することは難しいのではないだろうか。川岡氏自身、「権力」と「権威」は切り離せないものであり、統一的に把握することが重要だと考えているし、だとすれば、「権力」の側面での変化が起きていても、「権威」だけが手つかずで保たれていると考えることも難しい。

ここで、もう一度、先の「今川仮名目録追加」第二〇条について考えてみよう。この条文が守護使不入を否定したものであるという解釈は、厳密にいえば正確ではない。なぜなら、これ以後も、今川氏自身が実際に守護使不入権を付与している例があるからである。[18] つまりこの第二〇条の重要な点は、守護使不入を否定したことではなく、守護使不入を認定する権限が今川氏にあることを主張したものであるということである。今川氏にしかるべき権限があるのかないのか、というのは法的正当性の問題である。そしてその根拠（正当化源泉）を、将軍によって任命されたことではなく、「自分の力量」（物理的な強制力）と、それによる「静謐」（安全・治安の維持）の実現という、社会にとって有意義な役割を果たしているという実質的正当性に置いているのである。

つまり、まず今川氏は国成敗権の行使について、将軍の天下成敗権に依存していないということである。しかし一方、今川氏は法的正当性を無視して、実力のみによる支配を宣言しているのでもない。いまみたように、「自分の力量」（実力）と実質的正当性と法的正当性とは、密接に関連しているのである。この密接な関連というのが、どのようなものかということについては、のちに詳しく検討しよう。

二　「自力の村」論と「豊臣平和令」説

自力の村

では次に「自力の村」論について検討していく。この議論は、移行期村落論、「村の自力」論などとも呼ばれる。移行期というのは、もちろん中近世移行期のことであるが、議論が移行期のみに限定されず、前近代の領主と村落の関係全般に敷衍される傾向があるので、ここではとりあえず「自力の村」論と呼んでおこう。[19]

さて、中世後期、とくに戦国期には、農民がその力量を高め、村落の自治が発達していくということは、いわゆる惣村などの研究によって以前から言われている。

かつての研究においては、戦国期に、こうして力をつけてきた農民階級が、対領主闘争を展開するが、それに対抗して武士階級が結集し、強力な統一政権が誕生して、農民の闘争は挫折し、近世社会に至るという見方が一般的であった。しかし、「自力の村」論は、こうした見方を否定し、逆に近世社会を「民衆の達成」と位置づける。以下、「自力の村」論の理路を追ってみよう。

まず「自力の村」の「自力」とは、自力救済というときの「自力」である。自力救済とは、自分の権利は、自分の実力によって守る(あるいは勝ち取る)という、中世の人々が普通に抱いていた観念である。「自力の村」とは、戦国期において、村落がこうした自力行使の主体になっているということである。たとえば、隣村との間で、用水や山野用益をめぐる争いがあれば、実力を行使してでも村落の権利を守る(あるいは勝ち取る)。このため、村落には「村の侍」がおり、武力を保有している。

もちろん、武力行使に訴えるばかりではない。権利を守るために裁判を戦うこともある。中世の裁判では、担当の奉行人や関係者への工作などが必要になり、そのための交渉術はもちろんのこと、多額の礼銭も要求される。また、地域が戦乱に巻き込まれた際には、村が略奪や放火などの被害に遭わないように、進軍してきた軍勢の指揮者のもとへ行って、制札(禁制《きんぜい》)をもらうということもおこなわれる。制札とは、自軍の軍勢による乱暴狼藉や竹木伐採などを禁じたもので、実際に軍勢がやってくればこれを見せて難を逃れるわけだが、もちろんただでもらえるわけではなく、ここでも礼銭が必要になってくる。また、敵対する一方の軍勢の指揮者から制札をもらうということは、そちらの側に味方したものと見なされるから、万一他方の側が戦争に勝てば、村が略奪や放火などにさらされる危険性が高く、どちらの陣営から制札をもらうかという情勢判断も重要である。

すなわち、村はあらゆる手段を使って村の権利や安全の維持を図っているのであり、村の自力というとき、それは中核的には村の武力のことであるが、広くはこうした、交渉力や情報収集能力なども含む力量全体を念頭に置いて論じられていると言えよう。

また、ここではもう一つ、戦国期の村落が、権利主体・交渉主体として立ち現れていることも重要である。戦国期には村請《むらうけ》（地下請《じげうけ》）制が成立してくる。これは領主に対して、年貢などの納入を村落が定額で請け負う制度である。村落は納入額について領主と交渉して取り決め、また災害などによる不作の際や、その他、戦乱などによる被害や出費が生じた場合には、領主に納入額の減免を要求した。これにより、領主は農民を個別に支配するのではなく、村落を単位として支配をおこなうようになっていき、戦国大名の発給文書も村落宛に出される例が見られるようになる。このように戦国期以降の村落は、行政単位となるとともに、権利主体・交渉主体として、いわば法人格を得ていくことになる。もちろんその背景には、戦国期の村落が自力を蓄え、高度に自治能力を発達させていたということがある。

領主の責務

さて、その上で、「自力の村」論では、領主と農民の関係は一般的に——つまり戦国期に限らず——双務的関係であることが強調される。双務的とは互いに責務を負っているということである。農民の責務はもちろん年貢などの納入であるが、一方、領主側も勧農や平和の維持という責務を負っているという。[20]

勧農とは、農業の再生産サイクルが維持できるようにすることであり、種子料の貸し付けや、用水路等の整備、豊作を祈る宗教行事の実施などを含む。種子料の貸し付けというのは、中世の生産能力は、人々の生存を維持するのにぎりぎりのレベルにあり、いったん不作となれば深刻な食糧不足が発生して、本来であれば残しておくべき種籾まで食べてしまい、再生産のサイクルが途切れてしまうという危機が起こる。したがって、領主は蓄えの中から種籾を貸し付けることで、このサイクルを維持するのである。黒田基樹氏は、こうした農民の生活（農業経営）が成り立っていくようにすることを、近世に使用されている「百姓成立《なりたち》」という言葉を借りて「村の成立《なりたち》」と表現している。[21]

そして、暴力的に優位にある領主が一方的に農民から収奪するのではなく、農民による年貢などの納入と、領主による「村の成立」の維持は、双務的関係にあるというのが「自力の村」論の考え方である。藤木久志氏は、領主には領民に対する保護義務があるというだけではなく、さらに「守ってくれるものが領主」であるとまで述べている。[22]

「自力の村」論の立場に立つ黒田氏は、「権力は、それを受容し、支える存在があってはじめて権力たりうる」とする。[23]なぜ、受容されるかといえば、それは勧農や平和の実現といった、社会にとって有意義な役割を果たしているからである。すなわち、「自力の村」論は、水林彪氏のいうところの実質的正当性を重視する議論である、とひとまずは整理することができる。黒田氏は、ここから、民衆にとって権力は外在的なものではなく、民衆が権力を生み出す、とさらに踏み込んでいるが、この点についてはあとで検討しよう。

このように支配の受容という側面を重視する「自力の村」論は、領主と農民（村落）の関係を、領主側からの一方的な支配・搾取の関係ではなく、合意・契約の関係と考える。戦国期には、こうした合意・契約の一方の主体として自治的な村落が立ち現れてくるわけである。先にみた村請とは、領主と村落の間の契約であり、不作時などの年貢の減免は、領主が果たすべき「村の成立」の維持のために必要な措置として要求されるのである。

自力の惨禍

このような領主と農民（村落）の関係を前提として、藤木氏は「豊臣平和令」という考え方を提唱した。[24]

戦国期は戦乱だけでなく災害も多発した時代である。前述のように、中世の生産力は人々の生存を維持するのにぎりぎりのレベルであったから、戦乱や災害の多発はたちまち飢饉を引き起こし、人々の生存が脅かされる状況となる。そして、中世は自力救済の社会であるから、人々は自力を行使して生存の維持を図る。その結果、略奪や人取りといった戦場稼ぎが横行するのである。人取りとは、戦場で人を拉致することであるが、そうして身代金を要求したり、奴隷として使役したり、あるいは奴隷商人に売却するなどの行為がおこなわれた。藤木氏は戦国期の戦争を「生きるための戦争」と評価している。[25]

藤木氏は、たとえば、越後の上杉氏が毎年のように繰り返した関東出兵について、その動機を食糧確保に求める。通常、政治史的には、上杉謙信の関東出兵は、天文一五年（一五四六）の河越合戦で関東管領上杉憲政らを破って南関東の覇権を確立した北条氏と、その上杉憲政を迎え、関東管領を継承した上杉謙信の、関東支配をめぐる抗争と説明されることが多い。しかし、藤木氏は謙信の関東出兵が、晩秋に出兵して越年し、春か夏に帰るというパターンが多いことに注目し、これは秋に収穫された食糧を略奪することを目的としたものであると評価したのである。[26]

このように、生存を図るため、人々が互いに自力を行使し、略奪や人取りが横行することになれば社会の存立そのものが危機的な状況に陥る。藤木氏はこれを「自力の惨禍」と呼ぶ[27]。人々はこの危機的状況を克服するために、平和の実現を要求することになるが、すでに見たように平和実現は領主の責務である。藤木氏は、ここに統一政権成立の意義を見る。そして豊臣政権が出した、惣無事令《そうぶじ》をはじめ、喧嘩《けんか》停止《ちょうじ》令、海賊禁止令、刀狩令という、自力救済を否定する一連の法令を、平和の実現を目的とした法令という意味で「豊臣平和令」と名付けたのである。

ところで近年、「豊臣平和令」の中心となる惣無事令については、惣無事令という具体的な法令が存在したことを否定する見解が出されている。これについてはあとでふれることにして、ここでは、とりあえず藤木氏の議論を追う。

戦国大名の和平と国分

藤木氏は、惣無事令の前段階として、戦国大名同士の和平を検討する。一六世紀半ば以降の戦国大名同士の和平では「国分《くにわけ》」ということがおこなわれる。国分とは領土画定のことである。藤木氏の挙げている具体例をみておこう[28]。

永禄一二年（一五六九）、上杉氏と北条氏の間で同盟が結ばれる。上杉氏と北条氏は長年敵対関係にあったから、これは甲斐武田氏を意識しての、大きな方針転換である。もともと上杉氏は、川中島の合戦でよく知られているように、武田氏と敵対関係にあったが、北条氏は武田氏・今川氏といわゆる三国同盟の関係にあった。しかし、この時期、武田氏が今川氏を圧迫して勢力を伸張してきたため、これに対抗して、北条氏は上杉氏と手を結ぶことにしたのである。この和平に際して、北条氏は上杉氏の上野領有を、上杉氏は北条氏の伊豆・相模・武蔵領有をお互い承認した。つまり国境画定

（国分）がおこなわれたのである。

しかし、この同盟関係はすぐに破綻し、元亀二年（一五七一）には、また北条氏と武田氏の同盟が復活する。そしてこのときも、武田氏は北条氏の関八州（厳密には相模・武蔵・安房・上総・下総・上野・下野・常陸の八ヵ国を指す。ただしこの場合、そのような厳密な意味で用いられているわけではないだろう）支配を承認、北条氏は武田氏の西上野支配を承認するという国分がおこなわれた。

藤木氏は、こうして、和平が結ばれ国分がおこなわれると、そこに平和領域が創出されると評価する。領主の責務としての平和の実現である。

ただし戦国大名の国分には限界がある。なぜなら当知行の論理（自力主義）が否定されていないからである。当知行とは、現に（実効的に）その土地を支配しているという事実のことである。繰り返し述べているように、中世は自力救済の社会である。したがって自分の権利は実力で守る（あるいは勝ち取る）。ある土地をめぐって裁判で権利が争われ、一方が権利を認められたとしても、相手がもし土地の占拠を続けるならば、それを実力で排除しなければならない。逆に、その土地を実力で占拠し続けることができたならば（つまり当知行）、その事実によって支配が認められる。

戦国大名の支配にも、こうした観念が働いている。国分の線引きは、その時点で、お互いが実力占有している領域に基づいて交渉がおこなわれ、微調整がなされて、決定される。上杉氏が北条氏の領有を承認した伊豆・相模・武蔵は、すでに現に北条氏が安定的な支配を実現している地域である。また、北条氏は上杉氏の上野国領有を承認し、のちには武田氏の西上野領有を承認しているが、承認されたから、それで即領有が実現するわけではなく、たとえば武田氏は、当然上杉方と戦って、実力で西上野を占領しなければならない（すでに占領している地域は上杉氏から防衛しなければならない）。このように、戦国大名の和平の根底にはいまだ当知行の論理がある。

そして、この当知行の論理がある限り、和平は（したがって国境画定は）永続しない。軍事的バランスが変化すれば、当知行の論理に従って、国境画定は破られる。戦国大名の和平は、その可能性を常に秘めているのである。したがって、永続的な平和を実現するためには、当知行の論理、すなわち自力救済を否定する必要がある。そして、藤木氏はそれを実現したのが豊臣政権であると考える。

「惣無事体制」の成立へ

天正一〇年（一五八二）の本能寺の変の後、織田政権内で実権を掌握した羽柴秀吉（なお、秀吉が豊臣を名乗るのは天正一四年からであるが、以下では、時期にかかわらず豊臣秀吉、豊臣政権を用いる）は、その後、天正一三年に四国出兵、同一五年に九州出兵、同一八年に関東出兵をおこない、全国を統一した。従来、こうした天下統一の過程は、秀吉が各地の戦国大名を軍事的に打倒していった（討伐していった）というイメージで語られてきたが、藤木氏はそうした見方を否定する。[29]
たとえば藤木氏は、秀吉の四国出兵を四国国分、とりわけ伊予処分の強制執行であると評価する。当時、四国では土佐国に本拠を置く長宗我部氏が徐々に周辺諸国にも進出し、大きな勢力を築いていた。四国国分とは、秀吉が、長宗我部氏に土佐一国の支配を安堵するというもので、つまり長宗我部氏の支配領域を土佐一国とする国境画定（国分）がおこなわれた。このとき問題になったのが伊予国である。当初、秀吉と長宗我部氏との交渉では、長宗我部氏が阿波と讃岐を放棄するかわりに、土佐と伊予の支配を長宗我部氏に認めるということが内定していたのだが、伊予国には安芸毛利氏から支援を受ける河野《こうの》氏がいた。このため、毛利氏は、伊予を毛利方に与えるよう要求し、結果として長宗我部氏には土佐一国のみ安堵ということになった。しかし、長宗我部氏はこれに反して伊予などに進出した。藤木氏は、こうして国境画定（四国国分）に長宗我部氏が従わなかったため、伊予処分の強制執行として、秀吉は四国に出兵したのであって、「長曾我部成敗の戦争という色彩は薄い」とする。つまり、藤木氏は、秀吉は長宗我部氏を打倒することを目指したのではなく、平和の実現のため国分をおこない、そして平和の維持のために、それに違反した長宗我部氏を取り締まったと評価したのである。

藤木氏は、九州出兵についても同様に説明する。九州では豊後国に本拠を置く大友氏と、薩摩国に本拠を置く島津氏の対立があった。秀吉はこの両者に対して停戦令を発し、九州国分をおこなった。しかし、島津氏がこの停戦令に違反したため、国分を守らせるため、秀吉は九州に出兵したとするのである。ここでも、秀吉の目的は島津氏の打倒ではなく、平和の実現であったということになる。

この九州国分について藤木氏は、まず、関白の地位にある秀吉が、その職権としての「日本六十余州『進止』権」に基づいて合法正当に、適法的に軍事力行使がおこなわれたこと、大名の軍事力行使、すなわち自力の行使を、私戦と位置づけ、これを禁じていること、またそれが、単に大友－島津間にとどまらず、九州全体に対する広域的な停戦令であることなどの特徴を挙げ、これがのちの「関東・奥両国惣無事令」（関東および東北地方の陸奥・出羽の両国を対象とした広域的停戦令）の原型をなしていると指摘する。

藤木氏は、秀吉の小田原攻めも、北条氏がこの惣無事令に違反した（国分で真田《さなだ》氏の所領とされた上野国沼田《ぬまた》領に、北条氏が侵攻した）ため、おこなわれたものであるとする。

つまり惣無事令とは、大名をはじめとする領主間の戦争を私戦として禁止し、広域的な平和を実現するものであると位置づけられる。そこでは、天下の平和といういわば公共の利益に対し、大名の自力行使は私的なものとして否定される。そして、こうした公共の利益を守るための国分や、その違反を取り締まる軍事力行使は、職権的なものと位置づけられ、その適法性・合法性が強調される。

先に、「自力の村」論は実質的正当性を重視する議論だと述べたが、それと密接に関わって構想されている「豊臣平和令」の議論では、いま見たように、実は法的正当性という側面も強く打ち出されている。「平和令」と総称される法令に画期性を見出す議論なのだから当然といえば当然である。「自力の村」論でも、村落が法人格を得て、領主と村落との契約が結ばれていることが重視されていた。

すでに序章でみたように、藤木氏は、中世の恣意的暴力的支配に対して、近世が法的機構的支配になるという見方について、肯定的に取りあげつつ、中世を単に恣意的暴力的支配と位置づけるのは問題だとしていた。ここで重要なのは、暴力的支配に対して、法的支配が対置され、法的支配の実現が重視されているということである。

実質的正当性の重視が、法的正当性の重視へと接近するのにはおそらく理由がある。実質的正当性とは、社会にとって有意義な役割を果たしているということだが、当然ながら社会は一枚岩ではなく、さまざまな利害の対立がある。したがって、個別の利害ということに視点を据えれば、誰にとっても等しく有意義であるとは限らない。たとえば、ある人は、他に比べてより多くの税を負担しなくてはならないという場合がある。にもかかわらず、それが社会全体にとって有意義なことだと納得されるためには、公正な（公正と見なされる）基準が必要になろう。こうした基準を欠いて、その都度その都度、局面ごとに「有意義な役割」を果たそうとしても、それは現実には困難に直面する。結局、実質的正当性は、その継続のためには、法的正当性を要請することになる。

ここでいう法的正当性も、水林氏がいう「所与の法秩序に適合的」であるという法的正当性の意味からははみ出している。藤木氏が、関白の職権を持ち出している点や、自力の行使を抑制するためのさまざまな慣行が中世にもあり、そこに豊臣政権の自力否定政策が社会に受容される土壌があると考えている点などは、「所与の法秩序」の問題として説明できる。しかし、ここでは新たな法秩序の創出（法の措定）という側面も視野に入れている。これは、「今川仮名目録追加」において「自分の力量」で法度を定め、治安や安全を維持していると述べられていたような事態である。豊臣政権も「法の措定」をおこなっていると考えられる。これについては、あとで述べよう。

いずれにしても、「自力の村」論や「豊臣平和令」説は、法（合法性・適法性）を重視する議論であるということである。そうすると、ここで先に述べた、惣無事令という具体的な法令は存在しなかったという近年なされている指摘について考えておかなければならない。

惣無事令はなかった？

近年の研究が明らかにしたところでは、「惣無事」とは和平・和睦を意味する、この時期の東国において使用された言葉であって、藤木氏が惣無事令の根拠として挙げた史料は、秀吉が徳川家康に対して、東国における領主間の和平の仲介を依頼したことを示すものにすぎず、広域的な停戦令ではないし、そもそも法令ではない。また秀吉が「惣無事」という言葉を使用した初見例は、いまだ年代比定に論争はあるものの、秀吉の関白就任以前にさかのぼる可能性が高く、惣無事令が関白の職権に基づくものであるという点も否定される[30]。

この指摘はやはり重大であって、藤木氏が強調してきた、豊臣政権による軍事力行使が、しかるべき権限に基づいて、適法な手続きを踏んで行使されたという点は、見直しを迫られる。この点は、本書の続く議論ともかかわる。ただ、一方で、これによって藤木氏の主張が全面的に崩れ去ったかというと、必ずしもそうとはいえない。つまり、惣無事令という法令が出されなかったとしても、このあと、江戸時代にかけて、自力救済を否定し、領主間の軍事力行使を禁止する体制(いわゆる「惣無事体制」)は定着していくからである(惣無事令が否定されたことによって、そのプロセスは改めて検討されなければならないが)。水林氏は法的正当性について、所与の法秩序に適合的であるというとき、それは制定法秩序という狭い意味ではないとしていた。つまり、惣無事令という制定法の存在が否定されたとしても、「惣無事体制」という法秩序の成立自体は否定されていないのである(惣無事令が否定されている以上、それを「惣無事体制」という言葉で呼ぶのが適切かどうかという問題はあるが、現在、それに代わる用語も提案されていないので、以下、カギ括弧を付けてこの語を用いる)。以下では、そうした法秩序自体は成立したものとして話を進めよう。したがって、以下の議論で「法」という語は、具体的な法令に限定しないで用いている。

権力の存在意義

このことを念頭に置いた上で、再び藤木氏の理路を追おう。

藤木氏は、惣無事令・喧嘩停止令・海賊禁止令・刀狩令を「豊臣平和令」と総称した。これらは、いずれも中世以来の自力救済を否定するものである。大名間の戦争から、村落間の紛争まで、暴力の行使を「私的」なものとして禁じ、豊臣政権が公権力として暴力を行使する権利を独占する(豊臣政権が、法令違反を取り締まるために行使する暴力は「公的」な暴力であるということになる)。

近代国家では、原則として暴力を行使する権利は国家が独占している（民兵組織や武装勢力が存在したり、内戦状態にあったりする場合もあるが、その場合も、国家がそれを公認して権利を認めているか、権利を認めず非合法なものと位置づけているかという形を取っているのであって、現実に国家がそれを管理できているかどうかはともかく、権利としては国家が独占している）。したがって、現代社会ではたとえば、被害者やその関係者が、加害者に私的に制裁を加えるような行為は原則として禁止されている。加害者の処罰は国家権力によっておこなわれなければならない。近代国家では、死刑制度、警察力の行使、戦争など、暴力行使の権利はいずれも国家が独占しており、国家権力以外による暴力行使は非合法化されている。暴力の正当化源泉が国家にあると言い換えてもいいだろう。豊臣政権による自力救済の否定を、日本社会における、暴力行使の権利の国家による独占の萌芽と位置づける見解もある。[31]

藤木氏は、「豊臣平和令」を、「人を殺す権利」を権力のもとに独占することで、人々を自力の惨禍（自力救済の恐怖）から解放したものだと位置づけ、それを次のように解説する[32]（傍点は引用者による）。

> つまり人々を中世的な自力の惨禍（自力救済の恐怖）から解放することこそが、惣無事令＝豊臣平和令をつらぬく、統一政権の歴史的な課題であったのであり、百姓のあいだに広く認められた武器使用の自己規制は、自力の惨禍からの自己解放という大きな歴史的な課題に、民衆が同意を与えた結果であったにちがいない、とみたのである。

江戸時代は、島原の乱以降、幕末まで戦乱がない時代である。このような「惣無事体制」をつくり出したのは「豊臣平和令」である。このような体制は、平和の実現という領主の責務を果たす統一政権の支配を民衆が受容することで実現した。したがって、近世は民衆の運動の挫折によって到来するのではなく、民衆の達成と評価すべきである。藤木氏はこのように考える。

同じく「自力の村」論の立場に立つ、黒田基樹氏も、「権力は、それを受容し、支える存在があってはじめて権力たりうる」、「民衆にとって権力は、まったく外在的に存在するものではなく、むしろそれを生み出す」と述べている。[33] つまり豊臣政権（統一政権）は、いわば民衆の支持によって成立したと意義づけられているのである。

藤木氏や黒田氏は、権力とは社会の危機の克服のために存在すると考える。そして、領主間の戦争が多発し、「自力の惨禍」が引き起こされている戦国期の危機を、最終的に克服するための「究極の危機管理」は天下統一であると位置づけられる。[34] すなわち、在地領主同士の戦争（自力の行使）を止めるためには、それらを統一する上位の権力が成立し、自力行使を抑止しなければならない。こうして、広範な領主を編成した戦国大名が誕生する。しかし、それでも戦国大名同士の戦争はなくならない。それを抑止するためには、それらを支配するより上位の権力、つまり全国を支配する統一政権が誕生し、暴力行使の権利を独占することが必要になる。こうして、平和の実現（危機管理）のために、より大きな権力が誕生し、最終的には統一政権に帰結する。「自力の村」論では、戦国期から近世にかけての移行の過程をこのように考え、戦国領主や戦国大名はその一階梯に位置づけられるのである。

戦国大名の紛争調停

以上、「自力の村」論と、「豊臣平和令」の議論について見てきたが、これらは実質的正当性を重視する議論であると同時に、法的正当性もまた重視しているのであり、いずれにしても、支配の成立について、暴力に対して、人々による支配の受容や合意といった正当性の側面をより重視する議論であるといえる。

しかし、こうした平和の実現のために統一政権は成立する、社会の危機克服のために権力は存在する、といった見方には問題点もある。ここでは、これについて考えてみたい。

まず、戦国大名が平和領域を創出するという見方について考えてみよう。

元亀元年（一五七〇）、毛利氏配下で山陰方面の軍事指揮を担っている吉川元春は、戦国領主益田氏に出陣を要請したが、その際、益田氏からある要望が出された。その要望を毛利氏に伝える元春の書状を見てみよう。[35]

〔読み下し〕

（前略）益田方より申さる事に、西境目内々油断なく候、只今かくのごとく申すべき儀あらず候えども、この前雲州嶋根御在陳（陣）の時も、検使一人彼の境目に置かれ、その辻を以て無事候て、雲州在陳（陣）を遂げ、馳走致し候の間、この段仰せ付けられ候ようにと申さる事候、誠に御造作の儀、沙汰に及ばず候といえども、御一人差し遣わされ候わば、我等において忝《かたじけな》かるべく候、藤兼（益田）より申さる分には、正頼（吉見）領分へも御一人遣わされ、又、益田領の儀は申すに能《あた》わず候の由、申さる事に候、（以下略）

〔現代語訳〕

（前略）益田方より申されることには、（益田領の）西境目については内々に油断のないように警戒している。現在はこのように特に言うべきようなことは起こっていないが、以前（益田氏が毛利氏の要請で）出雲国島根に出陣したときも、（毛利氏から）検使一人をかの境目に派遣してもらい、そのことによって安全が保証されて、出雲出陣を果たし、奔走したので、（今回も検使を派遣するという）同様のことを（毛利氏より）命じられるようにと、（益田方は）申されています。誠にご面倒なことは言うまでもないことですが、（毛利氏から検使を）一人派遣していただければ、私（吉川元春）としてもかたじけなく存じます。（益田）藤兼より申されるには、（吉見）正頼の領地にも（検使）一人を派遣されたい、益田領については言うまでもないとのこと、申されています。（以下略）

益田領の西側には、石見国津和野を本拠とする戦国領主吉見氏の領地がある。益田氏が「西境目」といっているのは、この益田領と吉見領の境界のことである。この隣り合う両者は、以前から険悪な関係にある。前章で見たように吉見氏は、永禄五年頃、益田氏の出陣の留守を狙って、益田氏から田《た》万《ま》郷と須佐郷を奪い取っていた。したがって、益田氏は今度も出陣の留守に、自領が吉見氏におびやかされることを警戒し、毛利氏に境界を監視する検使の派遣を要望しているのである。この時点ではすでに益田氏も吉見氏も、毛利氏の配下に入っており、いわば味方同士であるにもかかわらず、このような領地紛争が現実の可能性としてあったことを示している。そして、毛利氏の検使派遣によって、この紛争の抑止が図られているのである。これは前章で述べた、戦国大名によって、「領」の境界が明確化されるという事態であり、より広域的な支配をおこなう権力であるところの戦国大名が、戦国領主の紛争を調停し平和を実現している、というようにもとれる。

しかし、ここで注意しなければならないのは、まず、この紛争調停が、益田氏を戦争に動員することを目的としているということである。元春が憂慮しているのは、検使の派遣がなければ、益田氏が出陣要請に応じないかもしれないということであって、益田氏と吉見氏の間に紛争が起きるかもしれない、ということではない。いわば戦争遂行のために、仲間割れを防いでいるというにすぎない。

しかも益田氏が、以前も検使を派遣してもらうことで出陣を果たしたから、今回もそうしてほしいと要望していることからわかるように、こうした紛争抑止の措置は、益田氏を出陣させるという軍事的な要請に基づいた一時的なものである。毛利氏は、益田氏と吉見氏の間の紛争を、恒久的にやめさせようとはしていない。

つまり、毛利氏の態度は、平和の実現を目的として配下の領主の自力行使を否定するということとは程遠い。結果的に、益田氏と吉見氏の間の紛争が抑止されたとしても、それは平和の実現を目的としたものだとはいえない。

藤木氏の例示した戦国大名間の和平にしても、たとえば上杉氏と北条氏の和平は、武田氏に対抗するための軍事的な目的をもつものであって、平和領域の創出が目的であったわけではない。

戦時の論理

もう一つ、事例を見ておこう。

永禄年間（一五五八〜七〇）の初め頃、備後国尾道（現広島県尾道市）にある浄土寺の鐘を、地元の尾道の鋳物師《いもじ》（金属製品を鋳造する職人）が鋳造した。ところが、この鐘を、備後国宇津戸（現広島県世羅町）の鋳物師丹下氏が差し押さえてしまった。丹下氏は室町時代、備後国の守護であった山名氏から、代々、備後国における独占営業権を認められていたからである。[36] 尾道鋳物師による浄土寺の鐘の鋳造はこの権利を侵害しているとして、丹下氏は鐘を差し押さえるという実力行使に及んだのである。この争いは、当時備後国を支配していた毛利氏のもとに持ち込まれた。丹下氏のバックには、備後国の戦国領主上原氏がついていた。上原氏の働きかけもあって、丹下氏は、石見国に在陣中の毛利元就・隆元父子に対面することができ、毛利氏からも営業独占権に基づく主張を認めてもらうことができた。[37] こうして毛利氏の裁定が下ったにもかかわらず、この問題は解決しなかった。尾道鋳物師のバックにも、木梨氏という尾道に拠点を持つ戦国領主が控えていたからである。もはや鋳物師同士の縄張り争いではなく、上原氏と木梨氏という戦国領主同士の対立に発展してしまったこの問題に、毛利氏も手を焼いたらしく、奇手ともいえる調停案を持ち出した。それは、丹下氏でも尾道鋳物師でもどちらでもない、それどころか備後国の鋳物師でさえない、安芸国廿日市（現広島県廿日市市）の鋳物師に鐘を鋳造させ、それを浄土寺に納めるという案である。いわば双方痛み分けという措置であった。しかし、この案は受け入れられなかったらしく、また、毛利氏も丹下氏のもつ歴代の証文の効力は認めていたため、強いてはこの調停案を推し進めなかった。結局、事態は解決をみないまま一〇年以上が過ぎた。

天正七～九年（一五七九～八一）頃、毛利氏と織田信長との戦争が本格化するなか、毛利氏は突如、一〇年以上店晒《たなざら》しにされていた浄土寺の鐘の問題を解決しようとする。上原氏や木梨氏が反対しても、廿日市の鐘を浄土寺に奉納することにしたのである。[38] このような強引な幕引きをおこなうにあたって毛利氏が持ち出した論理は「当時弓箭中、殊更善根之儀候条」というものだった。[39] 弓箭とは弓矢のことで、ここでは戦争を意味している。つまり今は戦争中なので、善事をおこなって（浄土寺に鐘を奉納して)、神仏の加護を得る必要があるから、ということである。もちろんそれは表向きの理由であって、織田方の攻勢に対し、木梨氏と上原氏の対立を収め、味方を結束させる必要があったからであろう[40](ただし、上原氏は天正一〇年、織田方に寝返ってしまうので、むしろこれが裏目に出た可能性もある)。

注目したいのは、毛利氏が、丹下氏が守護山名氏からもらったものも含む歴代の証文の効力を認めつつ、しかし、戦争を理由にして、あえてそれに反する解決を図っていることである。つまり、毛利氏は、平時の法秩序を、戦時の論理によって棚上げしているのである。毛利氏がこうした戦時の論理を持ち出す例はほかにも見られる。たとえば、毛利氏は、安芸国の戦国領主阿曾沼広秀が抱えている公事《くじ》(裁判沙汰)について、「元就一大事之弓矢」を理由に「分別」を迫っている[41](対立している事柄について我慢して、争いをやめるように、ということだろう)。

いずれの場合も、毛利氏の紛争調停は、法的なものではなく、戦時という非常事態を理由に、法を宙吊りにし、その適用を外す(「例外状態」にする)ことによって進められているのである。

押しつけられる国分

こうしたことは、しかし、あくまで自力の否定が不完全な戦国大名の限界性であって、豊臣政権は違うのであろうか。

藤田達生氏は、豊臣政権による四国国分や九州国分について再検討し、それらが独善的・好戦的性格をもつことを指摘している[42]。

四国国分で問題となっていたのは伊予処分であった。秀吉は、長宗我部氏には土佐一国のみを安堵し、伊予は毛利氏配下の小早川氏らに与える国分をおこなったのだが、長宗我部氏がこれに違反したため、強制執行をおこなったというのが藤木氏の説明であった。しかし、当初の国分案では、伊予も長宗我部氏に与えられることになっていた。これに毛利氏が横槍を入れたため、長宗我部氏は土佐一国のみと変更になったのである。これはすでに土佐以外にも進出していた長宗我部氏にとって受け入れがたい条件であろう。もともと受け入れがたい国分案を強要しておいて、それに従わなかったことを理由に出兵する。藤田氏は、これはそもそも戦争介入のための名分であって、そこには豊臣政権の独善的・好戦的性格が認められるとしている。

しかも、秀吉は第三者としての立場で、四国の紛争調停に乗り出したのではない。国分の結果、讃岐には仙石秀久ら、阿波には蜂須賀家政ら、秀吉の家来が配置されている。伊予にも毛利氏配下の小早川隆景らが配置される。このときすでに毛利氏は豊臣政権に従属しているから、つまり秀吉は自身の配下にある勢力を四国に扶植したことになる。藤田氏はこれを来る九州出兵をにらんだものと指摘する。秀吉自身も利害当事者なのである。

九州国分についても同様である。九州では、天正六年(一五七八)の耳川の合戦で、大友氏が島津氏に大敗し、大友氏の勢力が衰えつつあり、しかも、大友氏の衰勢にともなって勢力を拡大していた肥前国の龍造寺隆信も、天正一二年、島津氏と有馬氏の連合軍と戦い、戦死したことで、島津氏の勢いが決定的に強まっていた。危機感を募らせた大友氏は、秀吉に助けを求め、これを受けて秀吉の九州停戦令が出されたとされる。ここでも、秀吉は第三者としての立場で紛争調停をおこなったのではなく、明らかに大友方に立って介入をおこなっている。また、勢力を拡大していた島津氏の側から見れば、秀吉の国分案は一方的な押しつけである。

藤田氏はこうした分析から、惣無事令の本質は、秀吉が諸大名に臣従を要求したもの（臣従令）であったと評価した。

以上のような四国国分、九州国分の過程を見る限り、あらかじめ合意された法に基づいて、法令違反が取り締まられ、法秩序が維持されたのではなく、軍事的に優位にある豊臣権力が、劣位にある大名権力に対して、法秩序の受容を迫り、また実際に軍事力を行使することによって受容を強制したことは明らかである。[43]

このことは、戦国期において、やはり暴力の側面が重要であることを示している。しかし、それは暴力と法を対極において、暴力の方が重要である、ということではない。むしろ、ここでは法秩序の創出（法の措定）と、軍事的暴力は不可分のものとしてある。

「豊臣平和令」と「設立による国家」

このことを別の角度から考えてみよう。

「豊臣平和令」説の論理展開は、トマス・ホッブズの社会契約説における「設立による国家」の議論に似ている。

ホッブズの社会契約説は、通常、次のようなものとして理解されている。すなわち、国家が成立する以前の自然状態においては、人々は「各人の各人に対する戦争」という状況に置かれている。そこでは、人々は「自分自身のつよさと自分自身の工夫とが与えるもののほかには、なんの保証もなしに生きている」のであり、このため「継続的な恐怖と暴力による死の危険」にさらされる。[44]こうした自然状態における「死への恐怖」は、人々をして平和を求めさせることになる。したがって、「かれらを外国人の侵入や相互の侵害から防衛し、それによってかれらの安全を保証して、かれらが自己の勤労と土地の産物によって自己をやしない、満足して生活できるようにするという、このような能力のある共通の権力を樹立する」ことが目指される。そして、そのための「ただひとつの道は、かれらのすべての権力と強さとを、ひとりの人間に与え、または、多数意見によってすべての意志をひとつの意志とすることができるような、人びとのひとつの合議体《アセンブリ》に与えること」である。このような人格の統一は「各人対各人の信約によってつくられる」[45]（つまり社会契約）。このような信約によって、一人格に統一された共通権力が、「設立による国家（コモン－ウェルス）」である。人々は「悲惨な戦争状態から、かれら自身を解放する」[46]ために、自身の持つ力の行使の権利を、契約に基づいて自発的に共通権力に委ねるのである。

この説明と、「豊臣平和令」説の論理展開が近似的なのは明らかだろう。ホッブズのいう「自分自身のつよさと自分自身の工夫とが与えるもののほかには、なんの保証もなしに生きている」とは、まさに自力救済の社会であり、「継続的な恐怖と暴力による死の危険」は、藤木氏のいう「自力の惨禍」にあたる。ホッブズの「悲惨な戦争状態から、かれら自身を解放する」という言葉は、藤木氏のいう「自力の惨禍からの自己解放」と重なるし、「安全を保証して、かれらが自己の勤労と土地の産物によって自己をやしない、満足して生活できるようにする」とは平和と勧農の実現のことである。そして、その実現のため人々の付託を受けて成立する「設立による国家」が、統一政権（あるいはそこに至る一階梯としての戦国大名や戦国領主）にあたる。

ホッブズの矛盾

しかし、ホッブズの「設立による国家」の議論については、その論理展開上の矛盾が指摘されている。[47]

たとえば萱野稔人氏は、共通権力は信約によって樹立されることになっているが、ホッブズは信約が有効なものとなるためには、かれらを超えた力が、かれらにその信約の履行を強制するのでなくてはならないとしている。すなわち、ホッブズの議論は、共通権力を樹立するための信約が、その共通権力を背景としてしか有効なものとはならない、という循環論法に陥っている、とホッブズの矛盾を指摘する。[48]

つまり、ホッブズの議論では、お互いに力の行使をやめることを信約するわけであるが、「各人の各人に対する戦争」の状態では、いつ相手に裏切られるかわからないので、たとえていえば、自分の方が先に武器を捨ててしまうことは難しい。双方が信約を履行する（武器を捨てる）ことを、双方より上位に立つ権力（共通権力）が保証してくれる（違反があれば取り締まってくれる）のでなければ安心して信約などできない（信約を履行できない）。ところが、その共通権力は、信約によって成り立つ、という矛盾である。

では、なぜこのような論理矛盾があるにもかかわらず、ホッブズは国家が成立しうると考えるのであろうか。

実はホッブズの議論には、「設立による国家」のほかに、それと対置される「獲得による国家」という概念がある。ホッブズによれば、主権者権力の獲得には、先の信約による設立による場合と、もう一つ「自然的な力《ナチユラル・フオース》」によるものであって、子供たちが服従を拒否すればかれらを破滅させうることにより、人が、自分の子供たちとさらにその子供たちとを、かれの統治に服従させる、というばあいがそれであり、また、戦争によって、かれの敵を、かれの意志への屈従を条件として生命をたすけることによって、そうさせるばあい[49]」がある。この後者の場合が「獲得による国家」である。

上野修氏は、ホッブズの「設立による国家」の説明には、この「獲得による国家」の論理が入り込んでいると考える。[50]そこでキーワードになるのは「先なる履行」と「命の贈与（vitae condonatio）」である。

たとえば、強盗に脅されて金銭を要求されたとき、今は持ち合わせがないので、後で支払うと約束して、その場は命が助かったという場合、この約束を守って、後日金銭を払わなければならないかという問いに、ホッブズは払わなくてはならないと答えている。[51]それは、この信約の一方の側、すなわち「殺さずにおく」という約束がすでに履行されているからである。したがって、金銭を払うという約束も履行されなくてはならない。このように、強者が弱者を殺せるが、殺さずにおくことを、ホッブズは「命の贈与」と呼ぶ。[52]そしてこの場合、「命の贈与」が、一方的に先に履行されている、つまり「先なる履行」が存在している。

国家の話に戻れば、「獲得による国家」は、「戦争によって、かれの敵を、かれの意志への屈従を条件として生命をたすけることによって」成立する、つまり、強者が弱者に対して、一方的に「命の贈与」を先に履行することで成立するのである。

先ほどの「設立による国家」の話でいえば、お互いどちらが先に信約を履行するかが問題になって、結局、信約を結べないままであったわけであるが、このような形で、一方的に「先なる履行」がおこなわれれば、信約は成立する。つまり、ホッブズの「設立による国家」の説明は、「獲得による国家」の論理が忍び込むことによって、成立するのである。

萱野氏も、上野氏と同様に暴力の格差が信約を有効なものとすると考える。すなわち「住民のあいだの合意によってではなく、暴力的に優位にあるエージェントが住民たちを制圧することによって」国家は成立するのであり、「暴力的に優位にあるものが他の人びとに対して、暴力を行使しないこととひきかえに富や役務を提供させる。こうした事態のなかにこそ国家を成立させる信約は見いだされなくてはならない」とする。[53]

つまり、国家は、平和の実現のために、人々が互いに社会契約を結ぶことによって成立するのではないということである。豊臣政権は、人々の合意によって設立されたのではなく、暴力的に優位にある豊臣政権による軍事的な制圧が先にあって（「命の贈与」の先なる履行）、事後的に「合意」が形成されるのである（そもそもホッブズのいう自然状態から国家が設立されるという過程は、あくまで原理の説明であって、現実の歴史的過程ではないということは、これまでも言われている）。

もちろん、これによって結果的には平和が実現される。しかし、それは萱野氏が「社会の治安をまもるために国家が設立されるのではなく、反対に、国家はみずからの利益を追求することで結果的に治安の管理へとむかう」[54]としているように、あくまで結果として実現されるのであって、平和が目的であったというのは、萱野氏の言葉を借りれば発想が転倒しているということになる。

これは前章での戦国領主の「領」をめぐる議論に通じる。戦国領主の「領」は、公共的な利害調整のために成立するのではなく、軍事的な征服によって一定規模の支配領域が形成された結果として、そこにおいて公共的な利害調整がおこなわれるのである。

法を措定する暴力

ところで、藤木氏のいう国分とは、国境画定のことであるから、つまりは境界線を引くということである。杉田敦氏は境界線を引くということに関して、「境界線についての合意なるものはいかにして成立するのか、いや、そもそも成立しうるものなのかが問題である」という。なぜなら、「合意ということが言えるためには、合意を確認すべき範囲が明確でなければならない」が、「境界線についての当事者・関係者を、境界線の成立に先立って指定することはできない。何らかの線を引くまでは、線はどこにでも、どうにでも引けるのであり、したがって、あらゆる空間やあらゆる人々が当事者たりうる」からである。そして、たとえば国境という境界線について考えれば、「地面の上にある線を引く時に、一体どの範囲の人々にまで意見を求めれば、それは正統な線引きと言えるだろうか。これは、決して解けることのない問題である。これまでどうして境界線を引くことができたのかといえば、それは単に事実上引かれたのである」とする。事実上引かれたというのは、「征服や戦争などによって形成された」ということである。[55]

豊臣政権による国分も、関係者があらかじめ合意したものではなく、豊臣政権の軍事的制圧によって境界線が、事実上引かれたのである。四国国分や九州国分は、長宗我部氏や島津氏が降伏することで確定するが、これは彼らの軍事的敗北が決定したことで、事後的に「合意」がなされたということである。

ホッブズが論じるような国家の成立とは、法の措定にほかならない（ホッブズは「共通の権力がないところには、法はなく、法がないところには、不正はない」としている）。[56] 人々が暴力を行使することは、信約に対する違反として国家に取り締まられ、国家以外の主体による暴力の行使が非合法化されていく。つまり、合法／非合法という法秩序が措定されるのである。

萱野氏は、藤木氏のいう豊臣政権による暴力の独占について、国家による合法的暴力の独占の、日本における萌芽と位置づけている。[57] 萱野氏によれば、合法的暴力の独占は、暴力的に優位にあるものが、他者の暴力を非合法なものとして実力によって取り締まることで実現する。つまり、合法／非合法という法秩序は、暴力の格差によって創出される。[58] 長宗我部氏や島津氏の暴力行使が「私戦」、つまり非合法な暴力行使であるとされるのは、豊臣政権が、これらの勢力よりも暴力的に優位にあり、これらの暴力を非合法なものとして取り締まることができるからである。またそうすることによって、「惣無事体制」という法秩序が確立されるのである。

ヴァルター・ベンヤミンは法措定的暴力と法維持的暴力という概念を提示している。[59] ここまで法の措定という言葉を用いてきたのは、これを意識している。つまるところ、豊臣政権による統一戦争は、この法措定的暴力であったということになる。ジャック・デリダはこのような「権威の起源、掟を基礎づける作用または掟の基礎になるもの、掟を定立する作用」は「基礎をもたない暴力である」としている。[60] まさに杉田氏が、国境は征服や戦争によって事実上引かれたとしているのと同様に、「惣無事体制」という法秩序は暴力によって創出されたのである。

戦争のない近世と暴力

結果としてではあれ、近世には、法秩序が定立されて、恣意的暴力的支配から法的機構的支配に転換がなされ、平和が実現する。すなわち、法の措定においては暴力が行使されたが、では、一旦法が措定された近世社会は暴力とは手を切ったといえるだろうか。

確かに近世社会では戦争がなくなる。しかし、それは暴力の不在を意味するわけではない。今度はベンヤミンの提示した法維持的暴力の方に注目してみよう。一度措定された法が、その後も維持されていくためには、当然のことながら、違反を取り締まり、法を守らせる強制力が必要である。違反を取り締まることができないならば、法は存在しないも同然になってしまう。つまり法維持的暴力とは、このような法に実効性を持たせる暴力である。法を措定した統一政権の暴力は、即座に法維持的暴力へと移行する。[61]

ところでベンヤミンは、この法維持的暴力について「法は、法維持の暴力を派手に持ち出すのを避けることを、目標としはじめている」[62]と述べている。これはどういうことだろうか。

萱野氏は、「暴力の行使それ自体によっては服従を獲得できない」としている。[63]暴力の行使をちらつかせることで、相手に何かの行為をさせることはできるが、暴力行使それ自体では、痛みやケガや死といった身体の状態を引き起こすだけで、相手に行為をさせることはできないからである。したがって、暴力は行使可能性にとどまっていなくてはならない。「命の贈与」の履行が信約の一方の条件であった以上、暴力的に優位に立つ側は、「命の贈与」を履行し続けなければならない（そうしないと相手の履行を引き出すことはできない）、ということである。

ニクラス・ルーマンは、権力を、複雑性を縮減して相手方に伝達するコミュニケーション・メディアととらえる。[64]これは、ごく大雑把に説明すれば次のような意味である。何の条件もなければ、人はあらゆる行動をとりうるし、相手もそれに対してあらゆる反応を返すことができ、お互い相手がどんな行動をとるかわからないので、コミュニケーションは複雑で予想不可能なものになる。しかし、権力は選択肢を整理し、制限することで、この複雑性を縮減し、コミュニケーションを可能にする。たとえば、権力保持者は、権力服従者のある行為選択Ａに対しては、報償を与える。あるいは別の行為選択Ｂに対しては暴力によって制裁を加えるといった形で、「選択肢にそれぞれ選好順位を割り振っていく」[65]（先の強盗の例でいうならば、金を払って生き延びるか、金を払わずに殺されるか、という選好順位の割り振られた選択肢に整理される）。権力服従者はＡをすれば報償される、Ｂをすれば処罰されると予測することができるため、通常はＢよりもＡを選好することになるだろう。また権力保持者の側も、権力服従者がＡを選択する可能性が高いと予測できる。

このような選択肢の選好順位の割り振りをより明確にするのが法である。Ａをすれば報償され、Ｂをすれば処罰されるという基準を法として明示することで、この選好はより確実なものとなる。

そして、ルーマンは物理的暴力は「権力を構成する回避選択肢の極限ケース」（傍点原文）であるとも述べている[66]。なぜなら先に見たように、暴力の行使それ自体は相手の行為を引き出せないため、権力保持者にとっても避けたい選択肢であるし、もちろん権力服従者にとっても望ましくない選択肢だからである。このため、結局、暴力の行使に至るような選択肢は回避され、それ以外の選択肢が実現する可能性が高まる。ベンヤミンのいう、法維持的暴力が「派手に」持ち出されなくなるという状況は、これにあたるだろう。

こうして暴力は実際には行使されない傾向が強まる。萱野氏は国家が「むきだしの暴力」を「支配関係へと構造化」することで、「暴力行使の契機が社会から『排除』されていく」と論じる[67]。実際、「惣無事体制」下の近世社会では戦争がなくなり、法維持的暴力は「派手に」持ち出されなくなる。

しかし、このとき暴力は重要な役割を担っている。つまり権力服従者がＢよりもＡを選好するという順位をつくり出す役割を果たすからである。つまり暴力は不在になるのではなく、回避選択肢として存在しているのである。

ルーマンは、「権力のコミュニケーションには、できることなら自分の回避選択肢を実現したくはないが、しかしもちろん実行のための準備はしているという権力保持者のメッセージが含まれている。意図が一応は否定されていながら、同時にそれは、実際には十分にありうることでなければならないのである」としている[68]。つまり暴力は、常に行使されるべく準備されており、かつそのことが十分に認識されていなくてはならない（強盗の拳銃がどうせおもちゃだろうと疑われたら、相手は抵抗を試みるかもしれない）。

この点で、高木昭作氏が江戸時代の武士は喧嘩両成敗のジレンマを抱えていると論じていることは示唆的である[69]。藤木氏も「豊臣平和令」の一つに喧嘩停止令を挙げているが、喧嘩両成敗法は、自力救済を否定するものとして、近世に定着したものである。喧嘩とは、何かのトラブルを実力によって解決することであるから、自力の行使にあたる。喧嘩両成敗法では、理非を問わず――すなわち、喧嘩の原因がどちらにあるとか、どちらに非があるとかいったことにかかわらず――喧嘩を仕掛けた側も応じた側もともに処罰する（死罪にする）という法令であり、そうすることで自力による紛争解決を強く抑止するものである。「惣無事体制」下の近世の武士は、この喧嘩両成敗法によって自力の行使を禁じられている。

しかし、高木氏によれば、武士の支配者としての地位は「惣無事」を実現・維持する戦闘者であることに依拠しており、その能力に疑いをもたれれば「惣無事体制」は崩壊してしまう。したがって、近世の武士は、喧嘩を売られたとき、喧嘩両成敗法に従えば、それに応じることは禁じられているが、同時に「身に降りかかる火の粉を実力で払うことによって戦闘者としての能力を証明してみせなければならな」というジレンマを抱えるのである。つまり武士の戦闘者としての能力は、常に準備され、かつ実際に行使される可能性が常に示されていないといけないが、しかしそれは行使可能性にとどまっていなければならないということである。だから武士は喧嘩を買っても処罰されるが、買わなくても処罰される。前章で紹介した、「井上衆罪状書」に見える井上与四郎と光永彦七郎の事件を思い出していただきたい。毛利氏は、井上与四郎には、光永彦七郎を打擲したことによって切腹を言い渡した。これに対し、光永彦七郎は、そのような恥辱を受けながら報復して恥を雪がなかったことを理由に切腹を命じられているのである。これはもちろん戦国時代の話であるが、高木氏は、近世、岡山藩士が喧嘩を買わなかったことで処罰された事例を紹介している。戦国期の論理は、近世にも死んではいないのである。

つまり法維持的暴力は「派手に」は持ち出されなくなるが、同時にいつでも持ち出す準備はなされており、またそのことが示されることによって法秩序を維持しているのである。ここでも法と暴力は不可分の関係にある[70]。

「自力の村」論は、支配の成立において、暴力よりも正当性を重視する議論であった。しかし、戦国期においてやはり暴力の重要性は見逃せない。合意や契約というと、ともすれば、両者が対等な関係で、お互い納得の上、結ばれるような印象を受けるが、現実に当てはめてみても、彼我の力関係の格差から、合意せざるをえない、あるいは契約せざるをえない局面というのはいくらでもある。したがって、戦国大名や統一政権が、平和の実現のために、社会契約によって設立されるという議論は、暴力の契機を後景に退かせてしまうという点で問題がある。

では、一方、支配はむき出しの暴力のみによるのかといえばそうではない。支配者は「命の贈与」

を履行し続けなければならないし、暴力を回避選択肢として潜勢化させておかなければならない。ルーマンが言うように、暴力と法、暴力と正当性は対極にあるのではないし、当然、中世は暴力的支配、近世は法的支配という二元論では片付けられない。

戦国期守護論と「自力の村」論。ここまで見てきたように、どちらも暴力よりも（実質的／法的）正当性を重視する議論であった。それは、それ以前の大名領国制論のような、実力的支配を重視する議論に対するアンチテーゼであったが、逆に戦国大名や統一政権の支配における暴力の問題を後景に退かせてしまった。しかし、暴力の存在は、戦争のない時代である近世においても、やはり重要であるし、ましてや、その名称からして、戦乱が多発することによって特徴づけられている戦国時代においては、暴力は前景化している。したがって、これらの議論に対しては、より暴力の契機を重視することが必要だという批判が、ひとまずはできる。しかし、再三述べてきたように、暴力がすべてを決定するのではないし、法や正当性と暴力とは対極にあるのではない。両者は不可分のものである。

その上で、次に問題なのは、両者の関係性の様態であり、その戦国期における特徴である。次章では、この戦国期の権力構造の特質について検討していこう。

第四章

権力関係の流動と固定

一　構成的支配

新領主制論における論争

前章で暴力と法や正当性とは不可分のものであることを述べた。問題は両者がどのように結びついているのかということであり、またその結びつき方の戦国期における特徴である。まず本節では戦国期における特徴を論じる前提として、より一般的に中世における両者の結びつきの問題について考えておきたい。

そのためにとりあげるのは、いわゆる新領主制論と呼ばれている学説である。新領主制論において、おもに研究の対象とされていたのは、中世前期（中世成立期）の在地領主である。新領主制論は、必ずしも中世後期をその議論の射程に収めていなかったわけではないが、具体的な分析は、ほぼ中世前期に集中している。したがって、ここではいったん戦国期よりも時代が大きくさかのぼることになる。

新領主制論は、おもに一九六〇年代頃から提起された一連の学説を指し、それ以前の石母田正氏らによる領主制論に対して、新領主制論と呼ばれた。新領主制論は、在地領主の発展を基軸に中世社会を考える点で、同時期に提起された黒田俊雄氏の権門体制論との間に論争があるのだが、新領主制論の内部でも石井進氏・戸田芳実氏・河音《かわね》能平《よしやす》氏らと大山喬平氏との間で論争があった。ここで問題にするのは、その新領主制論の中での論争である。

石井氏と大山氏の論争は、すでに第一章で簡単に紹介したが、それを振り返りながら見ていこう。石井氏は、地頭級武士団（在地領主）の支配について、①中核にある家・館・屋敷、②周囲にひろがる直営田、③さらにその周辺にひろがる荘・郷・保・村といった地頭の職権を行使して支配する地域単位、という三重の同心円のモデルを示した。そして①と②は「イエ支配」の原理で支配されており、その拡大発展により、③の外円部全体の吸収を目指すとした。[1]

戸田氏や河音氏も、石井氏のいう③の支配については私宅の拡大という論理で説明する。たとえば両氏は一一世紀の安芸国高田郡司であった藤原氏が、同国の三田郷（現広島市）を「住郷」、「先祖敷地」などと表現し、世襲化していることから、三田郷全体に藤原氏の「私宅」が拡大されているとした。[2]また、戸田氏は、肥後国の阿蘇氏が、同国阿蘇郡南郷《なんごう》を「往古屋敷」として、鎌倉幕府から安堵されている例も挙げている[3]（「屋敷」は現代語では家屋のことを指すが、中世においては敷地も含む）。つまり、在地領主はイエ支配の拡大によって③を支配したと考えている。

これに対して大山氏は、石井氏のいう③の部分では、百姓のイエの自立性があり、在地領主の家父長制的な私的支配（つまりイエ支配）の外部にあると批判した。[4]その上で、佐藤進一氏の提起した主従制的支配権と統治権的支配権という二つの支配権の概念を参照し、石井氏のいう①と②は「《中核にある》主従制的支配権」、③は「《それをとりまく》公的・領域的支配権（統治権的支配権）」によって支配されているとした。そして、この統治権的支配とは構成的支配の階級的転化形態であるとした（構成的支配については後述）。

主従制的支配と統治権的支配

すでに見たように、佐藤氏は、主従制的支配を人格的・私的支配、統治権的支配を領域的・公的支配と位置づけていたが、この対が、本書で検討してきた戦国期の権力についての二元論と重なり合うことは容易にみてとれるだろう。実際、この〈主従制的支配／統治権的支配〉という二元論は、多くの研究者によって、鎌倉幕府や室町幕府だけでなく、戦国期の分析にも用いられている。たとえば、あとで見るように勝俣鎮夫氏は、戦国大名が分国と家が合体した「国家」という支配理念を打ち出したとし、佐藤氏の議論を参照して、国を統治権的支配に、家を主従制的支配に対応させている。[5]

一方、大山氏は、主従制的支配とイエ支配を同一視している。これについては、たとえば源頼朝と御家人は主従関係を結んでいるが、御家人は、つまり家人であるから、イエ支配に属するものであるともいえる。先ほどみたように、勝俣氏の議論でも主従制的支配と家が対応関係にある（ただし勝俣氏は両者が完全に一致するとは考えていない。この点は後述する）。したがって、大山氏の議論では、①や②に対する支配はイエ支配＝主従制的支配となり、在地領主のイエ支配が及ばない③は統治権的支配という対応になる。

では、大山氏が統治権的支配は構成的支配の階級的転化形態であるとしたところの、構成的支配とは何か。

大山氏はこれを、「私的な人格支配を意味する主従制的支配に対置される支配」であり、「村落上層たる名主層の灌漑水利・山野用益における排他的特権、耕地保有権における両者の格差〔名主層と散田作人層の格差――引用者註〕などによって、中世村落の再生産の諸条件から散田作人層を集団的・階層的に排除することによって成立せしめられている」（傍点引用者）とする。[6]また、「名主層の散田作人層に対する支配が直接的な人格的強制ではなく、それ以外の関係によって成立する支配」ともしている。[7]

名主《みょうしゅ》層とは大規模経営をおこなう村落内での有力者であり、大山氏はこれを村落領主と呼んで、在地領主の末端に位置づけている。一方、散田作人層とは、そうした有力者ではない、小規模経営の一般農民である。名主層（在地領主）は、農業の再生産に欠かせない用水や山林資源の利用の権利、あるいは耕地保有権において、独占的な地位を占める。そうすると一般農民層は、自身の農業経営を成り立たせるために、名主層に従わざるを得なくなる。こうした再生産条件に対する両者の格差を生じさせる支配関係を、大山氏は構成的支配と名付けた。これはいわば社会の構造（構成）から生じる支配であって、私的な人格的支配とは異なる。したがって、石井氏のいう③については、イエ支配の拡大というのはあたらない、と大山氏は批判したのである。

　こうして一般的には、大山氏の議論と、戸田氏や河音氏、石井氏の議論とは、③の支配の原理をめぐって対立していると整理されてきた。しかし、両者の主張は本当に相容れないものなのだろうか。

論争の再検討

　戸田氏の議論を引き継いだ入間田宣夫氏は、農奴主的大経営（名主層による大規模経営）の規模が大きくなると、灌漑用水・山野の利用の必要度も大きくなるため、領主経営は、「村落全体の生産条件にたいする関与を強めて、それを自己の経営に適合的なものに改変していく」とし、その実現のために、「一般の農民の抵抗をおさえて、一般農民にたいする政治的な支配を確立し、一般農民の小経営を、改変された自己中心の生産条件のもとに包摂していく」とする。そして村落に対する政治的支配の中身として、勧農、山野用水の掌握、高利貸、徴税請負、それを可能とする領主的な暴力機構、勧農実現のための農業資本、年貢徴収に必要な事務能力、家政機構などを挙げる。また、こうした支配実現の基本的条件として、百姓経営の不安定性、村落全体の生産条件を再編成しうる領主の物質的・人的能力を挙げる。[8]

この入間田氏の説明は、名主層と一般農民層の、物質的・人的能力の格差によって、名主層が山野用水などを掌握しており、それが村落に対する政治的支配になるというものであるから、この点に限れば、先の大山氏のいう構成的支配とほとんど同じである。実際、大山氏は、石井説を批判する中で「もっとも、石井氏は③の外円部における領主支配を『地頭の職権』行使による支配だともいっている。永原〔慶二――引用者註〕氏が先行国家の枠組利用のなかにふくめている中世の職の秩序＝体系と共通する理解である。両氏の指摘はその通りにはちがいないが、究明されねばならぬ課題はこの職権による領域支配成立の歴史具体的な根拠そのものである」（傍点原文）とした上で、前述の入間田氏の議論を、「私見とはことなる立場ながら、この問題に関する有力な解釈の一例を与えたもの」と評しているのである。[9]

「職権による領域支配」というのは統治権的支配のことであるが、これが「中世の職の秩序＝体系」に対応させられている。中世における「職」というのは、たとえば「何々荘地頭職」のような役職のことであり、地頭職を獲得するといえば、その「職」にともなう職権と収益を手にすることを意味する。とくに中世前期においては、ある一つの土地に対して、重層的に複数の職が存在するのが普通であり（A荘領家職、A荘預所職というように）、そうした重層的な関係も含めて、それぞれの「職」に付随する職権・収益の関係性の秩序が「職の体系」と呼ばれるものである。中世のさまざまな支配は、この「職の体系」によって秩序づけられている。

石井氏は、③については、在地領主のイエ支配の拡大であると同時に、たとえばそれが荘園であれば、何々荘地頭職という「職」を獲得することで、その職権に基づいて支配すると考えていることになる。ただし、石井氏の議論の重点はあくまでイエ支配の拡大の方にあるから、地頭職はあくまで「利用」されるものであって副次的意義しかもたない。序章で見たように、永原慶二氏は、領主制支配には、「私的・実力的支配」と「公的権力として、制度的なものに依存」した支配という二つの道があり、両者は相互補完するが、前者の側面が一貫して中世社会の前進的かつ基本的な担い手となるとしていた。後者は主として「職」（統治権）に基づく支配を想定している。大山氏が、石井氏の議論を永原氏と共通の理解とするのはこの点である。

さて、先に引用した大山氏の文章で注意しなければならないのは、「地頭の職権」による支配（統治権的支配）と、構成的支配との関係である。大山氏は、ここで「職権による領域支配成立の歴史具体的な根拠」の一例として、大山氏の構成的支配の説明に近似する入間田氏の議論を引いているのであるから、構成的支配が統治権的支配成立のための基盤になっていると考えているのは明らかである。実際、大山氏は次のように述べている。[10]

一般に封建領主制における統治権的支配権の成立は国家権力の分割による公権の転化形態としての側面を強調されやすいが、かかる形式的側面を、現実政治の上でうらづけるのは、封建領主制による村落支配の確立、すなわち構成的支配をふくめて、村落を真に支配の基盤に転化することにあるのであって、われわれは統治権的支配権成立の村落的基盤にも正当に目をむけなければならないのである。

通常、大山氏の議論は主従制的支配と統治権的支配という二元論だと理解されているが、構成的支配は、統治権的支配成立のための受け皿になるものであって、統治権的支配そのものではない。統治権的支配が職権に基づく支配であり、一方、構成的支配が再生産条件に対する格差から生じる支配であるのだから、それはある意味当然である。

つまり、論理的な順序としては、先に構成的支配があって、それを基盤として統治権的支配が成立する。したがって、構成的支配は、さしあたって「職」の獲得とは（したがって統治権とは）無関係に成立しうる。だとすれば、大山説における③に対する支配は、統治権的支配である前に、構成的支配であることになる。

このことは、前章でみた戦国期守護論をめぐる問題とつながる。そこでも、守護職の役割が問題となっていたが、やはり戦国期の地域権力の支配も、さしあたって「職」とは無関係に成立しうる。守護公権に由来する権限が行使されるためには、それ以前にそれを実効的に行使しうるだけの支配体制が受け皿として成立していなくてはならないのである。

大山氏と異なり、③に対する支配をイエ支配と考える戸田氏も、「職」については、家父長制支配の展開によって成立する領主経営があり、そしてそれを「前提とし基礎として」、公権が分割所有されるとしている[11]。先の大山氏の議論と同様、「職」は国家公権の下降分有と考えられているのであるが、それは、先に領主経営があり、それが受け皿となって、そこに分割所有されると見通されている。大山氏と戸田氏は、立場の違いはあれ、それぞれ先に何らかの支配があって、それを前提に

「職」（公権、統治権）による支配が成立すると考えている点では共通している。

では、「職」はどういう役割を果たしているのだろうか。当然、公権であるところの「職」を獲得することによって、「先にある何らかの支配」は法的に正当化される。入間田氏は「職は、大山さんもいわれたように所領の固定化であると結論的にいえばいいえると思います」と発言している。[12] 統治権的支配は公的・領域的支配だとされていた。「職」は「何々荘地頭職」のように表されるから、その権限の及ぶ範囲は明示的で固定的である。「職」による支配の法的な正当化は、支配の安定化・固定化につながる。つまり「職」の獲得以前に成立している何らかの支配は不安定、非固定的であり、非制度的なのであるが、それが「職」の獲得によって、「職の体系」の秩序のなかに位置づけられ、安定化・固定化するということである。

それでは、今度は、石井氏のいう③に対する支配を、私宅の拡大（すなわちイエ支配の拡大）という論理で説明する戸田氏や河音氏の議論について考えてみよう。

戸田氏や河音氏が例示した安芸国高田郡三田郷や肥後国阿蘇郡南郷は、複数の村を含む広域的な所領である。したがって、この領域が本当に藤原氏や阿蘇氏の私宅の敷地のようになっているというわけではない。戸田氏や河音氏が主張しているのは、あくまで、在地領主が、そこは私宅の敷地であるという論理を拡大することで、これらの領域に対する支配を正当化しているということである。古代の律令制はいわゆる公地公民制を建前とするから、原則として私的土地所有は否定されているが、しかし、古代以来、私宅の敷地については私的土地所有権が安定的に確保されていたとされる。[13] したがって、在地領主は、元来は私宅の敷地ではない土地についても、そこを私宅の敷地だと主張することで、支配の正当化・安定化を図ったのである。つまり、これはイエ支配の擬制（本当はそれはイエではないが、法的にはイエだと見なすこと）であるといえる（河音氏は「領主一族－家人郎党－下人所従といった家父長的家族共同体意識」は虚偽意識であるとしている）[14]。

支配を正当化する論理であるということは、論理的な順序としては、その前に正当化されるべき何らかの支配が成立していることになる。つまり、まず何らかの支配が成立していて、それを正当化するために、そこは私宅であるという主張が持ち出される。この構図は、先の「職」と同じである。問題は、その先行する支配がどうやって成立しているかである。

河音氏は、一一世紀において、一般農民層は、在地領主階級の政治的圧力に対して、権門勢家（有力な貴族や大寺社など）の「寄人《よりゅうど》」、「神人《じにん》」（寄人はその土地の領主以外の領主に仕える百姓。神人は神社の寄人になったものや、下級の神職を指す）となる道か、あるいは在地領主と「自ら進んで当時『家人』『郎党』『従者』とよばれたような家父長的な主従関係を結び、自己の自立経営の基本的条件をなしたところの『私宅』所有を領主的土地所有の中に包摂せしめてしまうという決定的な犠牲の上に安定的な農奴主的支配原理にもとづく直接的保護を獲得し、その上に立って領主経済の一環として安定的に自己の農業経営を再生産する道」（傍点原文）か、どちらかの道を歩まざるをえなかったとしている[15]。

これによれば、一般農民層は、在地領主による政治的圧力の結果、主従関係を取り結び、在地領主のイエ支配に包摂されるということになる。では、その政治的圧力が生じるような両者の力関係の非対称性はどのように生じるのか。この引用文から、それは農業経営の安定化（したがってもともとの一般農民層の農業経営の不安定性）と関わっていることが読み取れる。

河音氏は、在地領主が一般農民層を支配するために必要な政治的支配階級としての独自の力量として、「武力組織・支配イデオロギー・勧農技術・新しい形式の文書作製能力・非農業民に対する独自の態度等々」を挙げているが、[16] これは入間田氏が、在地領主の一般農民層に対する政治的支配の内容として挙げた要素とほぼ共通する。

つまるところ、人的・物的な能力の格差――暴力的・経済的な格差――に基づいて、用水や山野の用益、耕地保有に対する権利で優位を占める在地領主層と、不安定な農業経営を強いられる一般農民層との力関係の非対称性が、やはり在地領主の支配の根本にあることになろう。これはいうまでもなく、大山氏のいうところの構成的支配である。

だとすれば、論理的な順序としては、構成的支配は、統治権的支配にも主従制的支配（あるいは擬制的なイエ支配）にも先行して存在すると位置づけ直してみることができる。構成的支配をこのようなものと考えれば、それはこれまでみてきたような支配の二元論をいったん宙吊りにして見直すための、重要な手がかりを提供してくれる。

構成的支配概念の拡張

再び大山氏の議論を参照しよう。[17]

領主と従者との人格的結合を軸にして成立し、私的かつ個別的なものとしてあらわれる主従制的支配権がいかなる場合においても封建領主制成立の内部の主軸であったことはいうまでもない。しかしながら、封建領主制は必然的に、公的かつ領域的な支配権としてもあらわれるのであって、ここにこそ、権力の欺瞞的な性格が集約されている。この公的かつ領域的な支配権、あるいはまた統治権的支配権は裁判もさることながら、同時に領主が支配領域内の人民のすべての生活の保護者としてたちあらわれ、生産過程の調整（勧農）・秩序の維持・犯罪者の追捕《ついぶ》等々にあたるところに成立の根拠をもつとともに、さらにつきつめていえば、その成立の村落的基盤に注目する必要があるだろう。中世の封建領主制は人民にたいするむきだしの暴力支配としてしばしば現出するのであるが、その真の強靱さは権力支配の暴力的な本質が、つねに公的・領域的な支配権とわかちがたく結合して自己を貫徹しようとしているところに存するのであって、この両者の関係を正しく把握する必要がある。

まず、前半で主従制的支配（領主と従者の人格的結合）と統治権的支配（公的かつ領域的な支配）が対置されている。そして、後半では暴力支配と領域的な支配権が対置されている。これは、本書でここまでみてきたような〈暴力的支配／法的支配〉、あるいはそれと結びつけられる〈私的・人格的支配／公的・非人格的支配〉といった二元論の構図と対応している。もう少し詳しく見れば、統治権的支配は、もちろん法的正当性の問題であるが、同時にここで論じられている勧農や秩序の維持は実質的正当性にかかわる。つまり、〈暴力／（実質的・法的）正当性〉という対とも対応している。

しかし、ここまで述べてきたように暴力と法や正当性とを対極に置くことはできない。大山氏も、両者がわかちがたく結合していると述べている。問題はその結合の様態であって、それを考えるためには、〈主従制的支配／統治権的支配〉に、論理上、先行して成立する構成的支配が重要な鍵となる。

ところで大山氏の構成的支配という概念は、西洋史の高橋幸八郎氏が論じた共同体的規制が封建的な経済外的強制に転化するという議論から着想を得ている。[18] したがって、大山氏の考える構成的支配は、村落共同体内部の関係性（構成）を念頭に置いたものである。しかし、農業の再生産維持の条件ということを、人々の生存・生活の維持のための条件ととらえ直せば、それに影響する関係性の広がりは村落内部に限定されるものではない。

たとえば中世の人々は決して村内だけで自給自足の生活をしていたわけではなく、流通は人々の生活維持に不可欠なものであった。したがって在地領主による流通拠点の掌握も、用水や山野の掌握と同様に力関係の非対称性を生じさせるだろう。もちろん流通だけでなく、政治的、経済的、法的、軍事的、宗教的……等々の、それぞれ異なる広がりをもつ多様な諸関係が重層的に人々の生活に影響を与えている。

大山氏は、構成的支配を「直接的な人格的強制ではなく、それ以外の関係によって成立する支配」と説明したが、以上の点を踏まえ、本書ではこの「それ以外の関係」を大山氏の意図を越えて最大限拡張してみたい。すなわち、「それ以外の関係」とは、社会全体に張り巡らされた無数の諸関係だと考える。そしてそこには、大山氏が「それ以外」という形で除外した主従関係も含まれる。ここまで、論理的順序としては、構成的支配は、主従制的支配にも統治権的支配にも先立って成立すると論じてきたが、いったん成立した主従制的支配や統治権的支配は、それ自体が構成的支配を生み出す諸関係の一部となるからである。たとえば、在地領主が村落内の多くの一般農民と主従関係を取り結んだとすれば、それは主従関係を結んでいない農民に対しても政治的圧力として働くだろう。

つまり、構成的支配は、主従制的支配や統治権的支配による関係も含むところの、社会に張り巡らされた無数の関係性から生じる、力関係の非対称性によって成立するということである。以下、本書では、構成的支配をこの拡張された意味で用いる。

新しい権力観と構成的支配

このように構成的支配の概念を拡張し、社会に張り巡らされた無数の関係性から生じる、力関係の非対称性によって成立するものと考えたとき想起されるのが、ミシェル・フーコーの権力論である。フーコーの権力論は、権力を関係性――権力（諸）関係――としてとらえる点に特徴がある。

杉田敦氏によれば、従来のオーソドックスな権力観は、「権力者である誰かが他の誰かに対して権力をふるっているという考え方」であった。杉田氏はこれを二者間関係論的な権力観と呼ぶ[19]。この考え方では、誰かが権力を握っているのであるから、それを誰かに譲ったり、誰かに奪われたりということが起きる。たとえば「職」による支配を国家公権の下降分有とする考え方や、あるいは戦国期には守護公権（国成敗権）の帰趨が問題になるといった考え方は、突き詰めればこうした権力観を背景にしている。

これに対し、フーコーのいう「権力（諸）関係」とは次のようなものである。フーコーの権力論を示すものとしてよくとりあげられる五項目からなる文章のうち一番目と三番目の項目を抜粋して掲げよう[20]。

――権力とは手に入れることができるような、奪って得られるような、分割されるような何物か、人が保有したり手放したりするような何物かではない。権力は、無数の点を出発点として、不平等かつ可動的な勝負《ゲーム》の中で行使されるのだということ。

――権力は下から来るということ。すなわち、権力の関係の原理には、一般的な母型として、支配する者と支配される者という二項的かつ総体的な対立はない。その二項対立が上から下へ、ますます局限された集団へと及んで、ついに社会体〔社会構成員〕の深部にまで至るといった運動もないのである。むしろ次のように想定すべきなのだ、すなわち生産の機関、家族、局限された集団、諸制度の中で形成され作動する多様な力関係は、社会体の総体を貫く断層の広大な効果に対して支えとなっているのだと。このような効果が、そこで、局地的対決を貫き、それを結びつける全般的な力線を形作る。もちろん、その代わりに、これら断層の効果は、局地的対決に働きかけて、再分配し、列に整え、均質化し、系の調整をし、収斂させる。大規模な支配とは、これらすべての対決の強度が、継続して支える支配権の作用＝結果なのである。

まずここでは、「権力とは手に入れることができるような、奪って得られるような、分割されるような何物か、人が保有したり手放したりするような何物かではない」、あるいは「権力の関係の原理には、一般的な母型として、支配する者と支配される者という二項的かつ総体的な対立はない」と、二者間関係論的な権力観を否定している。

その上で、権力は「無数の点を出発点として、不平等かつ可動的な勝負《ゲーム》の中で行使される」ものとされる。フーコーは、「権力の関係の網の目」、「力関係の場」[21]として権力現象をとらえている。

よく知られているように、フーコーの権力論のモチーフの一つとなっているのが、ジェレミー・ベンサムが考案した一望監視施設（パノプティコン）である。これは中央の監視塔の周囲に円周状に独房を配置し、また窓の配置などを調整することで、監視者から、独房に閉じ込められた被拘留者は見えるが、被拘留者の側からは監視者が見えないように設計された施設である。このような施設では、たとえ中央の監視塔に監視者が不在でも、被拘留者は、それを知るすべがないから、常に監視を受けているものとして行動せねばならなくなる。このモチーフでフーコーが重視しているのは、権力を自動的なものにし、没個人化する効果、あるいは権力が被拘留者に内面化されるという点であるが、「その権力の本源は、或る人格のなかには存せず、身体・表面・光・視線などの慎重な配置のなかに」存していると考えている点が重要である。[22] つまり、誰かが権力を握っているのではなく、さまざまな要素の配置が権力を生じさせる。こうした諸要素の関係性が「権力の関係の網の目」、「力関係の場」を織りなすのである。

ところでフーコーが「権力の関係の原理には、一般的な母型として、支配する者と支配される者という二項的かつ総体的な対立はない」とすると同時に「大規模な支配」の存在について述べていることについて、議論の混乱だとする批判もあるが、[23] これは決して混乱ではない。フーコーは次のように述べている。[24]

次の二つを区別しなければならないと思います。第一に、諸自由の間の戦略的ゲームとしての権力の諸関係——これは一方が他方の振る舞いを決定しようとし、他方は相手に振る舞いを決定されないようにしたり、反対に相手の振る舞いを決定し返そうとすることによって応答するような戦略的なゲームのことです。そして他方には支配状態があります。これが普通に権力と呼ばれているものです。そしてこの二つの間、権力のゲームと支配状態の間に、統治（gouvernement）のテクノロジーがあります。ただしこの「統治」という言葉にきわめて広い意味を与えなくてはならない。それは妻や子を操る方法でもあれば、ひとつの制度を統治する方法でもあります。こうした技術の分析が必要なのは、まさにこの種の技術によってこそ、支配状態が成立したり維持されたりすることが非常に多いからです。私の権力の分析にはこれらの三つの水準があります。つまり戦略的な諸関係、統治の諸技術、支配状態の三つです。

フーコーはさらに「現在、支配状態が実際にあるのはたしかです。多くの場合、権力の諸関係は固定されてしまっていて、恒常的に非対称なものになっており、自由が介入する余地はきわめて限られています」とも述べている。

つまり権力関係は、原理的には可動的なのであるが、しかし「多くの場合」――つまり歴史的な現実としては――その関係は固定されて恒常的に非対称な「支配状態」になっているということである。

では権力関係から支配状態はどのようにして生じるのか。フーコーは「ある個人なり社会集団なりが、ある権力関係の場をせき止め、動けないように固定し、運動の可逆性をすべて停止させてしまうのに成功すると――そのための道具は、経済であったり政治であったり軍隊であったりするわけですが――、いわゆる支配状態が展開することになるのです」とする。[25]

つまり、原理的には、無数の関係性の網の目のなかでおこなわれる可動的で不平等な戦略的ゲームとしての権力関係は、現実には経済・政治・軍隊などによってその可動性をせき止められ、支配状態が生じる。これはまさに先に述べた、社会に張り巡らされた無数の関係性から生じる、拡張された意味での構成的支配である。

法と暴力の位置づけ

では、このような権力観を前提として、法と暴力の問題について考えてみよう。

まず法について、フーコーは権力を「禁忌の法」に還元すること――簡単に言えば、権力とは法による禁止によって人々を支配するものだと考えること――を批判している。[26] フーコーの権力論は、一望監視施設に象徴されるような、近代の「発明」である規律権力を論じる文脈で語られる。そして規律権力は、法＝権利の用語で語られる前近代の王権のような主権権力に対置される。したがって、多くの場合、フーコーの権力論は近代について述べたものと位置づけられている。

しかし、フーコー自身、「規律メカニズムは単に十八世紀から登場したのではなく、法典の内部にすでに姿を現している」と述べている。[27] また「法という形式や、法がもたらす禁止という諸効果は、法律的ではない他の多くのメカニズムのあいだに置き直して考えられねばならない」[28] として権力を「禁忌の法」へと還元することを批判しているが、これは同時に、法以外のものも含む権力（諸）関係のなかにおいて考えるならば、法が持つ意味を否定するものではないということであろう。

これは前近代でも同じことであり、近代のような精緻な規律権力の技術はないとはいえ、前近代の権力を単に「禁忌の法」に還元して説明することは誤りである。ここではフーコーの権力論は前近代にも適用できるものと考えて論を進める。

では、法を権力関係のなかに置き直したとき、それはどのような効果を持つのだろうか。

フーコーは「大規模な支配」について、「生産の機関、家族、局限された集団、諸制度の中で形成され作動する多様な力関係は、社会体の総体を貫く断層の広大な効果に対して支えとなっている」とした上で、その「断層の効果」が、「局地的対決に働きかけて、再分配し、列に整え、均質化し、系の調整をし、収斂させる。大規模な支配とは、これらすべての対決の強度が、継続して支える支配権の作用＝結果なのである」と述べている。さまざまな力関係のせめぎ合いの結果、いったん社会に断層が生じると、その「断層の効果」として、複雑な関係性のせめぎ合いは、再分配し、列に整え、均質化し……というように整理され、秩序立てられる。これを通じて大規模な支配は維持される。

フーコーは、権力行使とは、「ある行為が他者の可能的行為の領域を構造化する手段・方法になる」ということとしている[29]。これは先に見た、権力は相手の選択可能性を限定し、選好順位を割り振ることで、複雑性を縮減するコミュニケーション・メディアであるというニクラス・ルーマンの規定と通じる。ただし、複雑性が縮減されたとはいえ、これだけではいまだ権力関係は可動的で不確実性が残る。そこでルーマンは、諸選択肢の条件的な結合を法によってプログラム化することで、偶発性が規制され、計算可能なものに変えられるという[30]。これを、再度フーコーの議論に置き換えれば、「断層の効果」による、再分配し、列に整え、均質化し……という関係性の秩序化が、法によってより明確に、また固定的になるということである。つまり、法（法秩序）は、「断層の効果」を強化し、「大規模な支配」を現出させるのに大きな役割を担う。

では次に暴力について考えてみよう。フーコーは暴力についても、それを権力とははっきり区別している[31]。したがって、暴力もやはり権力関係のなかに置き直して考えてみなければならない。

フーコーが可動的な権力関係をせき止める道具のひとつとして軍隊を挙げていたように、暴力は権力関係のなかで重大な役割を果たし、ときにその可動性をせき止めて支配状態をつくり出す役割を果たす。だから法がそうした権力関係の固定化をより確実なものにするとしても、やはり暴力の役割はなくならない。可動性をせき止める暴力はヴァルター・ベンヤミンのいう法措定的暴力である。

ルーマンは法によるプログラム化によって「公然たる権力闘争を引き起す傾向が無くなり、それゆえ、平和との両立性がより高くなる〈適用回避の規則〉がとられがち」になるとしている。先の議論でいえば、ベンヤミンのいう法維持的暴力が「派手に」持ち出されなくなる状態である。しかし、前述のように、暴力は不在になったのではなく、それは回避選択肢として、したがって常に行使可能なものとして存在している。

つまり、法と暴力は対極にあるのではなく、両方とも権力関係のなかにあって作用し、多くの場合は支配状態をつくり出すのに、両者が複合して重要な役割を果たしている。

ところで、法や秩序、あるいは制度は、社会の多くの人々が、それに対して信憑性を感じているときには安定的に維持される。アブナー・グライフの言い方を借りれば制度は自己実現的――人々が制度によって規範化され、また予想される行動をとったときに、その予想と行動の結果が整合的であれば、制度は再生産される――である（ゲーム理論でいうナッシュ均衡の状態）[32]。ある行為をすれば処罰されるという法の規定に対して、信憑性が高ければ（確実に処罰が実行されるとみなが確信していれば）、その行為があえておこなわれる可能性は低くなり、秩序は安定的に維持される。しかし、信憑性が低下して、その行為をおこなっても、もしかしたら処罰されないかもしれないとなれば、法を破ろうとする者も出てくるし、そうなると他の人々も、そういう違法行為があることを前提に行動するようになり、秩序は動揺する。たとえば、ある土地を支配する法的に正当な権限を持っていなかったとしても、実力で占拠するという行為に走る者が現れ、そうした行為が横行すれば、実力によって対抗しようという動きも広がるだろう。こうなると、回避選択肢が回避されなくなり、潜勢化していた暴力は再び前景に現れる。

つまり権力関係は多くの場合、せき止められ、支配状態になっている。そして法はそれを固定化する役割を果たしている。しかし、一見固定化していると見えても、権力関係は、本来は可動的なものであるから、何らかの原因で固定化が動揺し、権力関係の可動性が高まることもある。その場合、再び暴力は前景化する傾向が強まるだろう。そしてまた暴力や、あるいはその他の諸力によって権力関係がせき止められ、法によって固定化が図られることになるだろう。

つまり、暴力も法も権力そのものではないし、したがって、両者が対極にあって、一方に暴力による支配、他方に法による支配があるというような二項対立の図式になっているのでもない。暴力も法も、他の様々な要素とともに権力関係のなかに置かれて作用している。ただし、ここまで見てきたようにこの二つの要素の発揮する効果は重大である。

秩序の固定と流動

ではこのことから、再び構成的支配に立ち戻って考えてみよう。

構成的支配が、無数の関係性の相互影響やせめぎ合いのなかから生じるのだとすれば、その支配がどこまで、どの程度の強さで及ぶのかという範囲の外縁は曖昧で不安定であり、可動的である。たとえば、在地領主が流通拠点を掌握しているとして、それによって影響力を発揮できる範囲は、ここからここまでと線引きできるようなものではないし、またその影響力の強さもまちまちであろう。ましてや、こうした力関係の非対称性は一つの要因だけではなく、用水や山野をめぐる関係、軍事力、法や制度などのさまざまな要因によって、重層的に決定されているのだから、その影響の範囲や強弱などは、さらに複雑で曖昧である。

そこでこうした不安定な構成的支配を安定させるために大きな役割を果たすのが、「断層の効果」を強化するところの法（法秩序）である。中世の在地領主の支配においては、たとえば「職」（職の体系）がそれにあたる。入間田宣夫氏が「職」は所領の固定化であると述べているのは、このような意味でとらえられる。すでにみたように「職」による支配、すなわち統治権的支配は領域的であるから、その支配の及ぶ範囲は明確に区切ることができる（現実には荘園など境界については常に争いが生じており、それほど明瞭ではないが）。

もちろんこれは「職」だけに限ったことではない。イエ支配の論理も同じことである。たとえば、佐藤進一氏は、鎌倉幕府の御家人制の成立について、源頼朝が種々性質の違う傘下の武士に対し、「原則的にはすべての武士を等しく己が家人として把え」たものとして評価しているが[33]、つまり、一律ではない多様な諸関係を、イエの主人と家人の関係として整理し、均質化させたのである。したがって擬制としてのイエ支配も、こうした不安定で曖昧な支配を固定化するものといえよう。

こうして不定形な構成的支配は、法や制度などによって整序され、固定化が図られる。盛山《せいやま》和夫氏は、「自分たちを取り巻く自然的および社会的世界に関する人々の推測、知識、あるいは信念」を「一次理論」と呼び、それを人々が共有していることを「一次理論の共同性」と呼んだ。そして制度的なものや法は、人々の間においてその共同性が高いものであるとする[34]。

ある土地は誰が所有しており、その隣の土地は誰が所有しており……というような認識は、自分だけがそう認識しているというのでは秩序にならないのであり、その認識が広く社会に共有されている必要がある。その際、その認識が共有されるべき範囲が非常にせまいローカルなものであれば、中世前期の証文にしばしば事例がみられるように、「在地明白」（地元の人々はみな知っている）というような形で共同性を確保できたが、より広い範囲での共有が要請されると、それでは済まなくなる。[35] したがって「職」のような法的・制度的なものによって、共同性を高めることが必要になる（詳しくは次節で述べる）。

こうして、人々の多くが法や制度によって成形された共通認識を持ち、その信憑性が高ければ、制度は自己実現的に再生産される。構成的支配は、論理的順序としては、主従制的支配や統治権的支配に先行するが、いったん成立したこれらの支配関係は、構成的支配を再生産するのに大きな役割を果たす。したがって、先に述べた、構成的支配は主従制的支配や統治権的支配に基づく関係も含むところの、あらゆる諸関係から生じるというのは、この意味においてである。

しかし逆に、制度への予期の信憑性が揺らぎ、こうした共通認識、すなわち「一次理論の共同性」の度合いが低下すると、制度は自己実現的でなくなり再生産されなくなる。固定されていた権力関係は再び可動性を高める。守護職に任命されていないにもかかわらず、その国を実力によって支配する者が出現し、しかもそのいわば不法行為を取り締まることができないということが起こってくるとどうなるか。それまで多くの人々が共有していた室町幕府－守護体制の法や制度、秩序の信憑性は低下し、固定されていた権力関係が流動化する。そして、そこから新たな構成的支配が――具体的にはたとえば戦国大名の支配が――再び構築されていく、という見通しを立てることができる。すでに見たように、峰岸純夫氏は、戦国領主の「領」を、「職」の一定の克服の上に形成されたものとしていた点も、このように考えればよく理解できる。

ところで、構成的支配をこれまで述べてきたようなものと考えると、あらゆる支配は構成的支配であるということになる。だとすると、たとえば戦国大名の支配は構成的支配である、と言ってみても、それは当たり前のことで、それ自体には意味がない。重要なのは、戦国時代なら戦国時代において、権力関係がどのような様態になっており、またそこからどのようなメカニズムで構成的支配が生じるのか。それが他の時代と違う特徴を持っているとするなら、それはいかなるものであるのか。こうしたことを明らかにすることが課題になる。そして、戦国時代は、いま述べたような、権力関係の可動性の高まりと、そのなかからの構成的支配の再構築という運動によって特徴づけられるのではないか。戦国大名という権力体が、独自の特質を持っているとすれば、その特質はこのことから生じているのではないかと予想される。

少し回り道になったが、以上のことを踏まえて、次節では再び戦国時代に話題を戻し、ここまで議論してきた戦国大名や戦国領主の支配が体現している、戦国期の権力構造の特質について考えてみたい。

二　戦国期における秩序の流動化と再構築

主従制的支配とイエ支配

戦国期の「家中」はそれまでのイエ支配の範囲を越えて成立した。それは勢力の拡大でもあったが、同時に多様な集団を「家中」に抱え込んだことで、その支配は不安定であった。

「領」も、室町期までの所領が、「職」のような諸権利の寄せ集めであったのに対して、軍事的・政治的な契機により、一円的で包括的な所領支配が一定規模集合することで、事実上の公的領域支配となった。しかし、それは軍事的・政治的契機によって成立したものであるがゆえに、軍事的・政治的情勢に左右される不安定なものであった。つまり、いずれも既存の枠組みを越えた、あるいは既存の枠組みとは異なる形で支配が成立したのであるが、それゆえに不安定さを抱えている。

しかし、こうした戦国領主の「家中」や「領」は、戦国大名の支配下で解体されていくのではなく、むしろ安定化する傾向にあった。戦国大名も、軍事力として戦国領主の「家中」が安定して維持されていることが必要であった。また広域的な分国支配のために、自律的な領域支配がおこなわれる「領」を必要としたのである。結果として、戦国大名分国では、こうした戦国領主の「家中」や「領」が並立することとなる。このような戦国領主のあり方、また戦国大名と戦国領主の関係は、戦国期のどのような特質を反映していると考えられるだろうか。

いわゆる御恩と奉公、すなわち、与えられた知行に対し、それに応じた奉仕をおこなうという双務的な関係を武士の主従制の基本とするならば、知行の授受関係に入るということは、一般的には主従関係を取り結ぶということになろう[36]。戦国領主は、戦国大名から知行を給与（安堵）され、それに対して軍役を奉公するという意味で、主従関係にある（詳しくは後述）。その一方で、彼らは戦国大名の「家中」には属していない。先に見たように「家中」は、イエ支配が擬制的に拡大されたものであるから、そうした擬制的なイエ支配には服していないということである。

前節で見た新領主制論の議論の中では、イエ支配と主従制的支配は基本的に同じものとして扱われていた。ところが、前記のように考えれば、少なくとも戦国期においては、主従制的支配とイエ支配とは一致していないことになる。
先にも述べたように勝俣鎮夫氏は、戦国大名が打ち出した「国家」という支配理念について、戦国大名の家と分国が一体になったものとしたが、前者を主従制的支配に、後者を統治権的支配に対応させている。やはり、ここでも、イエ支配と主従制的支配は一致しているかに見える。
しかし勝俣氏は、室町期の国人領主の「家中」について、「不安定な主従関係を家の擬制につつみこんで、『家中』として確定し、身分秩序をとおして主人の成敗権を浸透」させようとしたものと評価した上で、「戦国大名の家臣団組織もこの国人領主の家中の拡大したもので、その家臣の構成の複雑さ、量的拡大にともなって、その統制手段は複雑にならざるをえないが、原理的には主従関係を家中に包摂し、そこに機能する主人の家成敗権を基軸に家臣を統制していく点で同じ」としている。[37]
つまり戦国大名は、拡大し、不安定になっている主従関係を、「家中」という擬制で覆うことによって安定化を図っているということである。ならば、本来、イエ支配と主従制的支配は別の原理であるということになる。
だとすると、知行の授受関係（主従関係）にありながら、イエ支配には属していない戦国領主に対する戦国大名の支配はどのように位置づけられるのだろうか。
まず、勝俣氏のいう「国家」という支配理念について考えてみよう。第一章で紹介したように勝俣氏は、毛利氏を事例として、国人一揆がもつ共同性を毛利氏のそれに転換させることで、戦国大名の家中成敗権が成立するとしていた。そして、家中成敗権の成立の延長線上に、「国家」という支配理念の創出をみる。[38]
勝俣氏は、北条氏が武田信玄や豊臣秀吉の侵攻に際し、「国家」の存亡の危機であるとして、「その国にこれある者」に対し、緊急の動員令を発しているとする。[39]ここでいう「国家」とは「大名権力が実際にはその力によって形成し、または形成しようと意図した権力体であり、大名がその主権者であることはいうまでもないところであるが、理念的には大名権力から超越し、国家の構成員たる『国にある者』＝国民すべてに対しその生存権を含めた保護義務を負うとともに、彼等に対し独自の絶対的支配権をその属性としてもつものと意識された存在」であるという。

そして、この支配理念としての「国家」の意志を担うのが国法である。法は、新しい国家体制を樹立するにあたって、大名権力の支配を正当化する有力な武器として重要な役割を担ったと位置づけられ、大名権力から切り離された（大名の恣意から離れた）法独自の権威が絶対視されるようになるという。

勝俣氏は、「国家」という言葉は、大名の家と、その政治的支配領域としての国（分国）が一体化したものとしている。つまり、戦国大名権力は、「国家」という、個別の利害関係を超越した権力体を創出して、その存続を至上目的とし、自らはその「国家」の存続を維持する者として、これと一体化することで、絶対的な公権力となるのである。

先述のように、勝俣氏は国人一揆のもつ共同性や絶対性を転換することで家中成敗権が成立すると考えているが、さらにそれを「国家」という形で、戦国大名の政治的支配領域としての分国全体を覆うものにまで拡大し、織豊政権以降の近世権力につながる法的・公的・絶対的な支配が成立した過程を説明するのである（つまり、序章でみた池享氏の整理でいえば、勝俣氏の説は典型的な「連続説」である）。

とすると、勝俣氏の議論では、戦国大名の家中成敗権が発展して、分国全体を覆う「国家」に展開することになると考えるのであるから、主従制的支配の及ぶ範囲とイエ支配の及ぶ範囲は、結果的には一致することになる（しかもそれは統治権的支配とも一体化する）。

ところで、勝俣氏は「国家」を論じるに際して、戦国領主には言及していない。これは、勝俣氏の議論が戦国領主研究が本格化する以前のものであるという研究段階に規定されている面もある。しかし当時でも、自立的な有力領主の存在は知られていたはずで、勝俣氏がこうした自立的な有力領主についてまったく触れていないのは、近世の一元的な大名家臣団をゴールとして予定し、それに戦国大名がいかにして到達したかに問題関心があったからではないだろうか。つまり、戦国期のある時点で自立的な有力領主がいるとしても、それはいずれ大名の「家中」（あるいは「家中」の拡張されたものとしての「国家」）に包摂されていく過程における一時的なものであり、特別これをとりあげて論じる必要性を感じなかったからであろう。

しかし、ここまで見てきたように、実際には戦国領主は戦国大名の「家中」に包摂されていないし、また戦国期は戦国領主が消滅していく一貫した過程でもない。戦国大名は「家中」という擬制で、支配領域全体を覆ってはいないのである。

戦国大名支配の「二重構造」

永原慶二氏は、戦国大名家臣団は譜代（家中）と国衆という「二重構造」になっているとし、国衆に対しては、「一面で主従制の実質である知行の授受関係に入りながら、同時に他の半面ではなお国人一揆的関係を止揚しえない」とした。[40]この国人一揆的関係とは、傘連判契状に象徴されるような、相互に対等な関係のことである。

池享氏も、毛利氏の事例から、知行軍役関係に基づく封建的主従関係を結んだだけでは、「家中」に編入されることにはならず、戦国大名の家臣化と「家中」化の契機は同一線上ではとらえられないとして、「毛利氏と国衆との関係は、あくまで私的・人格的に結ばれた主従制に限られている」としている。[41]池氏は、戦国大名から給地を与えられ、それに応じて軍役を果たす関係に入ることを家臣化と呼んでおり、それと「家中」に入ることとは別であるとしている。

また、矢田俊文氏は、人間関係の類型について、主君－家来という家来関係、給主－給人という軍役関係を区別し、大名権力と「家中」とは前者の関係であるが、大名権力と国衆とは後者の関係であるとする。軍役関係とは、要請された軍事動員に対する御恩として給地を与えられるという関係であるのに対し、家来関係とは「正月に主君のもとに家来が春の御礼に参上し、酒・肴などを共に飲食することで相互の結びつきを確認し合う関係である」という。[42]この正月儀礼に参加して、飲食をともにするような関係ということについては、あとでふれよう。

ともかく、いずれも、「家中」という擬制が最終的には拡大した主従関係全体を覆うことを予定せず、戦国大名の支配は、「家中」に対する支配と、「家中」には属さない戦国領主などに対する支配という「二重構造」になっていると認識しているのである。

松浦義則氏が、毛利氏の譜代家臣の給所が、毛利氏の家産から相対的に自立していくことで、毛利氏は給所宛行状を発給するようになるとしていたが、つまり、毛利氏はもちろん「家中」に属する家来とも、知行を与え、それに応じた軍役を奉仕させるという主従関係を取り結んでいる。したがって、この「二重構造」というのは、戦国大名は主従関係を結んでいる領主のうち一部を「家中」という擬制で覆っていると言い換えられるだろう。

「家中」という擬制

注意しておかなければならないのは、この「家中」に属していない大名配下の領主は、何も戦国領主のような、自立的な領主ばかりではなく、もっと小規模な領主でも「家中」に属していないものがいるということである。こうした領主は、毛利氏の「家中」に属している家来と、領主的な実態としてはそれほど違いがあるわけではない。第二章で見た、支城主の家来と与力の間に、必ずしも実態的な差があったわけではないことと同じである。

また第二章では、戦国領主や支城主の「家中」の外縁は不安定であり、「家中」／非「家中」の区分は曖昧であるとも述べた。このように不安定で流動的であったからこそ、勝俣氏も指摘するように、「家中」という擬制が必要とされたと考えられる。とすれば、「家中」と非「家中」の「二重構造」という点も、もう少し踏み込んで考えてみなければならない。

矢田氏は、主君－家来関係は、「正月に主君のもとに家来が春の御礼に参上し、酒・肴などを共に飲食することで相互の結びつきを確認し合う関係である」としていたが、この飲食をともにするという行為は、マックス・ウェーバーがいう「食卓の共同」に通じる。中世ヨーロッパにおいては、本来、主人のイエ支配に属している家産制的官吏は、主人から物質的給養を受けていた（食事を与えられていた）。その後、家産制的官吏にも給地が与えられるようになり、こうした物質的給養が必要なくなったのちも、彼らは主人の食卓で食事にあずかる権利を長く保持したという[43]。

先に見たように松浦氏は、戦国期には、譜代家臣の給地が、主人の家産から相対的に自立してくると論じていたが、つまり彼らは、現実には、すでに給地を持ち、主人の家産からの物質的給養を必要としなくなっていた。また戦国期に新たに「家中」に編成された周辺の国人領主は、もともと独立した家産を持っている。したがって彼らは、食事をともにするという象徴的な行為を通じて、かつての主人と家人という関係――すなわち矢田氏のいう主君－家来の関係――を擬制として確認したということになる。

つまり、実態として「家中」／非「家中」の差異は曖昧であるが、正月儀礼への参列や、書札礼の使い分けによって、「家中」／非「家中」の区別は可視化され、明示され、整序され、またその内部において平準化される――譜代の家来も新参の家来も、「家中」の構成員として平準化される――のである。

先にみたように、構成的支配は、本来、可動的な権力関係のなかで成立するものであるから、その外縁は曖昧で流動的である。したがって、法や制度などによって関係を整序し、可動性を抑制し、固定化が図られる。ここでは、不安定な関係を「家中」という擬制によって安定化させようとしているのである。

しかし、この固定化は戦国期においては完成しない。擬制としての「家中」／非「家中」の境界線自体は、戦国期においてはいまだ移動しうる。しかし、戦国期における「家中」の成立自体、従来の秩序が流動化から生じたものであり、完成しないとはいえ、「家中」という擬制はその再秩序化の試みであるといえよう。

そのように考えた場合、戦国領主や支城主はともかく、配下に「家中」に編成していない領主を大量に抱えている戦国大名の支配をどう考えるかという問題が生じる。前述したように、戦国大名が、こうした自立的な戦国領主や支城主を統制しうるか否かは、両者との力関係にかかっている。つまり、根本的には戦国大名の軍事的な優位性に基づいている。したがって、当然これも、軍事的情勢に左右され、必ずしも固定的な関係ではない。しかし、戦国大名は単にむき出しの暴力で、他の領主を押さえつけていただけなのだろうか。それとも何らかの公権的支配を成立させていたのだろうか。本書のここまでの議論からすれば、両者は対極にあるものではないはずである。

これを考えるために、今度は「家中」という擬制で覆っていない部分も含めて、流動化した秩序の再秩序化の過程について検討してみたい。

「家中」以外に対する支配

戦国大名の支配の「二重構造」を指摘していた池氏や矢田氏は、「家中」という擬制で覆われていない部分の支配について、どのように考えているだろうか。

池氏は、大名領国制とは地域封建権力による一国人領を越えた、独自の公的領域支配制度であると位置づける。「一国人領を越えた」とは、「個別在地領主の家あるいは『家中』支配権では編成しきれない範囲をもおおった」という意味だという[44]。

矢田氏は、すでにみたように、武田氏や毛利氏などが戦国領主に対して行使している権限は、守護公権に由来するとしている。

つまり、いずれも、イエ支配の擬制としての「家中」で覆えない部分には、公的領域支配、すなわち統治権的支配が成立していると考えているといっていいだろう。

しかし、戦国大名が戦国領主と主従関係を結んでいること（つまり主従制的支配）と、それが統治権的支配になっていることとはどのような関係にあるのだろうか。この公的領域支配なるものはどのようにして生じるのだろうか。

戦国領主の「領」に対する支配も、公的領域支配とされていた。そして、その内容として知行安堵権の一元化ということも言われていた。しかし、そもそも、知行を与えられ、それに対して軍役を奉仕するような関係を主従関係だとすると、知行の安堵は元来、給主‐給人という個人と個人との間に生じる主従制的支配に基づくものである。しかし、特定の領域に対する一元化された知行安堵権となると、それは領域に対する支配であるから統治権的支配である。したがって、そこには何らかの転換が生じなければならない。あるいは、本書の意図に沿って言い換えるならば、主従制的支配と統治権的支配とを対極にあるものとして分割してしまうことを見直す必要がある。このことは、先の戦国大名の「家中」で覆えない範囲の支配が、いかにして公的領域支配になるのかということと基本的に同じ問題であるから、両者を合わせて考えてみる。

知行宛行状・安堵状

第二章で、戦国領主の「領」支配について、ある地域の大半を支配することで、事実上の公的領域支配として機能するということを述べた。この点を、知行の給与（宛行）・安堵の問題に絞って、もう少し掘り下げよう。

戦国領主は、一五世紀中頃から、本格的には一六世紀頃から、家来などに対して、新たに知行を与える宛行状や、あるいはすでに保持している知行を引き続き維持することを保証する安堵状などを発給するようになる。[45] こうした戦国領主は、これ以前においては、自己の所領について、将軍や守護から安堵状を発給してもらう側だったが、戦国期には自身が発給する側になったということになる。しかし、これは将軍や守護が有していた知行安堵権を委譲されたものなのだろうか。

石見国の戦国領主吉見氏は、一六世紀半ばには宛行状や安堵状を発給するようになる。天文一三年(一五四四)を初見として、毛利氏が関ヶ原合戦の敗北により防長二国に減封となる慶長五年(一六〇〇)までに、宛行状・安堵状合わせて四一通が確認できる。このうち、宛行・安堵の対象地が記載されているものは二五通あるが、一通を除いて、すべて新たに獲得した長門国阿武郡内の所領に関するものである(一通は周防国吉敷《よしき》郡の所領)。吉見氏の本拠地のある石見国吉賀《よしか》郡に関するものは一通しかなく、それも長門国阿武郡内の知行と合わせて給与したものである。吉見氏が自身の本拠地である吉賀郡において、家来に知行を与えていなかったということは考えがたいから、吉見氏は吉賀郡においては文書なしで知行を与えており、新たに獲得した阿武郡についてだけ文書を発給して宛行・安堵をおこなっていたということになる(地名が記載されていないものが、吉賀郡の知行に関するものである可能性は残るが、その場合でも地名記載の有無は重要な違いである。その理由については、のちに述べる)。

先に見たように、松浦氏は、一六世紀になると毛利氏が譜代家臣に対しても給所宛行状を発給するようになることに注目した。これ以前においても、毛利氏と家来は知行の授受関係を結んでいるが、それを文書で確認する必要はなかった。ところが一六世紀にはそれを書面で確認する必要が生じてくるのである。なぜ書面で確認する必要が生じるのか。それは松浦氏のいう、譜代家臣の給所の、毛利氏の家産からの相対的自立ということも重要だが、もう一つ原因があると考えられる。

毛利氏の宛行状・安堵状は、確かに一五世紀にはほとんどなく、一六世紀以降増加していくが、現在、その存在を確認できる宛行状・安堵状の数を、発給年ごとにグラフにすると、順調に右肩上がりで増加していったのではなく、年ごとにかなりバラツキがあることがわかる。宛行状に関していえ

毛利氏発給の書下形式の宛行状の数

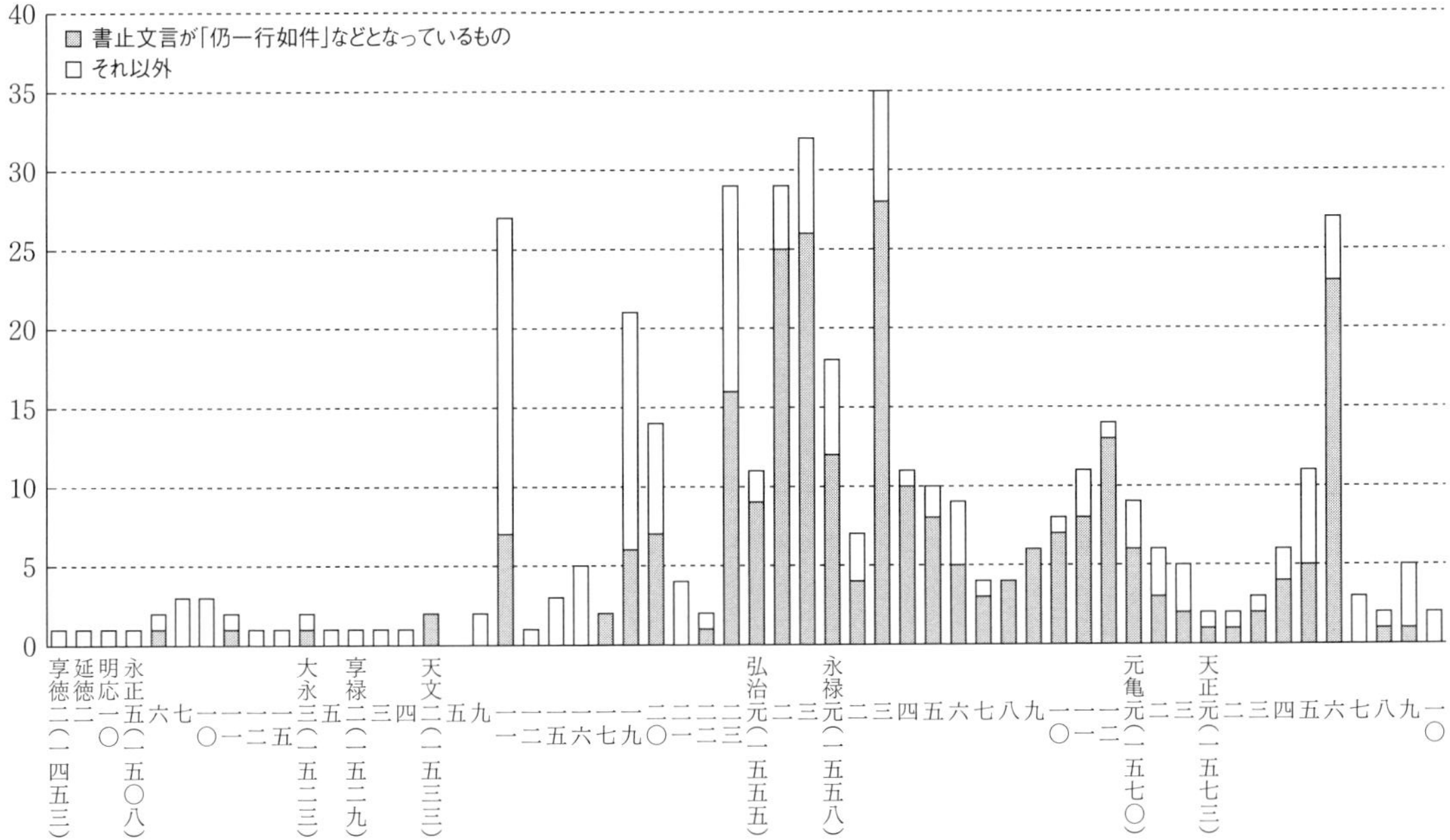

ば、天文一〇年までは、年に一～三通で、一通も残っていない年もあるのに、天文一一年のものは二七通もある。以降、またもとの水準に戻るが、天文一九年には再び二一通、翌天文二〇年は一四通ある。天文二一年、二二年はそれぞれ四通と二通だが、天文二三年には二九通と再び急増し、永禄元年までは高水準が続く。もちろん、史料の残存状況という問題も考慮に入れなければならないが、それにしても、この増減は極端である。

このような現象が起きる理由は簡単で、大きな戦争があったときには宛行状の発給数が急増するということである。なぜなら、戦争で戦功を挙げた家来に対しては、恩賞として知行が与えられるし、また戦争によって新たな領地を獲得していれば、そこで新たな知行の配分がおこなわれるからである。天文一一年の宛行状の急増は、天文八年から九年にかけての郡山城籠城戦（出雲国尼子氏が、毛利氏の本拠地郡山城を攻めたのに対し、毛利氏は籠城してこれを守り抜き、大内氏の援軍を得て、撤退する尼子勢を追撃して大きな打撃を与えた）の恩賞が与えられたからであり、天文二三年からの増加は、毛利氏が大内氏・陶氏との対決に踏み切り周防・長門に侵攻したからである。また、天文一九年は戦争ではないが、同年七月のいわゆる井上衆誅伐事件の後に増加しており、毛利「家中」で一大勢力を誇った井上一族を粛清したことと関係していると考えられる。

ところで、このような大規模な戦争にともなう知行の給与の場合、その宛行対象地はたいてい新たに征服した土地である。こうした新征服地は、征服者にとっては事情に通じていない土地である。たとえば毛利氏は、新たに征服した長門国や出雲国で知行を給与する際、「明所」（元の領主が滅ぼされたり、追放されるなどして、誰も知行していない土地）を受給者が自分で探して申告するように指示している。[46] つまり、毛利氏は征服したばかりのこれらの地域の知行の権利関係を十分つかめていないのである。

このような場合、知行をもらう側からすれば、その所領に対する権利を書面にして（地名も記載して）確認しておかなければ不安である。先の吉見氏が、本拠地の吉賀郡では宛行状・安堵状を発給せず、新征服地である阿武郡でのみこれらを発給しているのも、このためだと考えられる。

秩序共有の範囲の変化

このことを法（法秩序）の問題と関連づけて考えてみよう。

新田一郎氏は、鎌倉後期に「中央の法」と「田舎の法」の接触が生じ、その結果、『構造』としての『公方』が成立する。そして、これが主従制的支配とは異なる統治権的支配の実質的な登場であると論じている[47]。新田氏の理路を追いながら説明していこう。

この鎌倉後期の転換以前は、局所的な「在地」秩序が機能していた。これはたとえば、土地売券（土地売買の証文）に担保文言として現れる「在地明白」という言葉に象徴的に示されている。「在地明白」というのは、その土地の権利が売買によって買い手に移転したという事実について、仮に誰かが言いがかりを付けてきたとしても、在地、すなわち地元の人々はみんな知っていて、それが権利の保証になるということである。

そのことについては近隣の人々はみんな知っている、というような、局所的に通用するローカルな秩序（「在地」秩序）は、蓋然性のレベルに属する。つまり、「在地」秩序は、ある行為がおこなわれたり、ある事態が起きたときに、それに対して在地の人々は、こういう評価を下し、こういう態度をとる傾向が強いという、在地の人々の抱く、ある程度共通した予想・信念である。したがってこれは、明確に定められた客観的な規範としての法ではなく、不確実なものであるが[48]（〝こういうことをすれば、たぶんこうなるだろう〟）、そうした予想に整合的な結果（〝こういうことをしたら、やはりこうなった〟）が長期にわたって積み重ねられていけば、その局所的な範囲（在地）では、予期の信憑性が高まり、それは「田舎の法」として、一応は機能することになるだろう。[49]

しかし、鎌倉後期以降には、「職」の平準化・流通傾向によって、秩序が非局所的な構造のなかで機能するようになるという。「職」の平準化・流通傾向というのは、「職」にともなう権益が、次第に売買などの対象とされていくということである。売買の対象とされるということは、交換可能であるということであるから、そのレベルで「職」は平準化されていく。このようにして、「職」が広く流通するようになると、局所的な「在地明白」によっては「整合的な予期は安定的に成立し難いことになる」。つまり、秩序の広域化にともなって、局所的な「田舎の法」を暗黙に共有している在地の人々ではなく、具体性をもたない「不特定の第三者群」の関与を想定する必要が出てくるため、「田舎の法」に基づく予期の信憑性が低下するのである。

このような社会の流動性が高まった状況で要請されるのが、「公家武家之法」（中央の法）である。局所的にしか通用しない「田舎の法」に代わって、非局所的な「公家武家之法」に「不特定の第三者の行為・反応についての予期規準としての機能」が期待されることになる。[50] このような非局所的な「公家武家之法」とは、公権力である「公方」の法である。こうして、「『構造』としての『公方』」が出現することになるという。

「『構造』としての『公方』」とは、具体的な権力者ではなく、抽象的な公権力ということである。たとえば、一五世紀後半の売券には、売買の保証にかかわって「時ノ公方」という文言が見られるようになるが、これは、将来、売買された土地の権利をめぐって何らかのトラブルが起きたとき、その時点の公権力によって権利を保証してもらうということである。つまり、具体的な権力者個人、あるいは将軍や守護といった役職でさえなく、抽象的に観念された公権力がここでは想定されている。これが「『構造』としての『公方』」である。

新田氏は、「中世後期の『公権力』は、単に『裸の力』による支配を行なう存在にとどまるものではない。構造としての『公方』を経由することによって人々一般に対する支配の正統性を調達し、それを正統視する人々の意識に基盤をおくことによって、中世後期の『公権力』は一般性をもった『公権力』たりえたのである」としている。[51]新田氏の言う主従制的支配とは異なる統治権的支配の実質的な登場とは、このことを指している。

〈主従制的支配／統治権的支配〉、〈暴力（「裸の力」）／正統性〉という対がここでも姿を見せているが、ここで重要なのはこうした「公権力」の公権性は、授権や委任によって生じるのではないということである。「時ノ公方」という言い方は、仮に支配体制が変わっても、その時々の公権力として機能しているもの、という言い方である。第二章で見たように、吉見氏は阿武郡のほぼ全域を軍事的に制圧することで、いわば「時ノ公方」になったのである。したがって、暴力と正当性はやはり不可分のものとしてある。

「家中」や「領」に対応する秩序の再構築

さて、話を再び戦国時代に戻す。毛利氏は、当初、譜代家臣には文書を発給しないで知行を給与していたが、一六世紀には宛行状を発給するようになる。吉見氏も本領の石見国吉賀郡では宛行状を発給していないが、新征服地の長門国阿武郡においては宛行状・安堵状を出している。先ほどの新田氏の議論を参考にすれば、文書なしで知行給与がおこないうるのは、「在地明白」と同じように、毛利氏、吉見氏と家来、あるいは毛利家来同士、吉見家来同士、あるいはその周辺で共有される、一定の蓋然性をもった暗黙の了解（秩序意識）が存在していたからであろう。

ところが、戦国期には「家中」の範囲が拡大し、また新たな征服地の獲得によって、こうした秩序意識を必ずしも共有しない者が支配下に入ってくる。こうなると局所的に通用していた暗黙の了解に基づく予期の信憑性は低下する。そうした暗黙の了解を共有しない者に対しても通用する、非局所的な秩序が必要とされる。この結果、毛利氏や吉見氏は、宛行状や安堵状という文書を発給して、権利の所在を明示するようになる。

たとえば、戦国期に毛利「家中」には、新たに井上氏が加入した。毛利氏が井上一族を粛清した際の「井上衆罪状書」[52]には、「傍輩所領押領之事」（同僚である毛利家来の所領を不当に占領したこと）が挙げられている。これは井上一族の粛清を正当化するために毛利氏が作成した罪状書なので、井上氏の不当な行為とされているが、あるいは井上氏にも井上氏なりの自身を正当化する主張があったかもしれない。戦国期における「家中」の拡大によって、このようなトラブルが、以前より増加することは容易に予想される。

つまり、戦国領主は、拡大した「家中」や「領」に対応する、非局所的な法秩序の構築を迫られるのである。これはつまり、流動化した秩序の再秩序化である。

しかし、非局所的な法秩序といっても、それは、戦国領主の「家中」や「領」の範囲で通用するだけの、相対的には局所的な秩序にすぎない。たとえば益田氏が、吉見氏の発給した安堵状を尊重するかどうかについて、確実な予期を形成するのは難しい。

したがって、今度は、個々の「家中」や「領」を越えての非局所的な秩序ということが問題になる。

戦国大名分国における秩序の再構築

たとえば何度か述べているように、備後国の山内氏の場合、一五世紀段階では、その所領は本領、給分、請地に区分されていた。このうち本領は、室町前期には将軍から、中期以降は守護から安堵を受けている。給分は守護から与えられた知行なので、守護から安堵される。つまり、将軍や守護によって、その支配が法的に正当化されている。請地に対する支配は、荘園領主との契約に基づくものであるから、荘園領主によって法的に正当化される。室町幕府は、基本的に荘園制保護の政策をとった、つまり荘園領主の権利を体制的に正当化していたことを考えれば、山内氏の所領は、室町幕府－守護体制によって維持される、非局所的な法秩序のなかで、その支配が法的に正当化されていた。したがって、もし仮に山内氏が自身の所領支配を侵害されれば、それを幕府や守護から受けている安堵や荘園領主との契約を根拠に、幕府や守護に訴え、それによって権利が保証されることを期待したであろう。この段階では、『構造』としての『公方』を、具体的なレベルでは幕府や守護が担っていたといえるだろう。

しかし、戦国期になると次第に、室町幕府－守護体制の法秩序によって、支配が保証されるという予期の信憑性が低下する。応仁・文明の乱によって幕府は地方支配の権限を放棄してしまうからである。この結果、幕府からの権利認定によらない実力占有が横行することになる（もちろん、中世は自力救済の社会であるから、室町期においても、幕府の裁定によって権利が実効的に保証されるかどうかは不確実であるが、戦国期にはその不確実性が増す)。

山内氏も、戦国期には「職」などの権益によってではなく、実力で「領」を形成していくことになるのは先に見たとおりであるが、ということはこうした戦国領主の「領」支配は、従来の秩序で法的に正当化されていないことになる。

秩序の流動化によって新たに拡大、成立した支配を、「家中」や「領」という擬制として再秩序化を図ったとしても、その外側に対しては、それを正当化する非局所的な秩序がない(厳密に言えばきわめて薄弱化している)。

しかし、だからといって、無秩序な状況が全面的に展開するわけではない。

毛利元就は、長男隆元に宛てた書状の中で、服属した戦国領主山内氏や、出雲の三沢氏について、次のように述べている。[53] 三沢氏は「少分限」であるが、実際には三〇〇〇貫の領地を親の隠居分として取り置いている。山内氏も同様に二四〇〇貫ほども隠居分がある。ところが山内直通は、毛利氏がどんなに困難な戦争をしているときでも、気が向かないときは軍勢を一人も出さない、などと元就は嘆いているのである。さらに、備後国の三吉氏についても、知行は一七〇〇貫ほどというが、「この外にも候か、存ぜず候」(このほかにもあるかもしれないが、よくわからない)とも言っている。「分限《ぶげん》」というのは、この場合、軍役など賦課基準になる知行高のことを意味している。つまり、三沢氏などは、毛利氏に軍役を奉仕する基準となる知行高は少なく申告しているが、実際には隠居分という口実で、その知行高に含まれない、大きな領地を持っているということである。

この元就の嘆きには、毛利氏による戦国領主統制の困難さが読み取れるが、同時に、こうした有力な戦国領主も、毛利氏に対して知行高を基準とした軍役負担の義務を負っており、それを逃れるためには「隠居分」というような口実が必要であるということもわかる。

山内直通は気が向かないときは軍勢を一人も出さない、とあるように、義務があるからといって、それを忠実に果たすかどうかはまた別問題であるが、とりあえずそうした義務があると意識されていることに注目しよう。

戦国領主は毛利氏に服属する際、その所領を毛利氏から安堵される。それと同時に、それに対する役負担の義務が生じるのである。たとえば出雲国の赤穴氏は「赤穴五百貫」を毛利氏から安堵され、そこに諸役を賦課されている[54]（実際には諸役は免除されているが、免除されるということは本来は負担義務があるということである）。

こうした関係は、あくまで毛利氏が、それぞれの戦国領主と個別に取り結んでいったものである。つまり、こうした役負担の義務は、給主－給人という知行の授受関係、したがって主従関係に基づいて生じるものであって、毛利氏の領域に対する統治権から生じたものではない。

ただし、こうした安堵は個別的なものであるとはいえ、結果的に安堵の要求は毛利氏に集中することになる。たとえば山内氏は、毛利氏に服属するにあたって、その条件を交渉している。そのなかで備後国信敷については、かつては「国者共」が少しずつ知行していたが、現在は山内氏が支配しており、今後誰かが毛利氏に権利を主張しても取り合わないという条件で妥結している。これは山内氏の信敷に対する支配を毛利氏が保証する格好になっているが、信敷を実効的に支配しているのは山内氏であって、毛利氏はこの時点で信敷に何らの実効的な支配を及ぼしているわけではない。したがって、仮に毛利氏がこの条件を飲まなかったとしても、毛利氏が信敷を自由にできるわけでもないし、山内氏の支配が失われるわけでもないだろう。しかし、山内氏にとっての懸念は、誰かが毛利氏に、信敷に対する権利を主張して認められるという潜在的な可能性であった。

この潜在的な何者かが、毛利氏に信敷に対する権利の承認を求める（という可能性がある）のは、毛利氏が信敷を実効支配しているからでも、信敷に対する何らかの権限を有しているからでもなく、毛利氏がこの地域における実力者であるからだろう。この可能性を未然に防ぐために、山内氏は実効支配している信敷についても、毛利氏から支配の保証を取り付けておくことになった。

こうして、毛利氏に知行安堵の要求が集中する、またそれを、みなが予期する状態になると、ある地域における知行安堵の権限が毛利氏にあるかのような状態になる。これは結局、第二章で述べた、事実上の公的支配として機能する戦国領主の「領」支配の成立と同じことである。

これは言い換えれば、自身の所領も、他人の所領も、毛利氏によってその支配が保証されているものだという共通認識ができるということである。そして、それにともなって毛利氏に対して、みなが軍役負担の義務を負っているということも意識される。池享氏は、毛利氏が「開戦権」を独占したとしているが[55]、つまり、「毛利氏の戦争」（前章で見た「元就一大事之弓矢」）への参加義務を負っているという意識が共有されていくのである（実際に義務をどの程度果たすかは別問題である）。

「北条氏給人所領役帳」の意義

北条氏の場合、「北条氏給人所領役帳」が、こうした秩序の共有化に果たした役割は大きい。

伊豆衆に所属する高橋氏は、代替わりにともなう所領の相続を北条氏に認めてもらおうとしたが、そのとき、所領である伊豆国雲見（現静岡県松崎町）について、伊勢宗瑞（いわゆる北条早雲のこと。

北条氏への改姓は、次の氏綱の代のことなので、北条早雲という呼び方は正しくない）の判物がないということが問題になった。つまり、この所領は宗瑞から与えられたものであるはずだが、それを証明する宛行状がないということである。

高橋氏は、伊豆奥郡代清水康英の同心であったので、康英は高橋氏を弁護する書状を北条氏の奉行人に送った。[56] 康英の主張は次のようなものである。①この知行は、高橋氏が忠節によって宗瑞から与えられて以後一〇〇年を経ており、雲見の領主高橋氏といえば、誰でも知っている（「雲見の領主高橋と申す儀は、その隠れなく候」）。②きっと当国の御帳（「役帳」ないしはそれに準ずる台帳）にも、「雲見の領主高橋」と書かれているはずだ（「定めて当国の御帳にも、雲見の領主高橋と御座あるべく候」）。③また、御両代様（北条氏政と氏直か）から、私の御着到帳（この場合、合戦に際して清水康英が引き連れていくべき者を記した帳面）にも雲見の高橋とお書きいただいている（「御両代様より某の御着到帳にも、雲見の高橋と遊ばされ下され候」）。康英は、この三つの根拠から高橋氏の雲見知行の正当性を訴えたのである。①の「誰でも知っている」というのは、いわば先に見た「在地明白」と同じである。③は、高橋氏が確かに雲見での知行給与に対する軍役を果たしているということから、雲見知行の正当性を補強しているといえよう。そして注目されるのは②の「当国の御帳」である。①は不確実なものであり、③はいわば傍証的な証拠であるから、②がもっとも確実な根拠となるはずである。実際「役帳」には、高橋氏の所領として雲見が記載されている。ただ、康英が「きっと書かれているはずだ」という言い方をしていることからして、この「当国の御帳」はおそらく北条氏当主の手元にあり、康英自身は確認できないため、念を入れて①や③で補強していると考えられる。

伊勢宗瑞の判物がないというのは、もともとなかったのか（つまり文書なしの知行給与だったのか）、あるいは何らかの理由で紛失したのかはわからないが、ともかく判物があればそもそも問題は起きなかった。そういう意味では、やはり北条氏でも知行宛行状が、こうした権利を保証するもっとも基本的な根拠であったことは間違いない。しかし、それ以上に「役帳」の作成は、こうした秩序の共有化を一括して、一挙に進めたという点で大きな意味を持つ。

「役帳」には一ヵ所だけ、その所領が係争中である旨が注記されているところがある。逆にいうとそれ以外には係争中の所領はなく、おそらくそれは「役帳」作成の過程で解決されていったものと思われる。つまり、「役帳」は一括して所領の権利関係を確定し、明示したのである。ここに毛利分国などとは異なる北条分国の特徴がある。

ただし「役帳」の記載は作成された永禄二年（一五五九）当時のもので、以後更新されていないし、永禄二年時点で、北条氏の支配下になかった土地については、もちろん記載されていない。したがって、「役帳」の記載の外では、またその都度その都度、秩序の共有化を図っていく必要があっただろう。その意味で、北条分国が、他の大名分国とまったく異質であったわけではない。

秩序の共有化の進行

序章でとりあげた傘連判契状は、毛利氏と戦国領主が同格であることを表し、毛利氏による戦国領主統制の困難性を示す史料と位置づけられてきた。しかし、ここで論じてきたことからすれば、もう一つ注目すべき点がある。この傘連判契状は、それぞれの「家中」に軍規を守らせ、違反者を処罰することを、相互に申し合わせたものである。ということはその前提として、それぞれが独自に処罰権限を有するような「家中」という組織を形成していることを、相互に承認していることになる。つまり戦国領主は、それぞれが築いてきた構成的支配を「家中」という形で固定化しようとしているわけであるが、それがこうした戦国領主間の相互承認を通じて、「家中」内部という局所的にだけ通用する秩序としてではなく、非局所的な秩序として成立していくのである。自分が「家中」という擬制を築いているように、他の領主も同じ「家中」という擬制を築いているという観念（認識枠組み）が共有される。盛山和夫氏のいうところの一次理論の共同性である。

そうしたなかで、毛利氏の「家中」に通用していた局所的な秩序が、広く共有されていく局面も出てくる。安芸国の戦国領主である熊谷氏と志芳東天野氏は、熊谷氏のところに逃亡した、天野家来長松主税助《ちからのすけ》の下人の人返（人沙汰という）をめぐって、毛利氏家来の人沙汰の規定を引き合いに出している。[57] 毛利家来の人沙汰規定は、もちろんもともとは毛利「家中」という局所的に通用する法である。この場合、熊谷氏が自発的に引き合いに出しただけで、毛利氏がその適用を指示しているわけではないから、毛利氏の法は、確実に戦国領主に効力を及ぼしているわけではない。しかし、このようにして、事実上、毛利「家中」の法が、非局所的な法として機能する場合があるのである。もちろんこうして形成されてくる秩序は、何らかの既存の法秩序や権威によって正当化されているわけではないし、まだ制度として確立しているともいいがたい。したがって大名権力は、たとえば分国法の制定によって、[58] あるいは「国家」という擬制を創出することによって、この秩序の固定化を図ることになる。

毛利氏の知行宛行状は、次第に「仍一行如件」という書止文言で結ばれる様式に統一されていく。この様式は毛利氏独自のものである。[59] 様式の統一は、制度化への第一歩であろう。

それでも、所領の安堵に関していえば、有力な権力によって所領支配の保証が得られるという予期は、その有力者の実力に拠っているから、仮にそれが揺らげば、予期の信憑性もまた低下する。しかも、益田氏と吉見氏の紛争に対する毛利氏の態度にみられたように、自力の行使が完全に否定されていないから、秩序はいまだ可動的である。

つまり、戦国期には、室町期の秩序が流動化し、そして「家中」や「領」、あるいは戦国大名分国のような新たな秩序が構築された。したがってそれは無秩序ではない。しかしながら、いまだそうした秩序は、法や制度として確立し、固定化されたものではなく、可動性を残している。ここに戦国期の特徴があるといえるだろう。

終章　戦国を見る目、現代を見る目

可動性を残した秩序

ここまでの議論を整理しておこう。

本書では、構成的支配の概念を拡張し、社会に張り巡らされた無数の関係性のなかにおける、力関係の非対称性から生じる支配であると位置づけた。ミシェル・フーコーは権力関係を可動的な戦略的ゲームとして論じ、しかし多くの場合、その可動性はせき止められ、支配という状態が出現すると考えていた。これが、本書でいう構成的支配にあたる。しかし、構成的支配は元来可動的な権力関係のなかから生じるものであるから、不安定で流動性を残している。したがって、権力関係は法や制度などの秩序によって整序され、固定化が図られていく。こうしてフーコーのいう「大規模な支配」が成立する。こうした法や制度といった秩序についての、人々の予期の信憑性が高い場合、秩序は再生産され安定的である。しかし、こうした予期の信憑性が低下すれば、固定化の効果は薄れ、再び権力関係の可動性は高まる。権力関係は本来的に可動性を持つものであるから、完全に固定されきってしまうことはない。問題はこの可動性が大きい場合と抑えられている場合があるということである。

戦国期には、室町幕府－守護体制のもとで、多くの人々が共有していた秩序に対する予期の信憑性が低下する。たとえば所領が「～職」のような形で表示され、それが将軍や守護によって安堵されているといった秩序体系が揺らぎ、「職」秩序に依拠しない実力占有が多発する。そして、既存の枠組みとは異なる「家中」や「領」、そして戦国大名分国が出現する。

「家中」や「領」の形成は、軍事的・政治的な条件によって規定されており、それらの情勢に左右される。たとえば、「領」は多くの場合、軍事的征服の結果、形成されたものであるから、その範囲は周囲の領主との軍事的なバランスによって決まってくるのであり、郡などの既存の枠組みとは直接には無関係なものとなる。

これらは、再び可動性が高まった権力関係のなかから成立する、いわば再編された構成的支配である。したがってこれは、諸関係のせめぎ合いのなかから生まれるのであるが、可動性をせき止めて支配を出現させる上で暴力が重要な役割を果たす。

もちろん、暴力は権力関係の戦略的ゲームのなかで常に重要な役割を果たし、構成的支配が、法や制度によって整序され、安定的に維持されているときでも、法維持的暴力として、構成的支配を成り立たせる主要な要素となっている。

しかし、戦国期には、暴力が潜在的な回避選択肢であるにとどまらず、現実に行使され、法を再措定する。その意味で、戦国期には暴力は前景化している。自立的な戦国領主や支城主による諸領主層の編成がおこなわれ、大名分国内に「家中」や「領」が並存する権力構造は、現実の戦争への対応ということに規定されている。

しかし、これは暴力がすべてを決定するということでもなければ、無秩序な自然状態でもない。これは、一つには、暴力は重要であるとはいえ、あくまで複数の関係性がせめぎ合い、重層的に決定される戦略的ゲームにおける一要素であるからであり、もう一つには、そもそも暴力と法とは対極にあるのではなく、両者は密接な関係にあるからである。

ニクラス・ルーマンによれば、権力は、可能な行為の選択肢を制限することで、複雑性を縮減するコミュニケーション・メディアであった。そこでは暴力は、選択肢の選好順位を割り振る役割を果たしていた。つまり、単純化すれば、ある選択肢を選べば暴力による制裁があるということによって、その選択肢の選好順位を下げ、回避選択肢とするのである。この整序された選択と結果の秩序を明示するものが法である。暴力的に優位な者が、自分以外の者による暴力行使を非合法なものとして取り締まることで、合法的な暴力の独占が生じる。つまり暴力は、合法／非合法という法秩序を措定する。暴力と法は対極にあるのではなく、切り離せないものである。

問題は先ほど述べたように、戦国期においては、暴力が回避選択肢であるにとどまらず、現実に行使される局面が増えたということである。これは、行為選択肢の整序が不完全であることを示している。つまり、予期の信憑性が高い法や制度として固定化されていないということである。そしてその要因の一つは軍事的優位性確立の不完全さである。

軍事的に優位な戦国領主や支城主、あるいは戦国大名が、諸領主層を配下に編成する。そうして築かれた支配関係を、たとえば「家中」という擬制で固定化しようと図る。しかし、軍事的な情勢の変化によって、そうした秩序は再び流動化しうる。

つまり戦国期は、室町期の秩序が流動化し、新たな秩序が構築されたのであって、それは決して無秩序ではないが、再構築された秩序はいまだ可動性を大きく残している。戦国期の権力構造は、このことによって特徴づけられている。

「家中」や「領」、また戦国大名による戦国領主や支城主に対する支配は、室町期の秩序が流動化し、それを再秩序化したものとして成立した。しかし、その秩序はいまだ可動的であって、固定化は完成していない。同時に、そのことを前提として（つまり暴力による秩序の変更可能性＝戦争を前提として）、それに対応して形作られているのだともいえる。

結局のところ、こうした可動性がほぼ抑制されるのは、統一政権による私戦禁止の強制、つまり自力の否定が完了してからである。もちろんそれは、先に見たように暴力によって法秩序の受容を迫るものであり、四国出兵、九州出兵、小田原攻めと、現実に暴力は行使されている。戦国期の権力関係の可動性をせき止め、再秩序化を完成させるにあたって、暴力は中心的役割を果たしているのである。

そして、これもすでに述べたように、近世社会は戦争のない社会となったが、暴力は不在となったわけではなく、回避選択肢であるところの法維持的暴力として、潜在的に構成的支配を支えている。したがって、中世は恣意的暴力的支配、近世は法的機構的支配というような二元論ではとらえられない。

法の根源にある暴力の露出

以上のように戦国期の特質を考えたとき、戦国期や戦国大名権力を研究することはどのような意義を持ってくるだろうか。

暴力は常に重要な役割を果たしているといっても、現実の暴力行使が常態化している戦国期と比べたとき、近世社会における暴力の潜在化は大きな変化である。そして、その点において、それは相対的により良い社会であるともいえよう。

ただし、あくまで暴力は、行為選択に選好順位を割り振る回避選択肢として存在しているということには注意しておかなければならない。

冨山一郎氏は、圧倒的弱勢の位置にいる人々の切迫した暴力への知覚を「暴力の予感」と呼んでいる。[1]暴力は行使されて初めてその効果を発揮するのではなく、その行使が予感されたときからすでに効力を発揮している。だとすれば、暴力が回避選択肢になっているということを、それほど楽観してはいられない。

ジャック・デリダは、ヴァルター・ベンヤミンのいう法措定的暴力を、「基礎をもたない暴力」であるとしている。[2]つまり、法の根源には無根拠な暴力がある。ベンヤミンは『「大」犯罪者」の行為は、こうした暴力の存在を証拠だてるとしている。[3]デリダは、これを「ある人が、掟に刃向かうことを通じて、法的秩序そのものの含む暴力を赤裸々に示す」ということだと意味づける。[4]つまり、暴力的に優位な者が、他の者の暴力を非合法なものとして取り締まることで（したがって、自分以外の暴力行使者を「犯罪者」と規定することで）、合法／非合法という法秩序が措定される。しかし、国家の暴力に対抗しうるほど有力な「大」犯罪者を、暴力によって取り締まろうとするとき、法の根源にある無根拠な暴力が露出してしまう（たとえば政府が独立や自治を求める勢力をテロリスト、つまり犯罪者として弾圧するような状況を想像されたい）。

デリダはさらにベンヤミンを参照しつつ、国家がゼネストを非合法だと宣告したにもかかわらず、ゼネストが引き続きおこなわれれば、そこには革命的状況があることになり、「法／権利と暴力とが同質のものではないかとわれわれに考えさせてくれるのは、（中略）事実上このような状況をおいてほかにはない」（傍点原文）と述べている。そして、革命状況とは「新たな法／権利を基礎づけようとすることであり、また常にではないが、新たな国家を基礎づけようとすることである」とする。[5]

室町幕府－守護体制の法的秩序に、暴力によって対抗する有力な勢力が出現したとき、法や制度に対する信憑性は低下し、合法／非合法の秩序は流動化する。そして再び秩序が再措定される。つまり、戦国期は、法の根源にある暴力が露出し、デリダのいうところの、一種の革命的状況が現出していたともいえる。

もちろんすでに述べたように、現実に暴力行使が横行する社会が良いはずはない。重要なのは、法の根源にある無根拠な暴力が露出した戦国期の社会を考えることは、安定した秩序のもとでは、潜在していて見えづらくなっている暴力の存在に気づかせ、「法／権利と暴力とが同質のものではないかとわれわれに考えさせ」、秩序の陰にある抑圧や矛盾に注意を向けさせることにつながるということである。暴力が社会からなくなることは決してないであろうし、歴史的現実として暴力と法は不可分なものであるとすれば、それゆえにこそ暴力の存在について敏感でなければならない。

序章で述べたように、村田修三氏は、戦国大名の独自の特質を解明すべきであると主張していたが、それは単に漠然と室町期や近世と違うところを見つけようという意味ではない。村田氏は「近世を準備した戦国大名の矛盾がいかなる独自性をもち、それゆえ近世への転換で一応解決したその矛盾の解決の仕方がいかなる特殊なされ方をし、さらにそれゆえに近世がいかなる特殊な矛盾を新たに内包しなければならなかったか」を追究すべきであると述べている。[6]つまり矛盾の解明という課題のもとで、戦国大名の独自の特質を解明すべきであると主張したのである。

村田氏がいう矛盾というのは、史的唯物論を踏まえてのものである。しばしば、史的唯物論は経済基底還元論だと批判されるが、ルイ・アルチュセールは、さまざまな水準とさまざまな審級によって、矛盾は重層的に決定されているとしている[7]（ただし経済的要因は最終審級だとしている）。これは、構成的支配が無数の諸関係から生じているというのと同じことである。

序章で、「戦国大名とは何か」ではなく、何を戦国大名と規定することが、いかなる課題に応えるために有効なのか、という形で問いを立てなければならないと述べた。そして、本書の課題は、戦国期における権力の問題であるとした。

すでに述べたように、戦国期は権力関係の可動性が大きくなり、法の根源にある無根拠な暴力が垣間見える時代であった。そして、戦国大名や戦国領主はそれに対応した特質をもっている。したがって、これを検討することで、安定的な秩序のもとでは見えにくくなっている権力の問題――諸関係のせめぎ合いや、法と暴力の結びつきの様態――が見えてくる。

本書が権力の問題という課題にどれほど応えられているかは甚だ心許ないが、権力関係の非対称性や、顕在的・潜在的な暴力の所在を解明していくことは、やはり歴史研究の責務であると思う。

おわりに

本書は一般向けの日本史の本としては少し変わった構成になっていると思う。歴史上の事象を、研究者がどういう視角から、どんな考え方で論じているかということにかなりの紙幅を割いているからである。この歴史を見る視角ということについて、永原慶二氏は『歴史学叙説』（東京大学出版会、一九七八年）の「はしがき」で次のように述べている。

歴史観とか歴史像という言葉自体が示すように、歴史は、それを見るものの意識・思想によって、発見されたり注目される素材的史実が異なるから、同じ対象についても何をとらえ、何を描くかについては、見方によって大きな差異がある。「戦国時代」とか「明治維新」といった歴史上の時代や事件を例にとってみれば明らかなように、その歴史像はすこぶる多様でありうるのである。しかも一つを真理、他を虚妄とするわけにはゆかない。ある意味で、歴史研究の解答は、つねに相対的なものという宿命をもっている。それゆえに、より深く、より鋭く、あるいはより今日的に歴史をとらえるためには、問題の立て方や視角がとくに重んぜられねばならない。

今日的に歴史をとらえる。歴史を学びはじめた頃から、これが常に私の念頭にあった。もちろん、現代とは大きく異なる戦国時代から、安易に教訓を引き出すことは慎まなければならないが、私たちが戦国時代を見るとき、意識的、無意識的に用いている視角や考え方と、現代を見るときのそれとは、どこかでつながっているはずである。現代に生きる私たちは、否応なく現代の視点から歴史を見る。それと同時に歴史を知ることで、それがフィードバックされて、ものの見方や考え方に影響を及ぼす。E・H・カーのいう「現在と過去との間の尽きることを知らぬ対話」である(『歴史とは何か』、清水幾多郎訳、岩波新書、一九六二年、四〇頁)。

これを書いている二〇一五年の夏、日本では安全保障法制をめぐってさまざまな議論が巻き起こっている。海外に目を転じれば、中東地域では、いわゆるISISによる、既存の国民国家の枠組みを越えた軍事行動が続いている。現代における暴力、平和、法、国家、権力……といった問題をどのような視角からとらえるか。それについて、歴史からも何か手がかりを得られないだろうか。

本書は諸先学が提示した多様な視覚に学び、各所で参照している。批判的にとりあげたものも含め、それらから学ぶことなしに、本書は成しえなかった。永原氏は「歴史研究の解答は、つねに相対的」と述べているが、その意味では、もし本書が扱ったテーマに関心を持たれたら、本書と見解を異にする議論にも直接あたっていただければ幸いである。そして本書を通じて、視覚や考え方というレベルで、何か一つでも手がかりが提供できたならば望外の喜びである。

なお、本書は二〇一〇~一二年度日本学術振興会科学研究費補助金若手研究(B)「戦国期大名分国における『戦国領主』の研究」および、二〇一四~一六年度日本学術振興会科学研究費補助金若手研究(B)「戦国大名分国およびその周辺地域における領域支配の研究」の成果の一部である。

本書で使用した柳川古文書館蔵「伝習館文庫所蔵小野文書」の閲覧にあたっては、同館のご高配を賜った。記して感謝申しあげる。

最後に、私の前著『戦国大名権力構造の研究』に興味を持ってくださり、今回の執筆のお話をいただいた講談社の山崎比呂志氏、本書全体の構成についてアドバイスをくださった講談社の所澤淳氏、文章表現の細部にまでわたって修正点をご指摘くださった、講談社学芸クリエイトの松本佳代子氏に、心より御礼申し上げたい。

二〇一五年八月

村井良介

註

〔はじめに〕

1　ジョルジュ・アガンベンは、「自然状態」は現実に現れるものではなく、現実に現れるのは「例外状態」であるとする。「例外状態」とは「秩序に先行する混沌のことではなく、秩序の宙吊りから結果する状況のこと」である（『ホモ・サケル――主権権力と剝き出しの生』、高桑和巳訳、以文社、二〇〇三年、二九頁）。つまり、戦国期は法の存在しない「自然状態」ではなく、戦時体制として法が宙吊りにされた「例外状態」であると考える。これらについては第三章でもふれる。

2　山田邦明『戦国のコミュニケーション――情報と通信』（吉川弘文館、二〇〇二年）。

3　『大日本古文書　家わけ第八　毛利家文書』四一八。

4　池享『知将・毛利元就――国人領主から戦国大名へ』（新日本出版、二〇〇九年）、九三～九四頁。

〔序　章〕

1　『大日本古文書　家わけ第八　毛利家文書』二二六。

2　すでに家督を譲った元就が署判していることについて、長谷川博史氏は、元就が毛利家の家来とは区別される、元就個人の家来を抱えていることから、毛利本宗家とは別の家であるかのような形をとろうとしたのではないかと推測している（「国人一揆と大名家中」、『岩波講座日本歴史　第九巻　中世四』、岩波書店、二〇一五年）。

3　天野氏について詳しくは、長谷川博史「安芸国衆保利氏と毛利氏」（『内海文化研究紀要』二五号、一九九六年）を参照。

4　『大日本古文書　家わけ第八　毛利家文書』四〇二。

5　『大日本古文書　家わけ第八　毛利家文書』四一八。

6 菊池浩幸氏は、この起請文の署判者が当時の毛利「家中」全体を示しているわけではないと指摘している（菊池浩幸「戦国期『家中』の歴史的性格――毛利氏を事例に」、村井良介編『論集戦国大名と国衆17 安芸毛利氏』、岩田書院、二〇一五年、所収）。

7 『大日本古文書 家わけ第八 毛利家文書』三九六。

8 『大日本古文書 家わけ第八 毛利家文書』四〇一。

9 『大日本古文書 家わけ第八 毛利家文書』一二八四。

10 水林彪『天皇制史論――本質・起源・展開』（岩波書店、二〇〇六年）、一二～一三頁。

11 永原慶二「領主制支配における二つの道――好島荘の預所と地頭をめぐって」（『日本中世社会構造の研究』、岩波書店、一九七三年）。

12 永原慶二「大名領国制の史的位置――中世―近世移行期把握のための覚書」（『戦国大名論集1 戦国大名の研究』、吉川弘文館、一九八三年、所収）など。

13 則竹雄一「戦国大名権力研究の成果と課題」（『戦国大名領国の権力構造』、吉川弘文館、二〇〇五年）など。

14 永原慶二「視点と構成」（『戦国期の政治経済構造』、岩波書店、一九九七年）。

15 佐藤進一「室町幕府開創期の官制体系」（『日本中世史論集』、岩波書店、一九九〇年、所収）。

16 ニクラス・ルーマン『権力』（長岡克行訳、勁草書房、一九八六年）、一〇四頁。

17 藤木久志「序」（『豊臣平和令と戦国社会』、東京大学出版会、一九八五年、所収）。

18 深谷克己『百姓成立』（塙書房、一九九三年）、二二八頁。なお、藤木氏は典拠として深谷氏の別の論文を挙げているが、引かれている内容に合致しているのはこの本の方である。

19 深谷前掲註18著書、二五四～二五五頁。

20 朝尾直弘・宇野俊一・田中琢編『角川新版日本史辞典』（角川書店、一九九六年）。

21 なお、戦国大名北条氏を、鎌倉時代の北条氏と区別して「後北条氏」と呼ぶことがあるが、本書では単に「北条氏」と表記する。

22　水林彪『日本通史Ⅱ　近世　封建制の再編と日本的社会の確立』（山川出版社、一九八七年）。
23　荒川善夫「東国戦国期地域権力をめぐって――戦国期国衆を中心として」（『戦国期東国の権力構造』、岩田書院、二〇〇二年、所収）。
24　市村高男「武蔵国成田氏の発展と北条氏」（『戦国期東国の都市と権力』、思文閣出版、一九九四年、所収）。
25　池享「大名領国制研究の視角」（『大名領国制の研究』、校倉書房、一九九五年）。
26　池上裕子「戦国時代の位置づけをめぐって」（『戦国時代社会構造の研究』、校倉書房、一九九九年）。
27　池上裕子「戦国大名領国における所領および家臣団編成の展開」（池上前掲註26著書所収）。
28　村田修三「戦国大名研究の問題点」（前掲註12論集所収）。
29　池前掲註25論文。
30　池前掲註25論文。

［第一章］

1　矢田俊文「戦国期甲斐国の権力構造」（『日本中世戦国期権力構造の研究』、塙書房、一九九八年、所収）。
2　なお、小山田氏が郡内全域を支配しているわけではないという指摘があるが（柴辻俊六「譜代家老衆小山田氏の郡内領支配」、『戦国大名武田氏領の支配構造』、名著出版、一九九一年、所収）、ここでは小山田氏が一定の広域的領域を支配しているということが重要なので、全域を支配していないというのは、矢田氏の議論にとって本質的問題ではない。
3　小谷利明氏は、戦国期の畿内において判物を発給している権力に注目し、「官僚型戦国領主」という類型を提起している（「戦国期の河内国守護と一向一揆勢力」、『畿内戦国期守護と地域社会』、清文堂出版、二〇〇三年）。これは、領域的に支配をおこなうのではなく、都市機能のなかから支配をおこなうという点で、矢田氏が甲斐国などの検討から提起した「戦国領主」とは異なるタイプの領主である。この提起は重要であるが、本書ではこうした「官僚型戦国領主」の問題はひとまず措いて、領域的支配をおこなう権力を「戦国領主」として扱う。

4　村井良介「毛利分国における『戦国領主』の文書発給をめぐって」（天野忠幸・片山正彦・古野貢・渡邊大門編『戦国・織豊期の西国社会』、日本史史料研究会、二〇一二年）。
5　上田氏は永禄二年（一五五九）の「北条氏給人所領役帳」で「他国衆」とされているが、永禄二年当時に松山城主であったかどうかは検討を要する。元亀四年（一五七三）以降は、松山城主として戦国領主的実態を備えていたことは確実である。詳しくは黒田基樹編『論集戦国大名と国衆15　武蔵上田氏』（岩田書院、二〇一四年）所収の各論考を参照。
6　河合正治「戦国大名としての毛利氏の性格」（藤木久志編『戦国大名論集14　毛利氏の研究』、吉川弘文館、一九八四年、所収）。
7　黒田基樹『戦国大名　政策・統治・戦争』（平凡社新書、二〇一四年）、一六八〜一七三頁。
8　石井進『日本の歴史12　中世武士団』（小学館、一九七四年）、一一〇〜一一二頁。同「中世社会論」（『岩波講座日本歴史　第八巻　中世四』、岩波書店、一九七六年）。
9　大山喬平「中世社会のイエと百姓」（『日本中世農村史の研究』、岩波書店、一九七八年、所収）。
10　佐藤前掲序章註15論文。
11　松浦義則「戦国期毛利氏『家中』の成立」（前掲序章註6論集所収）。
12　『大日本古文書　家わけ第八　毛利家文書』三九六。
13　『大日本古文書　家わけ第八　毛利家文書』一六五。
14　松浦義則「国人領主毛利氏の給所宛行状の成立について」（前掲序章註6論集所収）。
15　松浦前掲註11論文。
16　『山口県史　史料編　中世3』「市原家文書」二。
17　『山口県史　史料編　中世3』「市原家文書」一。
18　『新修島根県史　史料篇1　古代・中世』五〇三頁（清水文書）。
19　峰岸純夫「戦国時代の『領』と領国——上野国新田領と後北条氏」（『中世の東国——地域と権力』、東京大学出版会、一九八九年、所収)、矢田前掲註1論文、黒田基樹「本書の視角と課題」(『中近世移行期の大名権力と村落』、校倉書房、二〇〇三年)など。

20 黒田前掲註19論文、同「武田氏の駿河支配と朝比奈信置」(『戦国期東国の大名と国衆』、岩田書院、二〇〇一年、所収)。

21 『大日本古文書 家わけ第十五 山内首藤家文書』一八二。

22 田端泰子「戦国大名と国人領主制」(『橘女子大学文化学会研究年報』三輯、一九七一年)。

23 峰岸前掲註19論文。

24 藤木久志「大名領国の経済構造」(『戦国社会史論——日本中世国家の解体』、東京大学出版会、一九七四年、所収)。

25 矢田前掲註1論文。

26 勝俣鎮夫「戦国法」(『戦国法成立史論』、東京大学出版会、一九七九年、所収)。

27 『大日本古文書 家わけ第八 毛利家文書』三九六。

28 矢田俊文「戦国期毛利権力における家来の成立」(前掲註1著書所収)。

29 『大日本古文書 家わけ第八 毛利家文書』五九四。

30 『大日本古文書 家わけ第八 毛利家文書』四〇一。

31 池享「戦国期の地域権力」(『戦国期の地域社会と権力』、吉川弘文館、二〇一〇年、所収)。

32 黒田基樹『百姓から見た戦国大名』(ちくま新書、二〇〇六年)、一九六頁。

33 黒田前掲註7著書、一六八〜一七三頁。

34 藤木前掲註24論文。

35 久留島典子『日本の歴史13 一揆と戦国大名』(講談社、二〇〇一年)、二二七頁。

36 山室恭子『中世のなかに生まれた近世』(吉川弘文館、一九九一年)、二〇一〜二〇三頁。

37 鈴木敦子「肥前国における戦国期の印章使用」(有光友學編『戦国期印章・印判状の研究』、岩田書院、二〇〇六年)。

38 市村高男「関東における非北条氏系領主層の印章」(前掲註37論集)。

39 鈴木前掲註37論文。

40 この史料は「小田原衆所領役帳」という名称で通用しており、活字化した史料集もその名称で刊行されているが、小田原衆というのは、同史料に記載されている玉縄衆や江戸衆といった複数の「衆」の一つであり、史料の冒頭に出てくるというだけにすぎないため、「小田原衆所領役帳」という名称は的確ではない。本書では「北条氏給人所領役帳」と呼ぶ。

41 山口県文書館蔵毛利家文庫所収。

42 石母田正「解説」(『日本思想大系21 中世政治社会思想 上』、岩波書店、一九七二年)。

43 マックス・ウェーバー『官僚制』(阿閉吉男・脇圭平訳、恒星社厚生閣、一九八七年)、七〜一二頁。

44 石母田正『日本古代国家論 第一部』(岩波書店、一九七三年)、一四頁。

45 秋山伸隆「戦国大名毛利氏領国の支配構造」(『戦国大名毛利氏の研究』、吉川弘文館、一九九八年、所収)。

46 松浦義則「戦国大名毛利氏の領国支配機構の進展」(前掲註6論集所収)。

47 『萩藩閥閲録遺漏』巻五の一・大多和惣兵衛蔵書—一。

48 片桐昭彦「長尾景虎(上杉輝虎)の権力確立と発給文書」(『戦国期発給文書の研究——印判・感状・制札と権力』、高志書院、二〇〇五年、所収)。同「上杉景勝の権力確立と印判状」(同前書所収)。

49 高木昭作「『秀吉の平和』と武士の変質——中世的自律性の解体過程」(『日本近世国家史の研究』、岩波書店、一九九〇年、所収)。

50 矢田俊文「戦国期越後国政治体制の基本構造」(本多隆成編『戦国・織豊期の権力と社会』、吉川弘文館、一九九九年)。

51 広井造「謙信と家臣団」(池享・矢田俊文編『定本 上杉謙信』、高志書院、二〇〇〇年)。

52 藤井讓治『江戸時代の官僚制』(青木書店、一九九九年)。

53 丸山眞男「忠誠と反逆」(『忠誠と反逆――転形期日本の精神史的位相』、筑摩書房、一九九二年、所収)。
54 池享「戦国大名権力構造論の問題点」(池前掲序章註25著書所収)。

[第二章]

1 菊池前掲序章註6論文。
2 『大日本古文書　家わけ第八　毛利家文書』三九八。
3 『大日本古文書　家わけ第十一　小早川家文書』四七三、『萩藩閥閲録遺漏』巻五の三・長府百姓山本清左衛門所持―一三、『大日本古文書　家わけ第八　毛利家文書』三七五。
4 『萩藩閥閲録』巻一七〇・財満瀬兵衛―六。
5 『山口県史　史料編　中世3』「山口県文書館蔵右田毛利家文書」二三。
6 『萩藩閥閲録』巻一七〇・財満瀬兵衛―三。
7 岩下紀之「毛利元就の三本の矢の話」(『愛知淑徳大学論集』一二号、一九八七年)。
8 『大日本古文書　家わけ第八　毛利家文書』四〇五。
9 河合正治「元就教訓状と毛利両川体制の形成」(『日本歴史』三三三号、一九七六年)。
10 『大日本古文書　家わけ第八　毛利家文書』五三八。
11 『大日本古文書　家わけ第八　毛利家文書』四一〇。
12 『大日本古文書　家わけ第八　毛利家文書』五三九。
13 『広島県史　古代中世資料編V』「田坂文書」六など。
14 『大日本古文書　家わけ第十一　小早川家文書』四七三。
15 『萩藩閥閲録』巻九六・岡与三左衛門―七。
16 『萩藩閥閲録』巻九六・岡与三左衛門―九。
17 『萩藩閥閲録』巻九六・岡与三左衛門―一〇。

18 『萩藩閥閲録遺漏』巻三の一・重見孫右衛門―八一。
19 『防長風土注進案6 上関宰判下』佐賀村。
20 『大日本古文書 家わけ第十一 小早川家文書』四七三、四七五。
21 『新熊本市史 史料編第二巻 古代・中世』「乃美文書」七三。
22 木村信幸「文献調査の経緯と中世文書目録の作成」(『史跡吉川氏城館跡に係る中世文書目録』、広島県教育委員会、二〇〇二年)。
23 『広島県史 古代中世資料編Ⅴ』「岩国藩中諸家古文書纂」森脇繁生―三。
24 『広島県史 古代中世資料編Ⅴ』「長府毛利文書・輝元公ヨリ秀元公ヘノ御手簡」二。
25 『萩藩閥閲録』巻五七・飯田平右衛門。
26 河合正治「小早川隆景と織豊時代」(『三原市史 第一巻 通史編一』、三原市役所、一九七七年)。
27 『大日本古文書 家わけ第八 毛利家文書』八四七。
28 『新熊本市史 史料編第二巻 古代・中世』「乃美文書」七三。
29 『大日本古文書 家わけ第十五 山内首藤家文書』三〇四。
30 『大日本古文書 家わけ第十五 山内首藤家文書』五五三。
31 『山口県史 史料編 中世3』「山口県文書館蔵右田毛利家文書」一三四。
32 『二〇〇四(平成一六)年度~二〇〇七(平成一九)年度科学研究費補助金基盤研究(A)研究成果報告書――荘園絵図の史料学とデジタル画像解析の発展的研究』(研究代表者・林譲、二〇〇八年)所収「史料編纂所所蔵謄写本『山田文書』」巻三―一五。
33 『広島県史 古代中世資料編Ⅴ』「譜録」桂市郎右衛門保心―一五。
34 『大日本古文書 家わけ第十一 小早川家文書』一二七。
35 『大日本古文書 家わけ第八 毛利家文書』三七五。
36 『山口県史 史料編 中世3』「波多野家蔵都野家文書」二一。

37 『早稲田大学蔵資料影印叢書　古文書集三』「多賀文書」二九。
38 『山口県史　史料編　中世3』「山口県文書館蔵右田毛利家文書」一二七。
39 『萩藩閥閲録』巻七九・杉七郎左衛門―七。
40 『小田原衆所領役帳　戦国遺文後北条氏編別巻』。
41 黒田基樹「あとがき」(『戦国大名北条氏の領国支配』、岩田書院、一九九五年)。城将については久保健一郎「支城制と領国支配体制」(藤木久志・黒田基樹編『定本・北条氏康』、高志書院、二〇〇四年)を参照。
42 『戦国遺文　後北条氏編　補遺編』「快元僧都記」天文二年二月九日条。
43 黒田基樹「津久井内藤氏の考察」(『戦国大名領国の支配構造』、岩田書院、一九九七年)。
44 『戦国遺文　後北条氏編』八三五(古文書二)。
45 『戦国遺文　後北条氏編』四〇六(武州文書所収豊島郡八幡社神主朝日安房所蔵文書)。
46 黒田基樹「江戸太田康資の考察」(黒田前掲註43著書所収)。
47 たとえば、他国衆のなかには甲斐国の戦国領主小山田氏の知行も記載されている。丸島和洋氏によれば、これは小山田氏が、甲斐武田氏と北条氏の外交交渉における取次役を務めており、その働きに対して支給された取次給であるという(「取次給の宛行」、『戦国大名武田氏の権力構造』、思文閣出版、二〇一一年)。したがって、もちろん小山田氏は北条氏の家来ではない。
48 『戦国遺文　後北条氏編』二七八七(石井文書)。
49 黒田前掲註46論文。
50 『戦国遺文　後北条氏編』七九六(本所寺社書上)。この史料で太田氏は、梶原三河の所領を報恩寺に寄進しているが、これはこの土地がもともと太田氏から梶原三河に与えられていたものであったことを示している。
51 中野等『立花宗茂』(吉川弘文館、二〇〇一年)。
52 『大分県先哲叢書　大友宗麟資料集』一六二六、一六二七(立花文書)。
53 『大分県先哲叢書　大友宗麟資料集』一六三〇(立花文書)。

54 『新修福岡市史　資料編　中世1』「福岡市博物館購入文書・雑文書」一〇。
55 木村忠夫「永禄末期大友氏の軍事組織――戸次鑑連を中心として」（『九州文化史研究所紀要』一三号、一九六八年）。
56 村井良介「毛利氏の山陰支配と吉川氏」（『戦国大名権力構造の研究』、思文閣出版、二〇一二年、所収）。
57 『中世法制史料集　第三巻　武家家法Ⅰ』。
58 下村效「『今川仮名目録』よりみた寄親寄子制」（有光友學編『戦国大名論集11　今川氏の研究』、吉川弘文館、一九八四年、所収）。
59 池上前掲序章註27論文。川岡勉「大内氏の軍事編成と御家人制」（『室町幕府と守護権力』、吉川弘文館、二〇〇二年、所収）。
60 柳川古文書館蔵「伝習館文庫所蔵小野文書」中世五〇（番号は中野三敏・町田三郎・丸山雍成編『伝習館文庫蔵書分類総目録』〈文献出版、一九八四年〉の整理番号による。以下同）。
61 『新修福岡市史　資料編　中世1』「檜垣文庫史料小野文書」三一。
62 柳川古文書館蔵「伝習館文庫所蔵小野文書」中世四七。
63 『大分県史料』三三「大友家文書録」一八二九。
64 中野前掲註51著書。
65 『大分県史料』三三「大友家文書録」一九八二、一九八四。
66 前掲序章註20。
67 秋山伸隆「戦国大名毛利氏の軍事組織――寄親・一所衆制を中心として」（秋山前掲第一章註45著書所収）。
68 『大日本古文書　家わけ第八　毛利家文書』四〇四。
69 『中世法制史料集　第三巻　武家家法Ⅰ』。
70 『戦国遺文　武田氏編』二八〇〇（東京都・木村家文書）。
71 八上城研究会編『戦国・織豊期城郭論』第三部「能勢文書」一九。

72 八上城研究会編『戦国・織豊期城郭論』第三部「能勢文書」二〇。

73 『戦国遺文　今川氏編』一〇一八（大阪府立中之島図書館所蔵今川一族向坂家譜）、一六一七（国立公文書館所蔵土佐国蠹簡集残編三）。

74 臼井進「戦国大名今川氏の家臣団統制——時間的経過とその対応の変化について」（『史叢』七五号、二〇〇六年）。

75 郡代は、特定の領域において公事（年貢以外の諸役）の徴収にあたる役職である。相模国中郡では大藤氏、同国西郡では石巻氏、伊豆（伊豆国北部）では笠原氏、伊豆奥（伊豆国南部）では清水氏が、それぞれ郡代を務めていたことが明らかにされている（池上裕子「北条領の公事について」、池上前掲序章註26著書所収）。郡代は、あくまで小田原本城主（北条氏）の領域支配権の下で職務を果たす存在であり、支城主のような独自の領域支配権は有していなかったが、いずれも管轄地域内にまとまった所領を有しており、地域内の領主を同心として編成し、しかもその同心を世襲している（『戦国遺文　後北条氏編』一七七一〔松田敬一郎氏所蔵文書〕）。したがって、郡代は純然たる地方官吏というわけではなく、支城主と共通する領主的側面も有している。

76 『戦国遺文　後北条氏編』四二七（大藤文書）。

77 『大分県先哲叢書　大友宗麟資料集』八四一（立花文書）。

78 『五条家文書』三四八。

79 村井前掲註56論文。

80 『大宰府・太宰府天満宮史料』一六巻、一八六～一九〇頁。

81 『戦国遺文　後北条氏編』三五七二（大藤文書）。

82 藤木久志「東松山と上田氏——『東松山の歴史　上巻』より」（前掲第一章註5論集所収）。

83 『中世法制史料集　第三巻　武家家法Ⅰ』。

84 このことについては、大規模な戦国大名の場合、分国の地政学的状況とも関連していると考えられる。前線での即応性ということを述べたが、だとすると、一般論として大名分国が広大になればなるほど、大名の本拠地と前線の距離は開くから、前線での裁量はより一層必要性を増すと予想される。その一方、大名分国が広大化すれば、前線から離れた「内地」が生み出され、そこでは大名権力によるコントロール可能性が相対的に高まることになると予想される。
85　矢田前掲第一章註1論文。
86　黒田基樹「戦国大名権力の成立過程――扇谷上杉氏を中心に」（黒田前掲第一章註19著書所収）。
87　川岡勉「中世後期の守護と国人――山名氏の備後国支配を中心として」（川岡前掲註59著書所収）。
88　伊藤俊一「中世後期における『地域』の形成と『守護領国』」（『室町期荘園制の研究』、塙書房、二〇一〇年、所収）。
89　『戦国遺文　後北条氏編』一六三三（結城寺文書）。
90　『大日本古文書　家わけ第十五　山内首藤家文書』一八二。
91　『大日本古文書　家わけ第十五　山内首藤家文書』三〇四。
92　『大日本古文書　家わけ第十五　山内首藤家文書』二一六。
93　『大日本古文書　家わけ第十一　小早川家文書』「小早川家証文」五三。
94　『大日本古文書　家わけ第十一　小早川家文書』四八。
95　田端泰子「室町・戦国期の小早川氏の領主制」（『中世村落の構造と領主制』、法政大学出版局、一九八六年、所収）。
96　『大日本古文書　家わけ第二十二　益田家文書』七三四。
97　詳細は村井良介「戦国期における領域的支配の展開と権力構造」（村井前掲註56著書所収）を参照。
98　秋山伸隆「戦国大名毛利氏の流通支配の性格」（秋山前掲第一章註45著書所収）。
99　『萩藩閥閲録』巻一六〇ノ二・渡辺与右衛門―九。
100　『山口県史　史料編　中世3』「大井八幡宮文書」一一。
101　『戦国遺文　後北条氏編』一六一（本所寺社書上）。
102　黒田前掲註86論文。

103 『神奈川県史　資料編3下』六五二三（西来庵文書）。

104 森幸夫「相模国西郡・東郡について」（『小田原北条氏権力の諸相――その政治的断面』、日本史史料研究会、二〇一二年、所収）。

105 「北条氏給人所領役帳」段階の津久井領には、「敵知行半所務」と書かれた土地が存在する。この「敵」とは隣接する甲斐国の戦国領主小山田氏のことである。したがって、「領」の安定性は完全ではない。しかし、「半所務」というのは、こうした紛争を抱えた土地について、内藤方と小山田方とで年貢などを折半する協定が結ばれていることを示している。内藤氏の属する北条方と、小山田氏の属する武田方は、この時点で同盟関係にあるから、一応、この協定は安定的に維持される蓋然性が高いだろう。

106 光成準治「有力国人と地域社会――石見益田氏を中心に」（『中・近世移行期大名領国の研究』、校倉書房、二〇〇七年）。

107 澤登寛聡「近世初期の国制と『領』域支配――『徳川政権』関八州支配の成立過程を中心に」（『関東近世史研究』一五号、一九八三年）。

108 木下和司「備後の大永～天文年間前期の戦国史を見直す――山名理興の出自を中心として」（『山城志』二〇号、二〇一一年）。同「備後国衆・杉原盛重の立場――毛利氏との主従関係を中心として」（『芸備地方史研究』二八一号、二〇一二年）。

109 村井良介「一六世紀後半の地域秩序の変容――備後地域における地域経済圏と『領』」（村井前掲註56著書所収）。

110 『岡山県古文書集　第四輯』「備中川合家文書」五、六。

111 長谷川博史「豊臣期山陰吉川領の形成と展開」（『二〇〇〇～二〇〇二年度科研費研究成果報告集　戦国期大名毛利氏の地域支配に関する研究』、研究代表者・長谷川博史、二〇〇三年）。

112 『萩藩閥閲録』巻六六・粟屋弥二郎―六。

113 『広島県史　古代中世資料編V』譜録・渡辺三郎左衛門直―二五、二六、二七。

［第三章］

1　今岡典和・川岡勉・矢田俊文「戦国期研究の課題と展望」（『日本史研究』二七八号、一九八五年）。
2　矢田前掲第一章註28論文、同第一章註50論文。
3　川岡勉「室町幕府－守護体制の変質と地域権力」（川岡前掲第二章註59著書所収）。
4　田沼睦「室町幕府・守護・国人」（『中世後期社会と公田体制』、岩田書院、二〇〇七年、所収）。
5　今岡典和「幕府－守護体制の変質過程――一六世紀前半の『国役』を中心に」（『史林』六八巻四号、一九八五年）。
6　今岡典和「戦国期の幕府と守護――近江守護六角氏を素材として」（『ヒストリア』九九号、一九八三年）。
7　今岡・川岡・矢田前掲註1論文。
8　池享「大名領国制試論」（池前掲序章註25著書所収）。
9　長谷川博史「結論」（『戦国大名尼子氏の研究』、吉川弘文館、二〇〇〇年）。
10　今岡・川岡・矢田前掲註1論文。
11　家永遵嗣「将軍権力と大名との関係を見る視点」（『歴史評論』五七二号、一九九七年）。
12　桜井英治『日本の歴史12　室町人の精神』（講談社学術文庫、二〇〇九年）。
13　矢田前掲第一章註1論文。
14　『中世法制史料集　第三巻　武家家法Ⅰ』。
15　矢田俊文「戦国期の社会諸階層と領主権力」（矢田前掲第一章註1著書所収）。
16　川岡勉「結語」（川岡前掲第二章註59著書）。
17　川岡勉「戦国期の室町幕府と尼子氏」（島根県古代文化センター編『尼子氏の特質と興亡史に関わる比較研究』、島根県古代文化センター、二〇一三年）。
18　有光友學「戦国大名と不入権」（『戦国大名今川氏の研究』、吉川弘文館、一九九四年、所収）。
19　「自力の村」論の提唱者である藤木久志氏は、初期には「移行期村落論」という題名で論文を書いているが（『村と領主の戦国世界』、東京大学出版会、一九九七年、所収）、その後は意識的に「自力の村」論という語を用いていると思われる（「はしがき」、同前書。藤木久志『戦国の村を行く』、朝日新聞社、一九九七年、三頁）。

20 藤木久志「領主の危機管理――領主の存在理由を問う」（『戦国史をみる目』、校倉書房、一九九五年、所収）。

21 黒田基樹「戦国大名の『国役』とその性格――安全保障と『村の成立』の視点から」（『中近世移行期の大名権力と村落』、校倉書房、二〇〇三年）。

22 藤木前掲註20論文。

23 黒田基樹『戦国大名の危機管理』（吉川弘文館、二〇〇五年）、九頁。

24 藤木久志『豊臣平和令と戦国社会』（東京大学出版会、一九八五年）。

25 藤木久志『新版　雑兵たちの戦場――中世の傭兵と奴隷狩り』（朝日新聞社、二〇〇五年）。

26 藤木前掲註25著書、九五～一〇〇頁。

27 藤木久志「はしがき」（『村と領主の戦国世界』、前掲註19参照）。

28 藤木久志「戦国大名の和平と国分」（藤木前掲註24著書所収）。

29 藤木前掲註24著書。

30 竹井英文「戦国・織豊期東国の政治情勢と『惣無事』」（『織豊政権と東国社会――「惣無事令」論を越えて』、吉川弘文館、二〇一二年、所収）。藤井譲治「『惣無事』はあれど『惣無事令』はなし」（『史林』九三巻三号、二〇一〇年）。

31 萱野稔人「日本における暴力独占の過程――刀狩りから帯刀禁止令へ」（『理想』六八二号、二〇〇九年）。同「日本における暴力独占の過程――刀狩りから帯刀禁止令へ」（『日本史研究』五七〇号、二〇一〇年）。

32 藤木前掲註27論文。

33 黒田前掲註23著書、九～一〇頁。

34 藤木前掲註20論文。黒田前掲註23著書。

35 『大日本古文書　家わけ第八　毛利家文書』七八九。

36 『中世鋳物師史料』「真継文書」二一、二八。

37 『中世鋳物師史料』「真継文書」一四八。『甲山町史』一四三（木下文郎家文書）。
38 『広島県史　古代中世資料編Ⅳ』「浄土寺文書」三七。
39 『中世鋳物師史料』「真継文書」一四九。
40 なお、この浄土寺の鐘をめぐる事件の詳しい経過については、村井良介「毛利氏の山陽支配と小早川氏」（前掲第二章註56著書）を参照。
41 『山口県史3　史料編　中世3』「山口県文書館蔵今川家文書」三〇。
42 藤田達生「豊臣国分論（一）――四国国分」（『日本近世国家成立史の研究』、校倉書房、二〇〇一年、所収）、同「豊臣国分論（三）――九州国分」（同前書所収）。
43 ここではあえて豊臣政権と呼ばずに、豊臣権力と表現した。政権という語は全国を支配するしかるべき権限＝統治権を有した体制というニュアンスを持ち、他の大名権力よりも上位のレベルにあるという印象を与える。これが、公権的な第三者である豊臣政権が、法令を発布して、私権力である戦国大名の紛争を取り締まるというイメージの形成に影響している可能性も否定できない。ただ、豊臣政権という表現が慣用的に通用しているので、他の部分では豊臣政権という表現を用いている。
44 トマス・ホッブズ『リヴァイアサン（一）』（水田洋訳、岩波文庫、一九五四年）、二一〇～二一一頁。
45 トマス・ホッブズ『リヴァイアサン（二）』（水田洋訳、岩波文庫、一九六四年）、三二～三三頁。
46 ホッブズ前掲註45著書、二七頁。
47 上野修「残りの者――あるいはホッブズ契約説のパラドックスとスピノザ」（『デカルト、ホッブズ、スピノザ――哲学する十七世紀』、講談社学術文庫、二〇一一年、所収）。萱野稔人『国家とはなにか』（以文社、二〇〇五年）。
48 萱野前掲註47著書、一〇九～一一〇頁。
49 ホッブズ前掲註45著書、三四頁。
50 上野修・岩崎稔「討議　ホッブズを超えて――力と恐怖の論理」（『現代思想』三一巻一五号、二〇〇三年）。
51 トマス・ホッブズ『市民論』（本田裕志訳、京都大学学術出版会、二〇〇八年）、六一～六二頁。

52　ホッブズ前掲註51著書、一七六頁。なお、訳語は上野修氏にしたがった。
53　萱野前掲註47著書、一一〇～一一二頁。
54　萱野前掲註47著書、一二四～一二六頁。
55　杉田敦「政治と境界線——さまざまな位相」(『境界線の政治学』、岩波書店、二〇〇五年、所収)。
56　ホッブズ前掲註44著書、二一三頁。
57　萱野前掲註31論文。
58　萱野前掲註47著書、二九頁。
59　ヴァルター・ベンヤミン「暴力批判論」(野村修編訳『暴力批判論　他十篇　ベンヤミンの仕事1』、岩波文庫、一九九四年)。
60　ジャック・デリダ『法の力』(堅田研一訳、法政大学出版局、一九九九年)、三三頁。
61　デリダは法措定的暴力と法維持的暴力の関係を「差延による汚染」と表現している。デリダ前掲註60著書、一二〇頁。
62　ベンヤミン前掲註59著書、四八頁。
63　萱野前掲註47著書、五四頁。
64　ルーマン前掲序章註16著書。
65　ルーマン前掲序章註16著書、九一頁。
66　ルーマン前掲序章註16著書、九八頁。
67　萱野前掲註47著書、一二四～一二五頁。
68　ルーマン前掲序章註16著書、七六頁。
69　高木前掲第一章註49論文。
70　ところで、先にホッブズの議論は、共通権力は人々の信約によって成立するが、信約を有効なものとするためには、共通権力がその履行を強制するのでなくてはならないという矛盾を抱えているという議論を紹介した。しかし、共通権力がなければ、信約は成立しないのかどうかについては、別の見解もある。このいかにして信約が成立しうるのかという問題は「秩序問題」と呼ばれるが、たとえばゲーム理論は、「囚人のジレンマ」（二人反復囚人のジレンマ）において、いかにして相互の協調が成立しうるかという問題として、これを扱っている（ロバート・アクセルロッド『つきあい方の科学——バクテリアから国際関係まで』、松田裕之訳、ミネルヴァ書房、一九九八年。盛山和夫「秩序問題の問いの構造」、盛山和夫・海野道郎編『秩序問題と社会的ジレンマ』、ハーベスト社、一九九一年）。そして特定の条件下では、共通権力の存在なしに、相互の協調が成立しうることを明らかにしている。しかし、これによって必ずしも、「獲得による国家」という説明自体が否定されたわけではない。

よく知られているように「囚人のジレンマ」ゲームとは、たとえば、二人のプレイヤーが互いに「協調」を選べば、双方3点を得る。一方が「協調」を選び、他方が「裏切り」を選べば裏切った側は5点を得て、協調した側は0点となる。双方とも「裏切り」を選べば、双方1点を得る、というようなゲームである。この場合、相手が「協調」を選んだ場合、自分の得点を最大にする手は「裏切り」である。相手が「裏切り」を選んだとしても、自分の得点を最大にする手は「裏切り」である。つまり、相手の選択にかかわらず自分の最適手は「裏切り」であることになる。ここで相手も同じように考えるなら、相手も必ず「裏切り」を選択するだろう。そうすると、双方「裏切り」を選択することになり、双方が「協調」を選んだ方がより点数が高くなるにもかかわらず、相互協調は成立しない。

ホッブズに戻れば、双方が信約の履行（協調）を選べば社会契約が成立するが、自然状態では「裏切り」が最適手となるため、信約が成立しないということになる。

しかし、詳細は省くが、アクセルロッドは、この「囚人のジレンマ」ゲームが繰り返しおこなわれる場合、進化ゲーム理論によって、相互の協調が支配的になる社会が成立しうることを明らかにしている。

もっとも、アクセルロッドが論じたのとは別の過程をたどっても、相互の協調は成立しうる。それは、暴力的に優位なエージェントが、信約の履行を強制する場合、つまり「獲得による国家」の場合である。暴力的に優位なエージェントが裏切りに対して罰則——たとえば、マイナス5点のペナルティ——を与えるとする。そうすると「裏切り」は最適手ではなくなり、「協調」が最適手となる。

したがって、アクセルロッドの議論は、共通権力がなくとも社会契約が成立しうる可能性を明らかにしたが、「獲得による国家」の成立を否定するものではない。むしろ、「設立による国家」は原理的に可能だとしても、歴史的現実としては多くの場合、「獲得による国家」が成立しているのである。

本章で論じた内容も、このゲーム理論から説明することができる。「獲得による国家」の問題と関連して、ホッブズのいう強盗の例を考えてみよう。この場合のゲームの得点を次のように設定してみる。強盗が「金を払わなければ殺す」と脅したとして、強盗の側は金を受け取れば3点。相手が金の支払いに応じなかった場合は0点。強盗に遭った側は、金を支払えばマイナス3点。金を払うことを拒んで殺されればマイナス5点、金を支払わなかったが、殺されもしなかった場合を0点とする。

ここで、先の「囚人のジレンマ」の例は、双方が同時に手を選択するのに対して、強盗の事例の場合は、まず強盗が先に手を選択している点に違いがある（「命の贈与」の先なる履行）。つまり強盗はすでに「協調」を選択している。強盗は、いきなり相手を殺してしまっては利益が得られないので、最初から「裏切り」を選ぶインセンティブは存在しない。

強盗の「協調」という先なる履行に対して、強盗に遭った側も「協調」を選べば、強盗は3点、強盗に遭った側はマイナス3点となる。一方、強盗に遭った側が「裏切り」を選べばどうなるか。この場合、強盗によって殺されてしまうならばマイナス5点となる。しかし、強盗による脅しが単なるこけおどしで、実際には殺されなかった。あるいは、強盗から逃げおおせたとすれば、得点は0点である。したがって、ここでどちらを選ぶかは、殺すという脅しの実現可能性の信憑性にかかっている。

殺されるという予期に十分な信憑性があれば、強盗に遭った側は、「裏切り」を断念して、「協調」を選択するだろう。もちろん強盗に遭った側にとっては、金を支払わず、しかも殺されもしないというのが理想の結果であるが、それを断念して、金を払って、殺されずにすむという次善の選択をさせられているという点で、ここでは権力が働いているといえる（宮台真司『権力の予期理論――了解を媒介にした作動形式』、勁草書房、一九八九年）。

もう一点、重要なのは、ここで各選択肢による得点の結果のパターンを、強盗の側がつくり出しているということである。つまり「金を出さなければ殺す」という設定は、強盗によるものだということである。これはルーマンのいう、権力は選択肢を制限し、また各選択肢に選好順位を割り振ることで、複雑性を縮減するということを示している。そして、本当に脅しが実行されるかどうかという予期の信憑性を高めるのが法である。法とは、ゲーム選択肢と得点のルールを明示したものといえよう。

もう一つ、信憑性を担保するものとして、暴力の準備という問題がある。強盗に遭った側が、後日金を支払うと約束した場合、それで満足して解放してしまう強盗はいないだろう。金を支払うまでは監視している（そして裏切った場合は、即座に脅しを実行に移す）といった、継続的な暴力行使の可能性が示されていなければ、強盗に遭った側には、約束を反故にして逃げてしまうという誘因が働く。ホッブズは、強盗に脅されてした約束を守らなければならないとしていたが、ベネディクトゥス・デ・スピノザは、そのような場合、強盗の望み通りにすると約束することで、強盗を騙して逃れることができるなら、そうしてもよいと述べている（『神学・政治論（下）』、吉田量彦訳、光文社古典新訳文庫、二〇一四年、一五八頁）。強盗の側から言えば、騙されて逃げられないように、相手を監視し、武器を用意して、その後も常に暴力の実行可能性を示し続けなければならないということである。つまり、暴力は行使されなくても、常に準備されており、またそのことが相手に示されていなければならないのである。

ただし、相手が「裏切り」を選んだときに、脅しを実行に移すかどうかの信憑性に関しては、もう少し複雑な問題がある。とくに国家の場合は強盗とは異なり、通常、脅しを実行に移したことが、他の人々にも知られることになる。このため、たとえば死刑反対の世論が強く、刑の執行がかえってマイナスになると判断されれば、政府が死刑執行を断念する可能性もありうる。逆に、強盗の場合は相手を殺害しても何も得られないが、国家は見せしめの効果を得られる場合もある。

1 石井前掲第一章註8著書および論文。
2 戸田芳実「中世成立期の所有と経営について」(『日本領主制成立史の研究』、岩波書店、一九六七年、所収)。河音能平「日本封建国家の成立をめぐる二つの階級――特に所有と政治組織について」(『中世封建制成立史論』、東京大学出版会、一九七一年、所収)。
3 戸田芳実「中世の封建領主制」(『日本中世の民衆と領主』、校倉書房、一九九四年、所収)。
4 大山前掲第一章註9論文。
5 勝俣鎮夫「戦国法の展開」(永原慶二/ジョン・W・ホール/コーゾー・ヤマムラ編『戦国時代』、吉川弘文館、一九七八年)。
6 大山喬平「荘園制と領主制」(前掲第一章註9著書、所収)。
7 大山喬平「中世史研究の一視角」(前掲第一章註9著書、所収)。
8 入間田宣夫「領主制――土地所有論」(『百姓申状と起請文の世界――中世民衆の自立と連帯』、東京大学出版会、一九八六年、所収)。
9 大山前掲第一章註9論文。
10 大山前掲註6論文。
11 戸田前掲註2論文。
12 入間田前掲註8論文。
13 戸田芳実「律令制下の『宅』の変動」(戸田前掲註2著書)。
14 河音能平「中世社会成立期の農民問題」(河音前掲註2著書所収)。
15 河音前掲註2論文。
16 河音前掲註2論文。
17 大山前掲註6論文。
18 大山喬平「第一部　領主制　問題の展望」(大山前掲第一章註9著書)。

19　杉田敦『思考のフロンティア　権力』（岩波書店、二〇〇〇年）、一頁。
20　ミシェル・フーコー『性の歴史Ⅰ　知への意志』（渡辺守章訳、新潮社、一九八六年）、一二一～一二二頁。
21　フーコー前掲註20著書、一二四～一二五頁。
22　ミシェル・フーコー『監獄の誕生――監視と処罰』（田村俶訳、新潮社、一九七七年）。
23　盛山和夫『社会科学の理論とモデル3　権力』（東京大学出版会、二〇〇〇年）、一四〇～一四一頁。
24　ミシェル・フーコー「自由の実践《プラティック》としての自己への配慮」（廣瀬浩司訳、蓮實重彦・渡辺守章監修、小林康夫・石田英敬・松浦寿輝編集『ミシェル・フーコー思考集成Ⅹ　倫理／道徳／啓蒙』、筑摩書房、二〇〇二年）。
25　フーコー前掲註24論文。
26　ミシェル・フーコー「権力と戦略」（久保田淳訳、蓮實重彦・渡辺守章監修、小林康夫・石田英敬・松浦寿輝編集『ミシェル・フーコー思考集成Ⅵ　セクシュアリテ／真理』、筑摩書房、二〇〇〇年）。
27　ミシェル・フーコー『ミシェル・フーコー講義集成Ⅶ　コレージュ・ド・フランス講義一九七七―七八年度　安全・領土・人口』（高桑和巳訳、筑摩書房、二〇〇七年）、一〇頁。
28　フーコー前掲註26論文。
29　ミシェル・フーコー「主体と権力」（渥海和久訳、蓮實重彦・渡辺守章監修、小林康夫・石田英敬・松浦寿輝編集『ミシェル・フーコー思考集成Ⅸ　自己／統治性／快楽』、筑摩書房、二〇〇一年）。
30　ルーマン前掲序章註16著書、七七頁。
31　フーコー前掲註29論文。
32　アブナー・グライフ『比較歴史制度分析』（岡崎哲二・神取道宏監訳、ＮＴＴ出版、二〇〇九年）第五章。ここでいう「制度」の含意については、青木昌彦『比較制度分析に向けて』（瀧澤弘和・谷口和弘訳、ＮＴＴ出版、二〇〇三年）第二章を参照。ナッシュ均衡とは、他の人々がある特定の戦略を採用しているとき、自分もその戦略に従っていることが最適であるというような状況を指す。この場合、誰にも戦略を変更する誘因が存在しないため、制度は再生産される。なお、青木氏は「もし均衡を要約して表現しているような簡単なルールがあり、それを人々が共通認識してさえいれば、かなりの程度の情報処理作業を節約することができます。他のいろいろなプレーヤーがどういう戦略（strategy）を取るかに関して、そのたびごとに計算して行動する必要がなくなります」と述べている（青木昌彦『青木昌彦の経済学入門――制度論の地平を拡げる』、ちくま新書、二〇一四年、五八頁）。これは、ルーマンのいう法によるプログラム化という議論に通じる。すなわち、法はより複雑性を縮減する効果を持つ。

33　佐藤進一『日本の中世国家』（岩波現代文庫、二〇〇七年）、一〇〇頁。

34　盛山前掲註23著書、一八一～一八二頁。

35　新田一郎『日本中世の社会と法――国制史的変容』（東京大学出版会、一九九五年）。

36　もちろん戦国領主の「家中」が戦国大名から知行を与えられたようなケースを、主従関係を結んだと考えるかどうかは難しい問題である。また第二章の註47で紹介したような取次給の場合も同様で、知行の授受が、必ずしも主従関係に結びつかない事例はあるが、一応、それらは例外的なものと考えてよいだろう。

37　勝俣前掲第一章註26論文。

38　勝俣前掲第一章註26論文。

39　『戦国遺文　後北条氏編』一三八五など。

40　永原前掲序章註12論文。

41　池前掲第一章註54論文。

42　矢田前掲第一章註28論文。

43　マックス・ウェーバー『支配の社会学Ⅰ』（世良晃志郎訳、創文社、一九六〇年）、二〇四頁。マルク・ブロック『封建社会』（堀米庸三監訳、岩波書店、一九九五年）、二一三～二二一頁、二七六～二七七頁。

44　池前掲第三章註8論文。

45　村井前掲第一章註4論文。

46　木村信幸「戦国大名毛利氏の知行宛行とその実態」（前掲序章註6論集所収）。

47　新田前掲註35著書、一六四頁。

48　新田前掲註35著書、一〇〇〜一〇一頁。
49　新田前掲註35著書、一一六頁。
50　新田前掲註35著書、一四六〜一四七頁。
51　新田前掲註35著書、一八三頁。
52　『大日本古文書　家わけ第八　毛利家文書』三九八。
53　『大日本古文書　家わけ第八　毛利家文書』四一〇。
54　『萩藩閥閲録』巻三七・中川与右衛門一一、三二、三三。
55　池前掲第一章註54論文。
56　『戦国遺文　後北条氏編』三三四四（高橋文書）。
57　『山口県史　史料編　中世3』「山口県文書館蔵右田毛利家文書」二〇六。
58　ただし、すべての分国法の効力が自立的な戦国領主にまで及ぶものであったとは一概に言えない。市村高男氏は、下総国の結城氏が制定した「結城氏新法度」の適用範囲は、山川氏、水谷氏、多賀谷氏といった戦国領主の支配領域には及んでいないとしている（「戦国期下総結城氏の存在形態」、市村前掲序章註24著書所収）。
59　村井前掲第一章註4論文。

［終　章］

1　冨山一郎『暴力の予感――伊波普猷における危機の問題』（岩波書店、二〇〇二年）、四四頁。
2　デリダ前掲第三章註60著書、三三頁。
3　ベンヤミン前掲第三章註59論文。
4　デリダ前掲第三章註60著書、一〇五頁。
5　デリダ前掲第三章註60著書、一〇七〜一〇九頁。
6　村田前掲序章註28論文。

7　ルイ・アルチュセール「矛盾と重層的決定——探究のためのノート」(河野健二・田村俶・西川長夫訳、『マルクスのために』、平凡社ライブラリー、一九九四年)。

源頼朝　22, 23, 214
峰岸純夫　53, 54, 123, 215
三村（氏）　95
三宅左京亮　90
三吉（氏）　42, 234
椋梨（氏）　89, 95
村田修三　35, 246
室町幕府－守護体制　144-150, 156, 159, 160, 215, 233, 241, 246
毛利（氏，家，分国）　4-6, 8, 15, 16, 18, 21, 30-33, 35, 36, 42, 43, 45, 48, 50, 55, 57-59, 63, 66, 69, 80-83, 85-97, 103, 104, 107, 109, 111-113, 121, 123-125, 132, 133, 135, 143, 147, 150, 154, 168, 175-178, 180, 191, 218, 221, 224, 226, 228, 231, 232, 234-236, 238-240
――興元　4, 5
――幸松丸　4, 5
――隆元　4, 15, 17, 58, 69, 82-86, 178, 234
――輝元　69, 70, 89, 93
――元秋→富田元秋
――元清→穂田元清
――元就　3-8, 15, 17, 57, 69, 81-86, 89, 90, 93, 96, 133, 134, 178, 234, 236
――元政→天野元政
――元康　133-135

［ヤ］

矢田俊文　40, 44, 45, 54, 58, 72, 118, 141-143, 150, 154, 156, 221-224, 253
山川（氏）　274
山田重直　93, 94
山名（氏）　52, 53, 119, 120, 146, 177, 179
――理興　132
山内（氏）　42, 52, 93, 95, 118-123, 233-236
――豊通　52
――直通　52, 234, 235
山室恭子　63, 65, 66, 69, 74
結城（氏）　30, 115, 274
由良〔横瀬〕（氏）　53, 123
横瀬（氏）→由良（氏）
横道出羽守　50
横道藤左衛門尉　50
吉江資堅　71, 73
吉弘鑑理　102, 111
吉弘鎮種→高橋紹運
吉見（氏）　42, 123-125, 129, 153, 176, 177, 226, 229, 231, 232, 240
――正頼　124, 175, 176
与力　103-116, 222

［ラ・ワ］

龍造寺（氏）　66
――隆信　65, 180
「領」　51, 52
ルーマン，ニクラス　23, 188, 189, 192, 211, 212, 270
冷泉（氏）　42
六角（氏）　30, 31, 108, 109, 149
渡辺（氏）　134
――景　134
和智（氏）　42

平佐就之　91, 92
深谷克己　24, 25, 252
福島正澄　133
福島正則　133
福原（氏）　48
　――貞俊　16
　――広俊　48
　――元俊　91, 92
フーコー，ミシェル　206-211
藤井譲治　75
藤木久志　24, 25, 53, 54, 59, 60, 164-172, 174, 180, 182, 186, 187, 190, 252, 264
藤田（氏）　114
　――氏邦→北条氏邦
藤田達生　179, 180
藤原（氏）　195, 201
戸次（家，氏）　101-103, 106, 107, 113-115
　――鑑連→道雪
　――右衛門大夫　106
　――闇千代　101
　――鎮連　101
　――道雪〔鑑連，立花道雪〕　101, 106, 111-113
ベンヤミン，ヴァルター　187-189, 211, 212, 245
穂田元清〔毛利元清〕　90, 95
北条（氏，分国）　30-33, 35, 36, 45, 53, 63, 66, 98-100, 110, 113, 114, 117, 119, 126, 131, 135, 144, 165-167, 169, 177, 218, 236-238, 252, 259
　――氏邦　53, 114, 136
　――氏繁　119, 120, 131
　――氏綱　237
　――氏照　100, 114, 136
　――氏直　237
　――氏房　114, 136
　――氏政　237
　――氏康　53, 100
　――早雲→伊勢宗瑞
　――綱成　98
北条氏給人所領役帳　66, 99, 126, 236, 256
法的機構的支配　24, 25, 62, 71, 78, 141, 170, 244
ホッブズ，トマス　181-186, 268, 270
本庄秀綱　71

［マ］

益田（氏）　42, 123-125, 129, 132, 175-177, 232
　――藤兼　175, 176
松浦義則　48, 49, 69, 70, 76, 221, 222, 226
丸島和洋　259
丸山眞男　77
三浦（氏）　128-131
　――道寸　128
三沢（氏）　42, 234
水野（氏）　134
水谷（氏）　274
水林彪　20, 21, 31, 140, 157, 164, 171, 172
光永彦七郎　81, 191
光成準治　132
三刀屋（氏）　42

田端泰子　52
田原（氏）　102
丹下（氏）　177, 179
長宗我部（氏）　168, 169, 179, 187
土屋（氏）　89
都野（氏）　42, 95, 116
——家頼　95, 116
手嶋景繁　92
デリダ，ジャック　187, 245, 246
統治権的支配　22, 23, 45, 47, 48, 55, 195, 196, 198, 199, 201, 203-205, 214, 215, 224, 225, 229, 231
遠山綱景　100
徳川（氏）　40, 132
——家光　75
——家康　24, 171
富田元秋〔毛利元秋〕　87, 94
戸田芳実　194, 195, 197, 200, 201
冨山一郎　245
豊臣（氏，政権）　24-26, 63, 65, 115, 133, 166, 168, 172, 174, 179, 185, 186, 266
——秀吉〔羽柴秀吉〕　20, 102, 115, 168, 169, 171, 179, 180, 218
豊臣平和令　25, 165, 166, 170, 172-174, 181, 182, 190

［ナ］

内藤（氏）　99, 100, 114, 131, 263
——左近将監（康行）　99
内藤（氏，長門）　42
直江景綱　71
直江兼続　72, 73
長尾（氏，上田）　74
——政景　74
長尾藤景　71, 72
永原慶二　21-23, 26, 140, 198, 199, 220, 248
長松太郎左衛門尉　93
長松主税助　239
長嶺道祖寿　124
梨子羽（氏）　87, 91, 92
鍋島直茂　66
滑良〔滑〕（氏）　122
——平四郎　93, 95
成田（氏）　31, 34
南条（氏）　42, 93, 112
——元続　93
新田一郎　229, 231, 232
二宮就辰　70
米多比（氏）　107, 113
乃美（氏）　89, 91, 92
——宗勝　89

［ハ］

羽柴秀吉→豊臣秀吉
長谷川博史　150, 251
畠山（氏）　146, 152
——政長　146
——義就　146, 147
波多野（氏）　109, 116
——秀忠　109
——秀親　109
蜂須賀家政　180
原（氏）　42
樋口兼続→直江兼続
平賀（氏）　43, 94, 95
——広相　15

新発田長敦　72, 73
島津（氏）　115, 169, 180, 187
島津（氏，江戸衆）　127
——孫四郎　127
——又次郎　127
清水（氏）　261
——康英　237
下村效　105
主従制的支配　22, 23, 47, 48, 51, 55, 118, 195, 196, 200, 203-205, 215, 217, 218, 220, 224, 225, 229, 231
庄（氏）　42
「自力の村」論　140, 141, 161-164, 170, 174, 191, 192
宍道氏　42
真田（氏）　89
陶（氏）　123, 228
——隆房→晴賢
——晴賢〔隆房〕　6, 123
杉（氏）　42, 96
——重輔　96
杉田敦　186, 187, 206
杉原（氏）　42, 132
——景盛　133
——景保　133
——元盛　133
——盛重　133
鈴木敦子　65
スピノザ，ベネディクトゥス・デ　270
周布（氏）　42
盛山和夫　214, 239
戦国期守護論（批判）　32, 140-142, 149, 150, 157, 158, 192, 200
仙石秀久　180
戦国領主　18, 41

［タ］

大藤（氏）　110, 113, 117, 261
——与七（秀信）　110
——与七　113
大道寺周勝　98
多賀（氏）　42, 96
——元忠（長若丸）　96
——元龍　96
高城（氏）　42
高木昭作　72, 75, 77, 190
多賀山（氏）　42
高橋（家，氏）　102, 116
高橋（氏，伊豆衆）　236, 237
——鑑種　102
——紹運〔吉弘鎮種〕　102, 106, 107
——統虎→立花宗茂
高橋幸八郎　204
高橋又三郎　50
多賀谷（氏）　274
武田（家，氏）　30, 40, 41, 63, 64, 109, 112, 114, 115, 131, 135, 142, 143, 154, 166, 167, 177, 224
——勝頼　40, 64
——信玄　3, 64, 218
竹俣慶綱　72, 73
田坂（氏）　89
忠海（氏）　87, 91, 92
立花（氏）　107, 115
——鑑載　101
——誾千代→戸次誾千代
——道雪→戸次道雪
——宗茂〔高橋統虎〕　101, 102, 106, 113
伊達（氏）　115

154, 220, 238
河合正治　43, 84
川岡勉　118-120, 141, 144-148, 153, 157, 159, 160
河田長親　71, 73
河音能平　194, 195, 197, 201, 202
菊池浩幸　81, 252
北（氏）　58
北条高広　71, 72
吉川（氏）　4-6, 17, 18, 84-89, 91, 94, 132
——広家　133
——元春　4-6, 15, 83-86, 88, 89, 104, 112, 132, 175-177
木戸（氏）　119
木梨（氏）　42, 178, 179
木原元定　87
木原元次　87
口羽通良　91, 92
朽木（氏）　149
国司元相　69
熊谷（氏）　43, 82, 83, 239
——越中守（越中入道）　82
——修理進　82
——信直　15, 82
グライフ，アブナー　212
栗原信盛　109, 112
久留島典子　61
黒田俊雄　194
黒田基樹　51, 52, 55, 59, 118, 119, 164, 174
構成的支配　47, 195-200, 203, 205, 206, 209, 213-216, 223, 241, 242, 244, 247
河野（氏）　168
古志（氏）　42
小谷利明　253
児玉就忠　69
後藤惣次郎　127
小早川（家，氏）　4-6, 82, 84, 85-91, 94, 95, 121-123, 180
——常嘉（則平）　122
——隆景　4, 6, 15, 83-89, 92, 134, 180
——敬平　122
——持平　122
薦野（氏）　107, 113

［サ］

西光寺　90
斎藤朝信　71-73
財満孫七郎　82
酒井（氏）　42
匂坂長能　109
佐世元嘉　70
佐藤進一　22, 23, 47, 55, 195, 196, 214
里見（氏）　131
真田（氏）　169
佐波（氏）　42
三子教訓状　83, 85, 88, 90
恣意的暴力的支配　24, 25, 62, 71, 78, 141, 170, 244
志道広良　4, 58
宍戸（氏）　5-7, 17, 19, 43, 59, 82
——隆家　4, 15, 89
支城主　98, 99, 101-104, 106, 110-117, 132, 136, 222, 223, 242-244
新発田重家→五十公野重家

上杉（氏，分国）　33, 45, 67, 71, 114, 135, 143, 165-167, 177
——景勝　71-74
——景虎　71
——謙信　3, 71, 72, 74, 144, 165
——憲政　144, 165
上田（氏）　42, 114, 254
上野修　184
ウェーバー，マックス　68, 222
上原（氏）　42, 178, 179
上村尚秀　72, 73
鵜飼元辰　89, 90, 92
臼杵鑑速　111
内田右近丞尉　109, 112
宇都宮（氏）　30, 31
宇野下総守　93, 95
浦上（氏）　30
大石（氏）　100, 114
——氏照→北条氏照
大内（氏）　4, 5, 6, 16, 21, 82, 96, 123, 124, 146, 152, 153, 228
——義隆　6
——義長〔大友晴英〕　6
大内晴泰　119
大久保長安　75
太田（氏，岩付）　42, 115
太田（氏，江戸）　100, 127, 128, 259
——新六郎（康資）　127
太田大膳亮　127
大友（氏）　4, 8, 101-103, 106, 107, 111, 113, 115, 169, 180
——宗麟　111
——晴英→大内義長
——義統　106
大山喬平　47, 48, 194-201, 203-205
岡景忠　91, 92
岡就栄　86, 87, 89
小笠原（氏）　42, 50
——長雄　50
——長隆　50
小田（氏）　87, 92
織田（氏，政権）　24, 26, 33, 40, 63, 65, 93, 112, 168, 179
——信長　20, 154, 178
小野（氏）　106, 112
——乙寿丸　106
——鎮幸　106, 107
小山田（氏）　40, 41, 54, 142, 143, 154, 253, 259, 263
——信茂　40

［カ］

カー，Ｅ・Ｈ　249
柿崎景家　71, 72
笠原（氏）　261
梶原三河　259
片桐昭彦　71, 72, 74-76
「家中」　16, 48, 50
勝俣鎮夫　55-57, 196, 218-220, 222
桂景信　87
桂広澄　94
桂元澄　69, 87
桂元忠　96
桂保和　94
神余親綱　71
竈門鎮意　107
萱野稔人　183, 185, 187-189
傘連判契状　15-17, 19, 27, 59, 85,

索引

＊「戦国領主」など頻出する項目については，とくに重要と思われる頁数のみを示す。

［ア］

青木昌彦　272
青柳民部丞　109
赤川（氏）　48
——元保　69
赤穴（氏）　42, 235
アガンベン，ジョルジュ　251
秋山伸隆　69, 70, 90, 107, 108
アクセルロッド，ロバート　268, 269
浅井（氏）　30, 31
鰺坂長実　71, 73
阿蘇（氏）　195, 201
阿曾沼（氏）　17, 19, 43, 59, 82, 90
——広秀　15, 179
穴山（氏）　40, 41, 142, 143, 154
——梅雪（信君）　40
尼子（氏）　4, 5, 8, 21, 87, 147, 150, 228
天野（氏，志芳東）　82, 83, 90, 93, 94, 96, 239
——興貞　82
——元定　15, 16, 82, 96
——元政〔毛利元政〕　90, 93, 96
天野（氏，志芳堀）　90
——隆重　15, 16
天野隆誠　15, 16
安良城盛昭　24
有馬（氏）　180
アルチュセール，ルイ　247
粟屋（氏）　48, 87
——孫次郎　57
——元親　69
——盛忠　87
安国寺恵瓊　70
飯田尊継　89, 90
イエ支配　45-51, 80, 195, 196, 199, 201, 203, 214, 216-218, 220, 222
家永遵嗣　151, 152, 154, 157
池上裕子　33, 45
池享　32, 35, 77, 141, 150, 219-221, 224, 236
石井進　46-48, 194, 195, 197-199, 201
石巻（氏）　261
五十公野重家〔新発田重家〕　72, 73
石母田正　67, 68, 71, 74, 76, 194
出羽（氏）　15
——元祐　15
泉沢久秀　73
伊勢宗瑞〔北条早雲〕　236, 237
市村高男　31, 274
伊藤俊一　119
井上（氏，衆）　48, 58, 80, 81, 228, 232
——春忠　87, 89, 91, 92, 94
——元兼　49, 50
——与四郎　81, 191
今岡典和　141, 148-151
今川（氏）　104, 108-110, 115, 154-156, 157, 160, 161, 166
入間田宣夫　197-199, 201, 203, 214
岩武藤右衛門　96

戦《せん》国《ごく》大《だい》名《みょう》論《ろん》
暴力《ぼうりょく》と法《ほう》と権力《けんりょく》

二〇一五年九月一〇日第一刷発行

著者　村《むら》井《い》良《りょう》介《すけ》

発行者　鈴木　哲

発行所　株式会社講談社

東京都文京区音羽二丁目一二―二一　〒一一二―八〇〇一

電話（編集）〇三―三九四五―四九六三

（販売）〇三―五三九五―四四一五

（業務）〇三―五三九五―三六一五

装幀者　奥定泰之

本文データ制作　講談社デジタル製作部

本文印刷　慶昌堂印刷株式会社

カバー・表紙印刷　半七写真印刷工業株式会社

製本所　大口製本印刷株式会社

定価はカバーに表示してあります。

ISBN978-4-06-258610-8　Printed in Japan

N.D.C.331　283p　19cm

講談社選書メチエ　刊行の辞

書物からまったく離れて生きるのはむずかしいことです。百年ばかり昔、アンドレ・ジッドは自分にむかって「すべての書物を捨てるべし」と命じながら、パリからアフリカへ旅立ちました。旅の荷は軽くなかったようです。ひそかに書物をたずさえていたからでした。ジッドのように意地を張らず、書物とともに世界を旅して、いらなくなったら捨てていけばいいのではないでしょうか。

現代は、星の数ほどにも本の書き手が見あたります。読み手と書き手がこれほど近づきあっている時代はありません。きのうの読者が、一夜あければ著者となって、あらたな読者にめぐりあう。その読者のなかから、またあらたな著者が生まれるのです。この循環の過程で読書の質も変わっていきます。人は書き手になることで熟練の読み手になるものです。

選書メチエはこのような時代にふさわしい書物の刊行をめざしています。

フランス語でメチエは、経験によって身につく技術のことをいいます。道具を駆使しておこなう仕事のことでもあります。また、生活と直接に結びついた専門的な技能を指すこともあります。

いま地球の環境はますます複雑な変化を見せ、予測困難な状況が刻々あらわれています。

そのなかで、読者それぞれの「メチエ」を活かす一助として、本選書が役立つことを願っています。

一九九四年二月　　野間佐和子

講談社選書メチエ　日本史（〜江戸時代）

MÉTIER

琉球王国　赤嶺　守
代官の日常生活　西沢淳男
会津戦争全史　星　亮一
幕末の将軍　久住真也
吉田神道の四百年　井上智勝
江戸幕府と国防　松尾晋一
潜伏キリシタン　大橋幸泰